Happy
Companionship

贾为卿 主编

愉快相伴

上海市一师附小
全员导师实操指引

文汇出版社

图书在版编目(CIP)数据

愉快相伴：上海市一师附小全员导师实操指引 / 贾为卿主编. -- 上海：文汇出版社, 2025.8. -- ISBN 978-7-5496-4547-3

Ⅰ. G622.0

中国国家版本馆 CIP 数据核字第 2025ZX6328 号

愉快相伴
——上海市一师附小全员导师实操指引

主　　编 / 贾为卿
副 主 编 / 王智敏　朱佳荔　华晨琳
　　　　　金　蕾　曹琳珠　吴　苹
责任编辑 / 张　涛
封面装帧 / 梁业礼

出 版 人 / 周伯军
出版发行 / 文汇出版社
　　　　　上海市威海路 755 号 (邮政编码:200041)
经　　销 / 全国新华书店
排　　版 / 南京展望文化发展有限公司
印刷装订 / 启东市人民印刷有限公司

版　　次 / 2025 年 8 月第 1 版
印　　次 / 2025 年 8 月第 1 次印刷
开　　本 / 720mm×1000mm　1/16
字　　数 / 255 千字
印　　张 / 15.5

ISBN 978 - 7 - 5496 - 4547 - 3
定　　价 / 70.00 元

・版权所有　侵权必究・

序

立德树人，做好新时代学生的引路人
——从"导师"角色看教育使命

王健

教育是国之大计、党之大计。党的二十大报告明确指出，教育的根本任务是立德树人，这是新时代教育工作的根本遵循，也是每一位教育工作者的神圣使命。《中共中央 国务院关于弘扬教育家精神加强新时代高素质专业化教师队伍建设的意见》指出："工作中要坚持教育家精神铸魂强师，引导广大教师坚定心有大我、至诚报国的理想信念，陶冶言为士则、行为世范的道德情操，涵养启智润心、因材施教的育人智慧，秉持勤学笃行、求是创新的躬耕态度，勤修乐教爱生、甘于奉献的仁爱之心，树立胸怀天下、以文化人的弘道追求，践行教师群体共同价值追求。"在全员、全程、全方位"三全育人"的背景下，教师角色正经历深刻变革，尤其是在 AI 时代，教师不再局限于知识传授，更须肩负起引导学生树立正确世界观、人生观和价值观的重任。

导师，是教师履行教书育人职责的特称，也是学生对教师引导有方的尊称，更是让教育产生成长幸福感的爱称。导师，应成为学生成长过程中的科学引路人和重要陪伴者。《愉快相伴——上海市一师附小全员导师实操指引》正是基于这一时代背景和新时代教师的使命，回应了当前教育改革的迫切需求和育人方式转变的紧迫任务，为一线教育工作者更好地成长为导师提供了实践指南。

当前，德育工作面临着前所未有的挑战与机遇。数字化时代的到来，使得网络信息泛滥，学生的价值观受到多元文化的冲击，心理健康问题也日益凸显。与此同时，学生的个性化需求不断增强，传统的教育模式已难以满足他们的成长需要。作为教师，正经历着从"管理者"到"导师"的角色转型，不仅要传授知识，还要引导学生树立"三观"，关注学生的心理疏导和生涯规划。然而，部分教师对"导师制"的内涵理解尚不充分，亟需方法论的支持和实践的指导。因此，本书的出版恰逢其时。

本书的最大亮点在于对导师属性和功能的理论探寻与日常导师的实践和产能的创新探索做了深入浅出的阐述。书中不仅深入阐释了德育理论，还提供了大量可操作的案例与实用方法，帮助教师将理论转化为实践，以提升育人的有效性、前瞻性和影响力。同时，本书聚焦当前教育中的关键问题：如何与学生建立信任关系？如何应对"躺平""焦虑"等心理现象？如何在家校协同中发挥导师的桥梁作用？这些问题的探讨，为教师提供了切实可行的解决方案。

对于广大教育工作者，本书不仅是一种实践指南，更是一份责任与使命的呼唤。导师是学生"拔节孕穗期"的关键守护者，肩负着培养时代新人的重任。我们应以"四有"好教师的标准要求自己，强化责任担当，将书中的方法落实到日常教育工作中。同时，我们也要结合校情、学情，不断创新德育模式，做到实践与反思相结合。此外，德育工作离不开学校、家庭和社会的协同努力。我们呼吁各方共同支持导师工作，形成育人合力，为学生的全面发展营造良好的生态环境。

最后，我们要向本书的作者与编者致以崇高的敬意。他们立足一线教育实践，凭借深厚的理论功底和丰富的实践智慧，为学校德育工作提供了宝贵的指导。希望本书能够成为广大教育工作者的案头书，助力更多教师成长为"有温度、有智慧"的新时代导师。在建设教育强国的新征程中，我们期待涌现出更多这样的"大先生"，共同绘就教育美好未来的蓝图。

立德树人，任重道远。愿我们以书为媒，携手同行，为培养担当民族复兴大任的时代新人而不懈努力！

（本文作者为上海师范大学教务处处长，教授、博士生导师）

目录

第一章 关于"全员导师制"

第一节 亲近"全员导师制" 003

1. 什么是"全员导师制"？/ 003
2. "全员导师制"如何产生？/ 005
3. "全员导师制"的作用与意义是什么？/ 006

第二节 实施"全员导师制"的基本原则 010

4. 什么是"全员导师制"的指导思想？/ 010
5. 落实"全员导师制"的基本思路是什么？/ 011
6. 在"全员导师制"实施中如何遵循和坚持基本原则？/ 012

第三节 推进"全员导师制"的保障架构 014

7. 学校如何建立"全员导师制"的架构？/ 014
8. 教师在"全员导师制"中的核心作用是什么？/ 015
9. 为什么要强调思想领先、率先垂范？/ 018

第四节 厚实"全员导师制"的研究基础 020

10. 为什么说研究学生是实施"全员导师制"的基础？/ 020
11. 理想的导师应该是什么模样？/ 021
12. 落实"全员导师制"为什么要共性与个性结合？/ 023

第五节　"全员导师制"在"愉快教育"背景下的特色创建　　026

13　"愉快教育"对"全员导师制"有何启示？/ 026
14　"愉快教育"与"全员导师制"是什么关系？/ 027
15　"全员导师制"如何增加"愉快教育"的元素？/ 028

第二章　关于"成长路路通"

第一节　思想引导　　033

16　对学生进行爱国主义教育时，导师如何帮助他们入耳、入心？/ 034
17　少先队仪式教育，导师有哪些方法能提升队员的光荣感和组织认同感？/ 036
18　学生的集体主义观念薄弱，不团结，导师如何加以教育？/ 039
19　学生喜欢给同学起绰号、开玩笑没有分寸感，导师有哪些教育策略？/ 041
20　队干部选举时，学生只选和自己关系好的同学，导师怎样引导？/ 042
21　学生因担心考试成绩不理想而弄虚作假，导师如何教育引导？/ 044
22　如何有效地教育犯错误的学生改正？/ 046
23　面对爱拖拉、没有时间观念的学生，导师可以怎么做？/ 048
24　学生在与同学相处时，常发生矛盾，导师如何解决这样的问题？/ 050
25　鼓励学生积极参与班级劳动，导师有哪些好办法？/ 051
26　学生不辨是非，导师可实施哪些教育方法？/ 052
27　学生犯错还屡教不改，导师该怎么办？/ 054
28　学生第一次撒谎和屡次撒谎，导师如何教育？/ 055
29　学生经常上学迟到，导师可以怎样引导？/ 056
30　如何教育班级内搬弄是非的学生？/ 059
31　学生间分享有暴力倾向的游戏、动漫等，导师可以怎样劝诫？/ 060
32　学生嫉妒同伴取得的荣誉和成绩，导师可以怎样疏导？/ 062
33　学生间出现攀比的现象，导师可以怎样教育？/ 063

34 学生校内校外言行不一致,导师如何加以纠正? / 065
35 教会学生爱惜粮食、不挑食,导师有哪些策略? / 066

第二节　学习辅导　　068

36 激发学生的语文学习兴趣,导师可以怎么做? / 069
37 激发学生的数学学习兴趣,导师可以怎么做? / 071
38 激发学生的英语学习兴趣,导师可以怎么做? / 073
39 激发学生的音乐学习兴趣,导师可以怎么做? / 074
40 激发学生的体育学习兴趣,导师可以怎么做? / 076
41 激发学生的美术学习兴趣,导师可以怎么做? / 077
42 激发学生的科学学习兴趣,导师可以怎么做? / 079
43 激发学生的计算机学习兴趣,导师可以怎么做? / 080
44 激发学生的劳动学习兴趣,导师可以怎么做? / 081
45 学生上课注意力不集中,经常开小差,导师如何施策? / 083
46 学生在课堂上频繁插嘴,影响教学秩序,导师如何引导? / 085
47 学生常常拖延作业或不愿意完成作业,导师如何引导? / 086
48 学生存在作业抄袭行为,导师应当如何引导? / 088
49 如何正确引导学生合理地使用人工智能软件? / 090
50 如何有效指导学生合理地分配学习时间? / 091
51 学生考试前焦虑,导师有哪些缓解方法? / 093
52 如何培养学生养成记笔记的习惯? / 095
53 如何帮助学生克服数学审题不清的困难? / 097
54 如何帮助学习速度较慢的学生跟上课堂节奏? / 098
55 信息科技学习,导师可提供哪些学习方法? / 100
56 导师如何帮助学生树立学习目标,提升学习动力? / 101
57 如何有效地提升学生背英语单词的能力? / 103
58 如何有效地提升学生记数学公式的能力? / 104
59 帮助学生提高解题的速度和准确性,导师有哪些好方法? / 106
60 学生上课时总是质疑和挑战老师,导师应该如何引导? / 108
61 学生对写作缺乏兴趣,导师如何激发他们的创作热情? / 110
62 帮助学生克服写作障碍,导师可提供哪些具体的方法? / 112

63 学生在语文阅读理解方面遇到困难或进步停滞时,导师可采取什么措施? / 113

64 学生理解抽象概念有困难,导师如何帮助? / 116

65 学生做计算题经常粗心,导师可以怎么做? / 117

66 学生跨学科学习遇到困惑,导师如何帮助? / 119

67 帮助学生更好理解多学科知识的应用,导师如何出招? / 121

第三节 心理疏导   123

68 新结对的导师,如何走进学生的内心? / 124

69 让学生更加信任、愿意敞开心扉,导师可以做些什么? / 125

70 学生比赛失利、竞选落选非常沮丧,导师如何帮助调整? / 127

71 学生胆子比较小,不敢上课发言,导师如何加以鼓励? / 129

72 学生说自己很努力但学习成绩还是不理想情绪低落,导师如何疏导? / 131

73 学生被批评后,非常伤心,导师如何安抚? / 132

74 学生融不进集体,伙伴不喜欢和他玩,导师可以做什么? / 134

75 学生之间发生矛盾,难以控制情绪,导师如何缓解? / 135

76 拔除嫉妒的荆棘,导师如何引导学生成为更好的自己? / 137

77 对多动症学生,导师有哪些有针对性的方法? / 138

78 学生患有焦虑症、抑郁症,导师如何多加关心? / 140

79 如何识别学生心理危机的信号? / 142

80 发现学生心理危机后,导师如何规范应对处理? / 143

81 当出现心理危机的学生情况比较稳定、重返课堂后,导师如何跟进关心和辅导? / 145

第四节 生活指导   147

82 转学生对新环境适应不良,导师可以怎么做? / 148

83 引导学生原谅犯错的同学,导师可以怎么做? / 149

84 面对表扬和批评"油盐不进"的学生,导师可以怎么做? / 151

85 学生遭到同学非议,导师应该怎么做? / 152

86 帮助学生改掉"拖延症",导师可以怎么做? / 153

87　帮助学生改掉不文明的口头禅,导师可以怎么做? / 155
88　学生不愿意参加班级集体活动,导师可以怎么做? / 157
89　学生之间有小团体,排挤某个学生,导师可以怎么做? / 158
90　帮助学生树立遵守规则的意识,导师可以怎么做? / 160
91　帮助学生建立健康饮食的习惯,导师可以怎么做? / 161
92　指导学生平衡校外活动与校内学习时间,导师可以怎么做? / 163
93　提高学生的安全自护意识,导师可以怎么做? / 165
94　鼓励害羞腼腆的学生与同学有更多的交往,导师可以怎么做? / 167
95　帮助嫉妒心太强的学生学会欣赏他人优点,导师可以怎么做? / 168
96　帮助学生发现自己擅长的领域并展现长处,导师可以怎么做? / 170
97　学生相处不愉快,导师可以怎么做? / 171
98　学生间发生冲突,导师可以怎么做? / 173
99　学生与科任老师产生正面冲突,导师可以怎么做? / 175
100　学生出现群体性的偶像崇拜,导师可以怎么做? / 176
101　低年级学生丢三落四,导师怎样引导? / 178
102　指导学生学会帮助他人,导师可以怎么做? / 179
103　鼓励学生主动做力所能及的事,导师可以怎么做? / 180

第五节　实践向导　　　　　　　　　　　　　　　　　　183

104　导师在实践活动中扮演的角色需要哪些转变以适应需求? / 184
105　导师在实践活动中应扮演什么角色? / 185
106　导师如何发现并培养学生的独特天赋和兴趣? / 187
107　在实践活动中,确保每个学生获得个性化关注和指导的方法有哪些? / 189
108　设计和实施创新性实践活动,导师有什么方法? / 190
109　如何激发一年级学生的创造力? / 192
110　在各类实践活动中,导师支持学生的个性化发展有哪些策略? / 194
111　如何有效地整合和利用校园资源,丰富学生的实践学习体验? / 195
112　如何利用校外实践教育机会,为学生提供沉浸式学习体验? / 197
113　在资源有限的情况下,设计实践活动的创新方法有哪些? / 199
114　组织校外实践活动时,确保学生安全的措施有哪些? / 201

115 如何利用社区资源为学生提供实践学习机会？/ 202

116 评估和选择适合小学生的实践基地或合作伙伴的标准是什么？/ 203

117 如何为学生提供及时反馈，帮助他们在实践活动中取得进步？/ 205

118 将教育技术工具整合到实践向导中，提高教学效率的方法有哪些？/ 206

119 如何确保跨学科实践项目与学生核心课程学习相协调？/ 208

120 在实践向导中融入多元文化元素，培养学生全球视野的方法有哪些？/ 210

121 如何设计实践活动，提高学生的自然资源保护意识？/ 211

122 通过实践活动，培养学生情感智力和社会技能的方法有哪些？/ 212

123 在实践活动中处理学生之间冲突和分歧的策略是什么？/ 214

第三章 关于"家校合作谱"

第一节 导师与家长   221

124 在家校关系中，导师的角色定位是什么？/ 221

125 解锁密码，如何开启导师与家长的信任之旅？/ 222

第二节 正视家庭变化   225

126 家庭突发情况，导师如何关心学生的心理状况？/ 225

127 孩子在家宠溺娇惯，容易以自我为中心，导师怎样引导教育？/ 226

128 家长反对孩子与班上某个同学交往，导师可以怎么做？/ 228

129 高年级学生和家长发生亲子冲突和矛盾，导师可以做些什么？/ 229

第三节 争取家长配合   232

130 培育学生良好行规，如何得到家长的配合与支持？/ 232

131 教育脾气大的学生时，如何得到家长的配合与支持？/ 234

132 如何提高家访的效果？/ 235

后 记 / 238

第一章

关于"全员导师制"

章首语

教育是一门科学；育人是一门艺术。

导师，是学生成长道路上的引路人。

"全员导师制"，是新时代完成立德树人根本任务的重要抓手，也是新时期办学高质量发展的重要途径，更是新形势转变育人方式的重要载体。

本章提示

"全员导师制"，是一个新生事物。充分认识"全员导师制"的内涵和外延，深刻理解"全员导师制"的意义和价值，准确明晰"全员导师制"的思想和原则，是全面推行"全员导师制"的基础性开端。

本章以"全员导师制"为主题，从"全员导师制"的产生、概念及其主要内容，从实施"全员导师制"的指导思想、思路和原则，从"全员导师制"的研究指向、理想导师模样等方面进行了深刻阐述。

尤其值得一提的是，本辑融入了上海市第一师范学校附属小学在"愉快教育"视域下的"全员导师制"实践，并对其进行了基础性、扎根性和特色性的阐发。

第一节 亲近"全员导师制"

① 什么是"全员导师制"?

贾为卿

"全员导师制"的出台,有着深刻的背景。

为深入贯彻党的二十大精神,全面落实中共中央、国务院《关于全面深化新时代教师队伍建设改革的意见》《关于深化教育教学改革全面提高义务教育质量的意见》、国务院办公厅《关于新时代推进普通高中育人方式改革的指导意见》、教育部等十三部门《关于健全学校家庭社会协同育人机制的意见》、教育部等十七部门《全面加强和改进新时代学生心理健康工作专项行动计划(2023—2025年)》和《上海市教育发展"十四五"规划》等文件要求,有效发挥全体教师促进每一个学生健康成长和全面发展的育人功能,结合本市"全员导师制"试点经验和实际,2023年7月19日,上海市教育委员会印发了《上海市中小学生全员导师制工作方案》的通知,明确"中小学校要为每一个学生配备导师",确定了中小学生导师的关键职责和重点任务,构建起上海中小学"全员育人"的学生发展指导方案。

什么是"全员导师制"?有关文件和精神对此做了明确:中小学生"全员导师制",是中小学校全体教师按照一定机制与每一个学生匹配,为学生提供全面发展指导、为家长提供家庭教育指导的制度和育人方式。通过建立中小学生全员导师制,全面提高全体教师的育人意识和能力,持续优化师生关系、亲子关系和同伴关系,加强教师对每一个学生的关心关怀和陪伴指导,健全学校家庭社会协同育人机制,促进全体学生德智体美劳全面发展,提高育人的科学性、针对性和实效性。

教师人人是导师：让每一名教师成为学生成长的"引路人"

实施"全员导师制"，每一名教师都要担任学生导师。教师人人是导师，其实并不是一项新任务，而是对"人人都是德育工作者"理念的强化和具体化，也是新时代教师专业发展的必然要求。

由于长期以来我国中小学以班级授课制为主，班级管理和文化建设主要依托班主任开展，人们形成了"班主任负责育人、学科教师负责教书"的固有观念。但实际上，面对立德树人的根本任务，教师既要"教好书"，又要"育好人"，每一名教师都应该成为学生成长路上的"引路人"。

新时代中小学生成长的外部环境发生了很大变化，促进每一个学生的健康成长和全面发展越来越需要学校、家庭、社会的全员参与，教师的育人职责也更加凸显。上海实施中小学生"全员导师制"，是基于当前中小学生成长发展的时代特点，对深化育人方式改革和完善学生发展指导制度建设的主动回应。

"全员导师制"强调每一名教师都要肩负起育人的职责和使命，不是弱化班主任对学生成长发展的指导地位，而是要激发全体教师的育人活力，形成育人共同体。"全员导师制"并不是学校育人方式的补充，也不是教育改革的应急性、过渡性策略，而是真正回归教育本源和初心，让每一名教师明确"教书育人"职责，提升全体教师育人意识和育人能力的一项系统性育人方式改革。

学生人人有导师：立足"师生关系"和"家校沟通"促进全面发展

上海中小学"全员导师制"明确，导师的关键职责是"成为良师益友"和"做好家校沟通"，要求导师对学生"适时开展理想、心理、学习、生活、生涯规划等全面发展指导"。

学生发展指导首先应当以教师与学生之间的师生关系和情感联结为基础，良好的师生关系建立起来以后，教师能在日常与学生的点滴相处中，找到适合的契机，润物无声地对学生开展全面发展指导。

当教师以导师的身份与学生相处时，应与学生保持尊重平等的关系，避免高高在上的过度权威和只聚焦学习的互动，运用更多倾听、鼓励和同理心走进学生的内心，这样才能真正发挥导师的育人效果。此外，随着经济社会的发展和科学技术的进步，学生所处的家庭环境、社会环境、网络环境日益多样，尤其需要通过深入开展家校沟通，建立起学校和家庭之间同向而行的合作关系。

工作方案指出，导师的重点工作是开展学生家访、谈心谈话和书面反馈。

这三项重点工作是对导师职责的具体化。家访是为了更加深入地了解学生及其成长环境；导师与学生的谈心谈话则基于学生的兴趣爱好、个性特点和内心感受开展交流；书面反馈是通过发现学生"闪光点"，用真诚的鼓励拉近师生之间心与心的距离。

② "全员导师制"如何产生？

贾为卿

上海市教委于 2023 年 7 月发布《上海市中小学生全员导师制工作方案》，要求中小学校要为每一个学生配备导师，教师原则上都要担任学生导师。

教师的导师功能，是由教育工作的属性和教师的职责决定的。从某种意义上说，教师就应当是一个称职或出色的导师。只是在相当长的时期，在小学由于受班级授课制和习惯观念的影响，这种导师功能被更多地赋予班主任，甚至认为班主任才是导师的主角。另外，学科教师的学科地位也被更多地赋予智育的角色，而使导师的成色并不明显。

而另一种情形是，面对一些拥有科技创新潜力的尖子学生，学校往往会聘请一些专业人员担任导师，这使得配备导师也成为某些尖子学生的"专利"。

由于新时期基础教育"为每一个学生终身发展"的理念的全覆盖、立德树人的根本任务的全方位、因材施教个性化教育的全落实，使得导师的配备要从"阳春白雪"走向"下里巴人"，导师的角色要从班主任独当变成全学科老师胜任，导师要从"个体"变成"全员"，因此导师制就应运而生了。

上海中小学"全员导师制"，从个别学校"创新探索"走向部分学校"群体探究"，从凤毛麟角到遍地开花，走过了一段路程。由于导师制的功能发挥和作用显现，使得学校对导师制的需求呈现普遍性、大众化、集约式的趋势。

以大中小一体化育人理念为引领，上海于 2020 年开始，在全市 12 个区 186 所中小学，启动"全员导师制"的探索和实践。经过三年试点，全员导师制已逐渐成为上海中小学深化育人方式改革和学生发展指导的一种新模式。

显然，"全员导师制"的产生，有其新形势的宏观需求，也有新任务的客观拉动，更有新作为的主观动能，恰逢其时，切中所需，春风化雨。"全员导师制"的产生和推行，对教育理念的转变、学校办学质量的提升和家校社协同育人的实现都会产生巨大的影响。

因此,上海对"全员导师制"的建设十分重视。《上海市中小学生全员导师制工作方案》要求,要高度重视教师育人意识和育人能力的培养。依托上海市教育科学研究院、上海市教师教育学院和各区教育学院等,建立健全市区校三级联动的常态研修机制和分层分类培训体系,并纳入学分管理。建设丰富多元的教师研训课程资源,研制导师工作指南。积极协同各方优质资源,创新研修策略,探索建立协同合作的"导师团"等研修方式,赋能导师成长。

《方案》要求,充分发挥各级党组织领导作用,做好教职工思想政治工作和学校意识形态工作,加强师德师风建设。各区教育局要将落实"全员导师制"的情况纳入学校年度考核。进一步完善市区校三级联动的"全员导师制"组织架构。要结合义务教育"双减"政策实施和深化基础教育课程改革有关要求,切实规范中小学校教学管理,严禁加快教学进度、拔高教学要求或增加教学难度,不得给家长布置或者变相布置作业,不得要求家长检查和批改作业。市教师教育学院、市教科院要加强中小学课程教学、作业设计和考试评价的科学研究与指导,为实施全员导师制匹配支持性的教学环境。市、区两级教育督导部门要将"全员导师制"实施情况纳入区域和学校教育督导评价体系。建立和完善导师的绩效分配和激励制度,将教师担任导师的经历和成效作为教师职称晋升、评先评优等重要参考,组织开展优秀导师宣传交流活动等。

3. "全员导师制"的作用与意义是什么?

贾为卿

古者云"师者,传道受业解惑也",教师不仅是文化知识的传播者,而且是文明道统的传灯人,更是学生人生旅途的引路人。推行"全员导师制"就是要让教育回归"教书育人"的本质,构建"全员育人、全方位育人、全程育人"的格局,让每位教师都真正担负起育人的责任,全方位、全过程陪伴,引导学生成长,适时帮助儿童面对并解决成长中遭遇的困惑、困难,让学生在求学路上有一个从不缺位的陪伴者、从不缺席的引领者、从不缺少的好朋友。

那么,"全员导师制"的作用与意义是什么呢?

第一,"全员导师制"有助于基础教育的优质均衡发展,有利于学校办学质量的进一步提升,有益于提高办好人民满意的教育的兑现程度,从而让学生实现从"上学校"走向"上好学",让家长免除教育的焦虑和孩子入学的烦恼。这是为建设教育强国奠基。

第二,"全员导师制"有助于形成班级育人合力。"全员导师制"具体实施时通常将学科教师与学生按照某种原则进行匹配,一个教师通常要当十多位学生的导师。在建制班级依然存在的情况下,"导师制"不能取代"班主任制",但"导师"可以成为班主任工作的重要补充,可以有效减轻班主任工作压力,提升班级育人实效性。

在我国目前基本还是大班教学的情况下,班主任在做好学科教学的同时,要面对四五十名学生的日常管理,要处理家校间的种种关系,压力大,负担重,个性化、个别化教育难以落实到位。班级中表现平平的大量中等学生很容易会成为被忽略的"大多数",即便对少数学习严重困难、行为有偏差的特殊学生,班主任因为日常工作繁重导致情感联结不足,在教育上也往往有心无力。马克斯·范梅南认为"每个孩子都需要被别人注意",这在班主任制中恰恰难以实现。实施"全员导师制"后,每个导师在教学之余,都有自己需要长期关注、陪伴的学生,真正担起育人责任,改变了以往"重教书"而"轻育人"的倾向。相较于班主任,导师关注的学生相对稳定,学生也因此有了更多"被看到"的机会。学科教师某种意义上成了"班主任",学生的真实需求在导师层面即可解决或通过导师汇集到班主任处,因材施教得以更好地落实。班主任和学科教师因"导师"工作自然形成合力,班级德育工作更能落实、落细。

第三,"全员导师制"有助于构建良好的师生多向关系。良好的师生关系能产生极其重要的教育力量。古人说"亲其师,信其道","全员导师制"让教师更加贴近学生,不仅关注学生的学习,更要关注学生的生活,乃至走进学生的心灵,与学生建立起亦师亦友的关系,成为学生在某一段生命旅程中除父母外最重要的他者,这种联系紧密的师生关系对绝大多数学生而言,无疑都是极其重要的。

学生之间的关系也是学生成长的重要力量源泉。心理学研究认为,友谊是每个年龄段学生生活的核心。约翰·哈蒂在《可见的学习》中指出,"合作学习比竞争学习、合作学习比个别学习、竞争学习比个别学习更有成效。对于人际吸引来说,合作学习的效果最好,合作学习超过竞争学习,竞争学习超过个别学习。在合作的条件下,人际关系对学业成就有最强的影响,这毫无疑问指出了友谊在学业成就总公式中的重要性"。在"全员导师制"中,一个导师带领十多个学生,这些学生与导师构成一个个共同体。这种共同体的核心圈是导师与学生,家长则可以成为共同体的次圈层。在这样的共同体中,学生不再是孤立的个体,在导师有意识地带领下,他们有了更多交往互动的机会,不仅是同学,还可以是共同读书、参与社会志愿活动、游戏中的伙伴,每个学生都有了更多结交好友的机会。在这样的共同体中,学生之间的相互影响在老师的引领下是积极的、正向的、向善的。《论语》中有一段令人神往的描述:"暮春者,春服既成,冠者五六人,童子六七人,浴乎沂,风乎舞雩,咏而归。"这是一幅美丽的关系图,"全员导师制"也可以带来这样美好的师生教育关系。

第四,"全员导师制"有助于提升教师的职业效能感。从绝对工作时间和工作强度看,"全员导师制"会加重教师的工作负担。身为"导师",教师不仅要做好自己的学科教学,还要投入大量的精力帮助和指导自己负责的那些学生,要用心设计和组织小团队的活动,要深入了解团队中的每个学生乃至他们的家庭,要花很多时间倾听学生的需求,要开展个别化的教育活动,等等,这些都会挤占教师的工作和休息时间,教师会更加忙碌、辛苦。但教育工作对很多教师而言,侵蚀身心健康的,往往不是实际的工作强度,而是工作中的无力感、低效能感,是日复一日的重复单调劳动,是对学生的疏离和对课堂的恐惧,是"他们正在做的事从来不是,或不再是他们真正倾心的工作"(《教学勇气》帕克·帕尔默著 吴国珍译)。如果将教育工作"降低到技术层面",将教育窄化为学科教学,单纯追求学生考试的成功,离开了师生精神交往的需要,缺少师生心灵的碰撞交流,那么,教师就无法体会到职业带来的幸福感,就会有越来越多的教师落入职业倦怠或身心俱疲的陷阱之中。

帕克·帕尔默说:"如果作为教师,我们想要成长,我们就必须做一些学术以外的事:我们必须交流内心生活——这在惧怕触及个人,从而在技术、距离和抽象中寻找安全感的职业中,确实充满危险。"(《教学勇气》)事实上,寄望于在技术、距离和抽象中寻找安全感几乎是不可能的。教育的全部魅力就在于,教师面对的是一个一个具体鲜活的生命,触碰儿童的心灵,倾听"儿童的召唤",将儿童的生活、学习与自己的教育教学生活编织在一起,所谓"教学相长"才会发生,师生才能够真正相互滋养,教师的心灵才有源头活水,教师的生命才不会因为"降低到技术层面"的教学而耗竭枯萎。

"全员导师制"使得教师从习以为常的工作状态中走出来,走进学生的生活,与学生一起编织成长的梦想,从"育分"走向"育人",教师的职业境界才会越来越高远。从更加现实的角度看,"全员导师制"有利于建立良好的师生关系,改良学校的教育生态,从而影响到教学的成效,教师也更能有效地改进教学,更加自如地驾驭课堂,不断提高教学效益,提升自我效能感。

第二节 实施"全员导师制"的基本原则

4. 什么是"全员导师制"的指导思想?

贾为卿

"全员导师制"的提出,既有着深刻的时代背景和社会需求,也有着对新时代中国特色社会主义教育属性的认知。其产生和坚持的指导思想,应当成为推行"全员导师制"的根本遵循。

对"全员导师制"的目标走向,表述是十分清晰的,这就是:坚持以习近平新时代中国特色社会主义思想为指导,深入学习贯彻党的二十大精神和习近平总书记关于教育的重要论述,全面贯彻党的教育方针,落实立德树人根本任务,以"为党育人,为国育才"为根本目标,构建"三全育人"体系,遵循学生身心发展规律和教育规律,加强学生发展指导,深化基础教育育人方式改革,推动高质量教育体系与健康的教育环境和生态建设,努力办好人民满意的教育,培养德智体美劳全面发展的社会主义建设者和接班人。

在这里,我们可以做这样的理解:"全员导师制",是全面贯彻党的教育方针,落实立德树人根本任务的国器;是以"为党育人,为国育才"为根本目标,构建"三全育人"体系的利器;是遵循教育规律和学生身心发展规律的武器;是加强学生发展指导,深化基础教育育人方式改革,推动高质量教育体系与健康的教育环境和生态建设,努力办好人民满意的教育的大器;是培养德智体美劳全面发展的社会主义建设者和接班人的重器。

"全员导师制",是教育观念的改变,是教育理念的提升,是教育技术的运用,是教育使命的担当,是教育愿景的实干,是教育行为的优化。

5. 落实"全员导师制"的基本思路是什么？

贾为卿

对"全员导师制"的推进，也许各地各校会有不同的考虑和方案。而根据《上海市中小学生全员导师制工作方案》规定，中小学生"全员导师制"的实施范围为本市所有中小学校，覆盖全体中小学生。

怎样落实"全员导师制"？以人为本、面向人人，因材施教、全面发展，落实职责、协同育人是基本思路：

其一，坚持以学生发展为本，推动教育回归育人本原，强调教师教书育人职责。面向全体学生匹配适合的导师，切实将"学生人人有导师、教师人人是导师"落到实处。这绝非一句简单的口号，而是教育者掷地有声的誓言。它意味着，无论是成绩优异的"学霸"，还是努力奋进的"潜力股"；无论性格开朗活泼，还是内敛沉稳，每一个学生都将在教育的舞台上找到专属的聚光灯。导师们将以自己的智慧和爱心，化作学生飞翔的翅膀，助力他们在知识的天空中自由翱翔，追逐那无比璀璨的梦想。

其二，坚持尊重每一个学生的身心发展规律和个性差异，依托导师对学生的了解和良好师生关系，适时开展全方位、个性化的学生发展指导，促进学生德智体美劳全面发展。作为教育工作者，我们应该清楚地认识到每一个学生都是独一无二的宝藏，有着独特的纹理和光芒。"全员导师制"就像一位经验丰富的寻宝人，要深入了解每一个学生的内心世界，凭借着深厚的师生情谊，为他们量身定制成长的路径。导师耐心地引导学生在品德的花园里播撒善良的种子，在知识的海洋中扬起智慧的风帆，在艺术的天地里绽放创造力的花朵，在体育的赛场上展现拼搏的力量，在劳动的实践中收获成长的喜悦，让每一个学生都能成长为参天大树，成为对社会有用的栋梁之材。

其三，坚持将成为良师益友和做好家校沟通作为导师育人的关键职责，推动导师与其他教师相配合，学校与家庭、社会相协同，努力为学生构建健康的教育环境和生态。教育，从来不是孤立的存在，而是一场需要学校、家庭和社会携手共进的接力赛。导师不仅要成为学生成长道路上的引路人，用知识和智慧点亮他们前行的方向；更要成为学生心灵的守护者，用理解和关爱温暖他们的内心。同时,导师还要架起学校与家庭、社会之间的桥梁,与家长们紧密合作,共同关注孩子的成长点滴;与社会各界携手共进,为学生营造一个充满正能量的教育环境。让所有的学生在这片充满爱与关怀的沃土中,茁壮成长。

⑥ 在"全员导师制"实施中如何遵循和坚持基本原则?

贾为卿

"全员导师制"作为全方位、立体化育人,通过建立"学生人人有导师,教师人人是导师"的制度体系,切实增强全体教师的育人意识和育人能力,起到强化学校教育主阵地作用,减轻学生过重的学业负担、心理压力和家长的养育焦虑,引导家长树立正确的教育观念,掌握科学的教育方法,构建与现代教育治理体系相适应的和谐师生关系、家校关系和亲子关系,指导和促进每一个学生身心健康、快乐成长与全面发展。

在"全员导师制"具体实施中,学校和教师应遵循和坚持以下六条基本原则:

1. 全员性原则。一是指学校所有管理者都是育人者,要做到"教书育人,管理育人,服务育人";二是指教育要面向全体学生,使每一个学生都得到发展。创造良好的条件和环境,培养具有特殊才能的拔尖学生,使他们的才能得以充分发挥;重视边缘学生,使他们的潜能得到充分挖掘;更要关注后三分之一学生,使他们的个性得到充分发展。

2. 全面性原则。每一位导师既是学生学习的辅导者,也是学生生活的引导者,更是思想心理的疏导者,使每个学生的身心都得到全面健康和谐的发展。

3. 发展性原则。导师必须以促进学生发展共同体的可持续发展为指向,在全面了解学生实际的基础上,师生共同讨论协商确定符合学生最近发展区的长远目标、阶段目标。

4. 对应性原则。每一个学生都要有自己的导师,每一位导师都要有关爱的学生。导师要深入了解共同体内的学生,因材施教,采取有针对性的措施。要遵循学生的身心发展特点、道德水平及认知基础,循序渐进,跟踪管理。

5. 个性化原则。人才多样化,个个能成功,承认学生的个别差异,通过个别化的教育,因人施导,促进学生的个性发展。

6. 人本化原则。民主平等的师生关系是实施导师制的前提和基础。导师要尊重学生的人格,不随意泄露学生的个人隐私,通过建立和谐的师生关系,给学生以亲情般的关爱,成为学生的良师益友。

第三节 推进"全员导师制"的保障架构

7. 学校如何建立"全员导师制"的架构？

贾为卿

要推行"全员导师制"，必须建立与此相符合、相匹配的架构，这是基础性前提和成长性条件。

在这里，我们以上海市第一师范学校附属小学（简称"一师附小"）为例。一师附小总校与分校共有 5 个年级，2014 名学生。学生年龄、学习基础等差异较大，原有的班主任单兵作战的育人模式显得非常单薄，为了改变这种状况，从 2020 年起，学校分年级开始实施"全员导师制"。

学校实施"全员导师制"，着眼于"让每一个学生拥有愉快幸福的童年，让每一个孩子得到愉快发展"的学校育人理念与目标，构建全员、全程、全方位的育人工作体系，遵循教育规律和学生身心发展规律，保障每一个学生健康快乐成长。为此，学校重新梳理了各部门的基本职能，将与导师指导相关的教学、德育研训等工作进行整合，统筹把握学校育人方式与机制变革，将"全员导师制"融入学校工作的全领域、全过程中；成立"一师附小全员导师制"委员会，重构组织架构。

"一师附小全员导师制"管理委员会由鲁慧茹校长和许嘉美书记担任组长，负责"一师附小全员导师制"工作的总体设计与统筹安排。三名副校长及全体中层领导担任委员会成员，全面负责全员育人导师制工作的领导、实施、评估工作，使学校各部门职责明确、目标到位、分工到位、协调配合。学校学生德育发展中心、课程教学部，整合大队部、心理室、后勤组等部门，使学校"全员导师制"有序推进。学校"全员导师制"研培中心,整合科研室、各教学组等部门,主要负责实施过程中的研究、指导等工作,使学校"全员导师制"有效开展。

学校在"一师附小全员导师制"长效机制的形成过程中建立了相关制度,并不断完善。学校也在推进工作中,根据实际需要,建立导师选拔制度、导师培训制度等,通过制度建设,保证"全员导师制"得到规范的实施和推进。

8. 教师在"全员导师制"中的核心作用是什么?

贾为卿

学校"全员导师制"的实践,注重在组织架构中构建"五维导育"导师指导的内容体系,指导导师开展育人工作。教师作为导师,发挥核心作用,主要表现在五个"导"。

五个"导":思想引导、学习辅导、心理疏导、生活指导、实践向导。

一、思想引导——引领学生树立正确的理想信念。指引着学生成长的方向,成为进步的精神动力和精神支柱。

在班级内,我们的导师借助教材课本的内容为学生树立学习榜样,由榜样引领学生树立正确的志向。在学校每年的读书节活动上,导师和学生讲爱国故事,读名人传记,分享阅读感悟,践行阅读体验等,让学生在课堂内受到熏陶,坚定理想初衷。

党团员教师身先示范,班会课上他们佩戴好党徽或团徽走进课堂,为学生讲述革命先辈抛头颅洒热血的奋斗历程,介绍我们的时代楷模的故事,分享不同领域中做出杰出贡献的人物的成长经历等。

我们重视社会大课堂的影响力。课余时间,我们的导师也会带着学生走出校园,参观龙华烈士陵园,擦拭烈士墓碑,聆听烈士事迹。在中共二大会址纪念馆前,我们升起了庄严的五星红旗,宣讲了少先队员自己的成长足迹,以拳拳的爱国之情发出了"请党放心,强国有我"的誓言。

学校导师善于用丰富的形式、鲜活的事例、生动的语言,将抽象的思想理论知识转化为学生易于接受的形式,将爱国主义、集体主义、社会主义核心价值观等融入导师制的工作中,让每一个学生真正得到思想的进步,树立正确的理想信念。

二、学习辅导——发展学生的学业成就。自"双减"政策实施以来，学校一边不断强化课堂这一主阵地的作用，增强教学效果，一边以现代化技术手段为保障，切实减轻老师负担，提升工作效能。

每学期的开学第一课，每一位导师都会走进班级，与学生聊聊新学期的学习计划，帮助他们制定学习目标，将学习任务分解为小目标，并规划合理的时间安排，提高学习效率，激发学习动力。

学校引进了"深瞳优学"学业平台，以新质生产力赋能导师工作。平台涵盖了五大功能——作业的报备与公示、总量控制、统筹调整、数据跟踪与分析、统计汇总。导师也根据大数据的反馈，与学生一对一制订学习计划，个性化地布置学科作业、跨学科作业、分层作业、弹性作业，及时提供有效的学业指导，让每一个学生都能在自己原有的基础上获得进步的空间。

除此以外，每学期校园内丰富多彩的学习活动也成为导师和学生一起成长的平台。学期中的学科达人评选活动，各学科达人各显才能，在班级里和学校升旗仪式上分享自己的学习妙招，还能获得张张荣誉证书，赢得同伴和导师的掌声。

三、心理疏导——精准关心学生的心理健康。作为导师，我们始终铭记愉快教育所倡导的理念：对学生的个体性、独特性、多样性给予充分的尊重，因材施教，因人而异，因异而助。所以，一个班级的三位导师能集中力量，各展妙招，关心好班级内学生的情绪变化和行为习惯，并及时采取相应的措施。

校园内有一对双胞胎，弟弟因为早产，个子尤为矮小，像个三四岁的小朋友，直到现在上课时他的双脚都够不到地板，平日也因为身材缘故一直戴个小帽子。入学前的家访，我们的班主任和搭班在他们家沟通了将近两个小时，从他们五个月大说到了上幼儿园，又说到了疫情，让班主任深深了解到这对双胞胎成长的不易，他们从小就面临着住院、ICU、生长迟缓各种问题……

为此，学校为这个班级安排了一名非常优秀的导师：苹果姐姐。她也是学校三名心理老师之一。开学后，双胞胎中的弟弟上课听不懂，书本看不懂，哪怕最简单的上厕所，都做不好，其父亲一连送了好几次的裤子。这样特殊的学生，更需要导师如慈父慈母般的关心和爱呀！一声声"没关系"，一句句"你真棒"，一颗颗小奖章，一枚枚礼仪币。班上三名导师从习惯养成、心理建设入手，给学生每天送去许多的鼓励。同时，苹果姐姐也给家长支了许多妙招，家校合力，在短短一个月后，他们俩逐渐适应了小学生活。

之后,导师发现他们的社交能力较为欠缺,班里朋友不多。苹果姐姐和班主任与家长取得联系,让家长重视这个问题。在学校里,导师经常与腼腆的他们谈心交流,渐渐地,孩子的脸上出现了笑容,声音也变响亮了。现在,姐弟俩每天都高高兴兴地上学,成为班级中一道可爱的风景线。

除了专职心理老师,学校共有 20 名教师考取或正在考国内心理健康咨询师的证书。他们也是导师,并且分布于各个年级,能及时发现学生的内心困扰,提供最精准的指导,让每一个学生都能在校园内健康快乐地成长。

四、生活指导——帮助学生养成健康的生活习惯。首先,学校改进供餐模式,优化营养搭配,落实 AB 制学生午餐。也就是一天有两套午餐配置可供学生选择。导师为学生讲解食物的营养知识,介绍不同食物的营养价值,鼓励他们摄入多种食物,积极参与到"光盘行动"中。

其次,体育课程也是指导学生健康生活的主要阵地。上海坚持了多年的"5+2"体育模式,即每周 5 节体育课,加上 2 节锻炼活动。学校引进了多台体质测试仪,帮助学生检测跳绳、短跑、立定跳远等多项核心运动项目。准确、及时、全面是体质测试仪的优点,体育导师会根据测试仪呈现的数据报告第一时间为学生调整运动量,建立近期的锻炼计划,推荐适当的锻炼时间和强度。

如今,体育老师成为学生最喜欢的老师,他们会和老师聊一聊最近运动的成果,根据大数据提供的报告希望导师可以给予最新、最准确的指导。

五、实践向导——生涯规划指导。2021 年上海市政府提出了 15 分钟生活圈的理念。学校导师团队除了校园教职工以外,也聘请了一批校外辅导员,扩大了"全员导师制"的阵容,把"家校社"共同融合到了导师制的工作中。

班级层面,开展了"老爸老妈"进课堂活动。家长们带着自己的职业身份走进学校的课堂,与孩子们交流自己的成长经历、工作内容,学生还能参与到现场的职业体验中。例如,警察爸爸就把工作警犬带进了校园,给孩子们面对面地展示了它的工作流程。参加过第一届亚运会的长跑爷爷,以 80 岁的高龄走进教室和师生分享了他一路成长的足迹。这些内容分享让学生不仅了解了不同的职业,同时在内心播种了一颗颗向往成长的种子。

学校层面,把一批优秀的社会人士、名人邀请进来,开设了"一师附小大师课堂"。让大师和全校学生面对面交流。讲座、互动、现场体验等,以榜样的力量激发学生的成长和进步。例如奥运帆船冠军徐莉佳姐姐,带着奥运展陈大巴来到了一师附小和孩子们讲述了自己克服身体残疾,在奥运赛场上拼搏奋斗的故事,以及退役以后重新走进课堂,考取硕士学位的成长足迹,让观看的师生无不赞叹。上海东方卫视的何卿老师,也带着她的团队来到学校,给学生上了一节别开生面的艺术大师课"你也可以成为主播",让每一个拥有主持人梦想的学生得到了专业化的指导。上海博物馆研究员邓和英老师开设讲座《邓老师带你读历史》,引领学生了解文物背后的故事,以及博物馆研究员的日常工作,让大家对中国文物的前世今生有了更充分的认识。

⑨ 为什么要强调思想领先、率先垂范?

贾为卿

"全员导师制"的核心在于帮助学生树立正确的世界观、人生观、价值观。导师与老师仅有一字之差,但实现了学生与老师的双向互选,在学生眼中导师既是良师又是益友。学生愿意选择欣赏自己、了解自己、包容自己的导师,导师也需要将这份信任转换成幸福密码传递给每个学生及其家庭。

在"全员导师制"的推行中,导师的思想水平和示范作用显得十分重要。导师育人的先进思想和率先示范,是导师"能导成师"的关键。因为导师需要正确的思想为先导,也需要优秀的示范为先锋。

思想领先、率先示范,具体来说可以体现在这样几个方面:

1. 活动导学,尊重个性。"全员导师制"的工作和学校的教育教学密不可分,在落实"双减"政策不增加额外学业负担的前提下,采用"和导师一起玩"的形式可以让师生饶有兴趣地主动参与,互动学习,充分尊重学生的个性发展。这种方式实现了思想与知识传授结合、课内与课外教育结合、共性和个性教育结合,还可以让学生通过多种途径的学习与实践,实现健康快乐成长。

"全员导师制"活动的内容形式多样,教育指向明确清晰,10~15人的活动模式拉近了导师与学生的距离。学校可以提前安排一位导师独立准备活动内容,然后共同分享资源,其余导师则可以在此基础上进行微调,实现课时资源共享。这样既能凸显内容形式多样,又能减轻导师的教学负担。

2. 活动导行,发展个性。在"全员导师制"活动中,导师配对注重师生的双向选择。导师应该了解面对的学生,积极主动地研究学生在兴趣、性格、成长经历等方面的差异,做到因材施教、因人施导;研究不同学生的情感、智能、兴趣爱好等个性特点，开展个别化的教育，促进学生个性发展。

这样，即使是相同主题的活动内容，不同学科的导师照样可以从新的角度实施，把活动内容"玩"出不一样的精彩。每位导师真正担负起育人的责任，全方位、全过程陪伴，引导学生发现美、欣赏美；热爱劳动、热爱自然、热爱生活；尊重多元文化、尊重他人；讲礼貌、知礼节，举止适宜得体，言辞自信大方；引导学生成长，适时帮助学生面对并解决成长中的困惑；让亲子关系变得融洽，让家庭教育走向更亲密和谐的方向。

3. 家访导心，完善个性。"全员导师制"还应该让家校沟通更为便捷和畅通，平等宽松的谈话氛围，可以使得教育成为艺术。导师和学生家长一起寻找孩子的个性特点，求同存异，允许差异，尊重差异，因人而异地调整教育方式，让每个学生都绽放出独一无二的光彩。

家访是教师了解学生情况、了解家长需求，也是提高家长家庭教育能力的重要途径。家访前，教师可以根据学生的个性预设一些问题：孩子近期状态如何？是否遇到困难？孩子平时有什么兴趣爱好？家里有哪些成员？……和家长展开亲密交流，将"全员导师制"活动开展得深入人心。在"全员导师制"背景下的家访中，导师成了引导家长建立正确教育观念的领路人，让家长看到孩子的个性潜能和优势特长，建立孩子未来成长发展的合理目标和预期，成为家校沟通的信息"过滤器"、家长及其亲子关系的"减压器"。

导师的介入可以触发家长充分共情，营造良好的家庭教育氛围；理解支持，传递正确的家庭教育理念；积极引导，提供有效的家庭教育技巧。家长可以及时了解学校，感受孩子在成长过程中被看见、被关爱、被照料。

第四节 厚实"全员导师制"的研究基础

10. 为什么说研究学生是实施"全员导师制"的基础?

王智敏

"全员导师制"是一种创新的教育模式,覆盖学生学习、生活、心理等各个领域,旨在为学生提供全方位、个性化的指导与关怀,促进学生全面发展。它打破了传统教育中单一班主任管理的局限,让每一位教师都成为学生成长的引路人。

为什么说研究学生是实施"全员导师制"的基础?这是因为学生是教育的对象,也是教育施展的主体,而学生成长又是办学的目标和育人的主旨。在推行"全员导师制"的过程中,深入研究学生是其得以有效实施的根基。只有精准把握学生的特点、需求与发展状况,"全员导师制"才能有的放矢,发挥最大效能。

一、了解学生个体差异是"全员导师制"实施的基石。学生是具有独特个性和多元差异的个体。每个学生在学习能力、兴趣爱好、性格特点、家庭背景等方面都不尽相同。研究学生,就是要细致入微地洞察这些差异。例如在学习上,有的学生逻辑思维强,擅长数理学科;有的学生形象思维突出,在文学艺术领域更具天赋。导师若不了解这些差异,采用"一刀切"的指导方式,必然无法满足学生的个性化需求。"全员导师制"强调对学生的个别指导,只有基于对学生个体差异的深入研究,导师才能因材施教,为每个学生量身定制成长方案,使教育教学活动契合学生的学习节奏和发展路径,真正做到"一把钥匙开一把锁",助力学生在自己擅长的领域发光发热。

二、把握学生需求是"全员导师制"发挥实效的关键。学生在成长过程中有着多方面的需求,涵盖学业提升、心理支持、生涯规划等。通过研究学生,导师能够精准识别这些需求。在学业方面,学生可能在某些课程的学习上遇到困难,需要导师给予学习方法的指导和知识的答疑解惑;在心理层面,面对学习压力、人际关系等问题,学生可能会产生焦虑、抑郁等情绪,此时导师的心理疏导至关重要;在生涯规划领域,随着学生年龄增长,对未来职业有些懵懂的想法,导师凭借自身经验和专业知识可以为学生指引方向。若导师不研究学生需求,"全员导师制"就会流于形式,无法切实解决学生的实际问题。只有准确把握学生需求,导师才能在学生需要的时候提供恰当的帮助和引导,让学生在成长道路上少走弯路,使"全员导师制"真正成为学生成长的有力支撑。

三、关注学生发展是"全员导师制"持续优化的保障。学生处于不断发展变化的过程中,其身心发展、学习情况和思想观念等都在动态演变。研究学生不是一次性的行为,而是一个持续的过程。导师需要密切关注学生的发展动态,及时发现学生在不同阶段出现的新问题、新变化。比如小学低中年级,有些学生认为自己"长大了",会有一些小小的叛逆行为;到高年级,一部分学生在青春期来临时可能会有自我认知的困惑;小升初阶段,随着学业难度的增加,学习压力和心理负担也会发生变化。导师持续跟踪学生发展,能够适时调整指导策略和方法。当发现学生对某一学科的兴趣发生转移时,导师可以及时调整指导重点,为学生提供更贴合其当下发展的资源和建议。这种基于学生发展动态的研究与调整,能够保证"全员导师制"始终适应学生的发展需求,不断优化完善,从而为学生提供更具实效性和针对性的教育服务。

研究学生在实施"全员导师制"中占据着不可替代的基础地位。从了解学生个体差异,到把握学生需求,再到关注学生发展动态,每一个环节都紧密相连,共同构成了"全员导师制"有效实施的支撑体系。只有将研究学生作为"全员导师制"的核心工作,导师才能真正走进学生的内心世界,成为学生成长道路上的引路人,让"全员导师制"在促进学生全面发展、个性化成长的征程中发挥出最大的价值,推动教育事业朝着更加优质、高效的方向发展。

⑪ 理想的导师应该是什么模样?

王智敏

在"全员导师制"逐步推行的教育背景下,导师对小学生的成长影响越发显著。小学生作为独特的受教育群体,他们内心所期待的导师模样,对导师制的有效实施及自身发展意义重大。

理想的导师应该是什么模样?在这里,我们稍做描绘:

一、导师——温暖关怀的知心者。小学生心智尚在发展,情感需求强烈。他们渴望导师是温暖关怀的知心者。在校园生活里,当遭遇学习难题而沮丧,或是与同学产生矛盾而难过时,导师一个鼓励的眼神、一句贴心的安慰,都能让他们备感温暖。

作为知心者的导师会主动关注学生的情绪变化,耐心倾听他们的烦恼。课间休息时,与学生亲切交谈,了解他们的兴趣爱好、家庭生活。不只是关心学习成绩,更关心他们的内心感受。学生感受到导师真诚的关怀,便会建立起信任,愿意向导师敞开心扉,这为后续的教育引导奠定了坚实基础。

二、导师——智慧启发的引导者。学习是小学生的主要任务,在知识探索的道路上,他们需要智慧启发的引导者作为导师。理想的导师不会简单地灌输知识,而是巧妙地引导学生思考。在课堂教学中,通过创设生动有趣的问题情境,激发学生的好奇心与求知欲。例如在教数学应用题时,不是直接给出解题步骤,而是引导学生分析题目中的数量关系,鼓励他们尝试不同的解题思路。当学生回答正确时,给予肯定并进一步拓展思维;回答错误时,也不急于否定,而是耐心启发,帮助学生找到问题所在。导师是引导者,引领学生在探索中收获知识,培养他们自主学习能力和创新思维。

三、导师——平等尊重的交流者。小学生虽年龄小,但同样有自己的想法和尊严,他们期望导师是平等尊重的交流者。在"全员导师制"下,导师尊重学生的个性差异和独特见解至关重要。无论是在课堂讨论还是日常交流中,导师都要认真对待每一位学生的发言,不轻易打断或批评。尊重学生的兴趣爱好,鼓励他们发展特长。在制定班级规则或活动方案时,也会征求学生的意见,让他们每个人感受到自己是班级的重要一员。这种平等尊重的交流氛围,能让学生积极参与到学习和班级生活中,增强自信心和责任感。

四、导师——以身作则的示范者。小学生具有很强的模仿能力,导师的言行举止都可能成为他们模仿的对象。因此,他们心中的理想导师还是以身作则的示范者。

作为示范者的导师在遵守纪律方面严格要求自己,按时上课、遵守学校规章制度,学生也会在潜移默化中养成良好的行为习惯。在品德修养上,导师展现出诚实、友善、有责任感等优秀品质,学生也会受到熏陶。比如导师主动捡起地上的垃圾,爱护公共财物,学生看在眼里,也会逐渐养成爱护环境、珍惜物品的好习惯。导师的言传身教,对学生的品德塑造和行为习惯养成有着深远影响。

五、导师——多元活动的组织者。小学生活泼好动、充满活力,丰富多样的课余活动对他们的成长不可或缺。理想的导师应是多元活动的组织者。

导师会根据学生的兴趣和特点,组织各类主题活动、文体比赛等。如国庆前夕,组织绘画比赛,让有绘画天赋的学生施展才华,歌颂祖国;开展足球、篮球比赛,培养学生的团队协作精神和竞争意识。通过这些活动,学生不仅能发展兴趣爱好,还能锻炼综合能力,增强团队凝聚力。导师在活动中给予指导和支持,与学生共同参与,拉近彼此距离,营造积极向上的校园氛围。

在"全员导师制"的大框架下,小学生心目中理想的导师是温暖关怀、智慧启发、平等尊重、以身作则且善于组织多元活动的综合体。作为教师,应努力向这些标准靠拢,不断提升自身素养,扮演好导师角色。只有这样,才能更好地满足小学生的成长需求,助力他们在充满爱与智慧的教育环境中茁壮成长,实现"全员导师制"的教育初衷与价值。

12. 落实"全员导师制"为什么要共性与个性结合?

王智敏

"全员导师制"作为一种创新的教育模式,近年来在教育领域得到广泛推行。它旨在为每一位学生配备导师,提供全方位、个性化的指导与关怀。在落实"全员导师制"的过程中,共性与个性相结合显得尤为关键。这不仅关系到教育目标的有效完成,更关乎学生的全面发展与未来成长。

落实"全员导师制"为什么要共性与个性结合?具体说来,可归纳为这样几个方面:

一、满足多元发展需求——学生群体具有显著的多样性,每个学生都是独一无二的个体,有着不同的兴趣爱好、学习风格和发展潜力。从共性角度来看,学生在成长过程中有一些普遍的需求,如基础知识的学习、基本品德的养成等。"全员导师制"需要依据这些共性,制定统一的教育框架和基本要求,确保所有学生都能接受必要的教育。

然而,只关注共性远远不够。有的学生在艺术方面天赋异禀,有的学生则在科学探索上展现出浓厚兴趣。这就要求导师在共性教育的基础上,关注学生的个性差异,如为具有艺术特长的学生提供更多接触艺术资源、参与艺术活动的机会,为热爱科学的学生安排科研项目、提供专业书籍推荐等。只有将共性与个性紧密结合,才能真正满足学生多元发展的需求,让每个学生都能有所成长、有所特长。

二、促进教育方法优化——在"全员导师制"中,共性与个性相结合能够推动教育方法不断优化。共性教育使得导师可以采用一些通用的教学方法和策略,例如课堂讲授、小组讨论等,这些方法适用于大多数学生的知识传授和技能培养。但针对学生的个性特点,导师需要灵活调整教育方法。对于性格内向、学习较为困难的学生,导师可能需要采用一对一辅导、循序渐进的教学方式,给予更多鼓励和耐心;而对于学习能力较强、思维活跃的学生,则可以采用启发式、探究式教学,提出具有挑战性的问题,激发他们的创新思维。这种共性与个性相结合的教育方法,既保证了教育的高效性,又能满足个别学生的特殊需求,实现因材施教,提升教育质量。

三、构建和谐师生关系——师生关系是教育过程中的重要因素,良好的师生关系有助于教育教学活动的顺利开展。在全员导师制下,导师以平等、尊重的态度对待每一位学生,关心他们的学习和生活,建立起基本的信任基础,这是共性层面师生关系的构建。而个性差异则为师生关系的深化提供了契机。导师通过了解学生的个性特点,如兴趣爱好、家庭背景等,能够与学生找到更多共同话题,增进彼此的了解和情感交流。例如导师与热爱体育的学生一起探讨体育赛事,与喜欢文学的学生交流读书心得。这种基于个性的互动,能够让学生感受到导师的关注和理解,从而拉近师生距离,构建更加和谐、亲密的师生关系,为学生的成长营造良好的情感氛围。

四、实现目标全面完成——教育的最终目标是培养全面发展且具有独特个性的人才。共性教育侧重于为学生奠定坚实的知识基础、培养良好的道德品质和基本的社会适应能力,这是学生在社会立足和发展的必要条件。个性教育则注重挖掘学生的潜力,培养学生的创新精神和实践能力,使学生在某一领域形成独特的优势。只有将两者结合起来,才能使学生既具备扎实的综合素质,又拥有鲜明的个性特点,成为符合社会发展需求的复合型人才。

在实施"全员导师制"的进程中,共性与个性相结合是教育发展的必然要求,是提升教育质量、促进学生全面发展的关键所在。通过满足学生多元发展需求、优化教育方法、构建和谐师生关系以及实现教育目标的全面完成,这种结合模式将为学生的成长成才提供有力保障。老师应深刻认识其重要性,并在实践中不断探索和完善,让"全员导师制"发挥出最大的教育效能,为社会培养出更多优秀的人才。

第五节 "全员导师制"在"愉快教育"背景下的特色创建

⑬ "愉快教育"对"全员导师制"有何启示？

贾为卿

"愉快教育"，是上海一师附小办学的一面旗帜，也是小学教育现代化、人文化、情感化的重要探索，更是育人方式不断更新优化的激发引擎。

"愉快教育"实施和探索的过程，其实就是提高办学效益、育人效果的过程，其核心思想与推行"全员导师制"不谋而合。

具体说来，"愉快教育"对"全员导师制"带来什么启示呢？在这里，我们略加归纳：

一、构建新型师生关系的启示——"愉快教育"强调建立平等、民主、和谐的师生关系，认为这是营造轻松愉快教育氛围的基石。在"全员导师制"的框架下，导师应当积极借鉴这一理念，主动与学生进行平等交流，尊重他们的个性和想法。避免传统的居高临下式说教，转而采用更加亲近和关怀的方式，让学生感受到导师的真诚与温暖。这样的互动不仅能够增强学生的信任感，使他们更愿意与导师分享自己的学习、生活困惑，还能有效增强导师与学生之间的情感纽带，为后续的指导工作奠定坚实的基础。

二、教学方法选择的启示——"愉快教育"注重采用多样化的教学方法，如跨学科学习、项目式学习等，以激发学生的学习兴趣和参与热情。在"全员导师制"的实施过程中，导师可以借鉴不同的教学方法，根据学生的兴趣和特点，设计富有创意的学习活动或任务。通过引导学生主动探索知识，使学习过程充满乐趣,不仅能够提高学生的学习效果和学习积极性,还能更好地发挥导师在学业指导方面的作用,让学习成为一种享受而非负担。

三、关注学生个体差异的启示——"愉快教育"理念强调关注每个学生的个体差异,因材施教,确保每个学生都能在适合自己的节奏和方式中获得愉快的学习体验。在"全员导师制"下,导师需要深入了解每个学生的学习风格、兴趣爱好、优势劣势等,以此为基础制订个性化的指导方案。无论是学业规划、心理辅导还是综合素质培养,都要精准地满足学生的个性化需求,使他们在导师的引导下得到充分的发展,体验到学习和成长的快乐。

四、创新评价方式的启示——"愉快教育"倡导多元化的评价方式,旨在全面、客观地反映学生的发展情况。在"全员导师制"的实践中,导师应摒弃单一的以考试成绩为标准的评价模式,转而采用多元化的评价手段。通过观察记录、项目评估、同伴互评等方式,及时发现学生的闪光点和进步之处,并给予积极的反馈和鼓励。这样的评价方式不仅能够帮助学生树立自信心,激发其内在的学习动力,还能营造积极向上的学习氛围,促进学生的全面发展。

综上所述,"愉快教育"在构建新型师生关系、教学方法的选择、关注学生个体差异以及创新评价方式等方面对"全员导师制"均具有重要的启示意义。将这一理念融入"全员导师制"的实践之中,不仅能够提升导师工作的成效,促进学生的全面发展,还能为教育改革和人才培养提供有益的借鉴和参考。

14. "愉快教育"与"全员导师制"是什么关系?

贾为卿

"愉快教育"多年的实施和探索,实际上为"全员导师制"的推行奠定了思想基础和理念引领,为"全员导师制"的扎根、深耕提供了肥沃的土壤和充足的养分。因此,在学校推行"全员导师制"有着更扎实的基础和更优越的环境以及更完善的机制。

"愉快教育"与"全员导师制"是什么关系?领悟它们之间的内在逻辑和根脉关系,能为"全员导师制"提供动能,利于形成特色。

一、"愉快教育"理念为"全员导师制"提供指导思想——"愉快教育"理念的核心在于以学生为中心,关注学生的情感体验和个性发展,这与"全员导师制"的核心理念不谋而合。在"全员导师制"下,每位导师都需要全面了解学生,关心他们的成长目标,这与"愉快教育"强调的个性化教育、情感关怀高度一致。此外,"愉快教育"倡导的激发学生学习兴趣、培养自主学习能力等理念,为导师在学业指导上指明了方向。导师可以借鉴这些理念,采用更加符合学生心理特点的教学方法和指导策略,如游戏化学习、项目式学习等,让学生在轻松愉快的氛围中学习成长。

二、"全员导师制"是"愉快教育"理念的有效实施途径——"全员导师制"的实施,为"愉快教育"理念的落地提供了坚实的组织保障。每位教师作为导师,能够与学生建立更加紧密的联系,深入了解他们的兴趣爱好、学习困难和心理状态,从而提供更加精准的帮助和支持。在实践中,导师通过开展丰富多彩的课外活动,如创客空间、足球小将、木匠工坊、戏剧表演等,不仅丰富了学生的课余生活,还激发了他们的学习兴趣。同时,一对一的心理辅导和学习小组合作等形式的实施,更是为学生营造了一个温馨、支持的学习环境,让"愉快教育"理念得以生动体现。

三、"愉快教育"与"全员导师制"相互促进、协同发展——"愉快教育"理念的深入贯彻,进一步提升了"全员导师制"的实施效果。导师在更加关注学生的情感体验和个性发展的基础上,能够更准确地把握学生的需求,提供更加有针对性的指导和帮助,使得导师工作更加具有实效性和针对性。同时,"全员导师制"的不断完善和发展,也为"愉快教育"理念的拓展和深化提供了更广阔的空间和更丰富的实践载体。导师在实践中不断探索和创新,形成了许多行之有效的教学方法和管理模式,这些成果又进一步丰富了"愉快教育"的内涵,推动了教育质量的整体提升。

"愉快教育"与"全员导师制"之间存在着密切的联系和相互促进的关系。两者相辅相成,共同构成了现代教育体系中不可或缺的重要组成部分。未来,随着教育改革的不断深入,我们有理由相信,"愉快教育"与"全员导师制"将会在实践中不断融合、创新,取得新发展。

15. "全员导师制"如何增加"愉快教育"的元素?

贾为卿

基于"愉快教育"及其教育成果,学校对"全员导师制"的推行应当说更有动力、动能和动感。

"愉快教育",是教育的大苹果,它的芳香可以弥漫到"全员导师制"的全过程。

在"全员导师制"下,学校倡导每一位导师主动与学生进行深入的交流沟通,了解学生的兴趣爱好、个性特点等,以平等、尊重的态度对待每一位学生。通过组织师生共同参与的课外活动,如趣味运动会、春秋游实践等,不仅可以增进师生之间的情感交流,还能让学生感受到导师的关爱与陪伴,从而营造出一种轻松愉悦的教育氛围。

"全员导师制"因为有了"愉快教育"的滋养,更显得生机勃勃。

一、营造良好的校园文化氛围——"全员导师制"让"愉快教育"下的校园文化变得生机勃勃。近年来,学校致力于营造愉快的校园文化,打造积极向上、和谐友爱的校园环境。通过微信公众号、校园广播、校园网站等渠道,广泛宣传"愉快教育"的理念和"全员导师制"的先进事迹,营造浓厚的教育氛围。此外,开展丰富多彩的校园文化活动,如校园科技节、社团活动等,为学生提供展示自我、发展兴趣爱好的平台。这些活动不仅可以让学生在参与中感受校园生活的多彩与快乐,还能为导师与学生之间的交流与互动创造更多机会。

二、促进教师培训与专业发展——只有教师得到了成长,"愉快教育"才会有新发展。学校定期组织导师培训活动,邀请教育专家、优秀教师等分享"愉快教育"的理念与实践经验。通过培训,帮助导师更新教育观念,掌握有效的教学方法和指导技巧。同时,鼓励导师积极参与教育科研活动,针对"全员导师制"下如何增加"愉快教育"元素进行深入研究,不断探索创新的教学模式和策略,提升自身的专业素养和教育能力。

三、激励制度的实施与完善——建立科学合理的导师激励制度,有利于"愉快教育"的内涵升华。学校每年都会评选"优秀导师",对在"愉快教育"实践中表现突出的导师给予表彰和奖励,颁发荣誉证书,授予称号等。这些激励措施激发了导师的积极性和主动性,促使他们更好地履行导师职责。同时,学校"全员导师制"工作组制定详细的导师考核标准,将导师在增加"愉快教育"元素方面的努力和成效纳入考核范围。定期对导师的工作进行评估与反馈,促使导师不断提升工作质量,让每一位导师都能在工作中有所收获、有所成长。

第二章

关于"成长路路通"

章首语

育人,是教师的使命;引导,是导师的职责。

德智体美劳全面发展,是培养新时代中国特色社会主义建设者和接班人的题中之义,也是导师引导学生健康幸福成长的重要指向。

思想引导、学习辅导、心理疏导、生活指导、实践向导,正是"全员导师制"落地、落实、落细的主要方向。

本章提示

"全员导师制"的价值,充分体现在立德树人的全过程,充分体现在促进学生终身发展的全方位,充分体现在"思想引导、学习辅导、心理疏导、生活指导、实践向导"的全覆盖。

本章以"五导"为基本内容,从学生成长的五个取向,从发生在学生中的真实问题出发,梳理关键节点,厘清来龙去脉,阐述导行之理,勾勒了学生成长的路线图,对新时代学生的成长指出了清晰的路径,形成了"全员导师制"的思想方式和行为方式。

第一节 思想引导

🎯 本节提示

　　思想引导,是"全员导师制"的灵魂,也是形成学生正确的世界观、人生观、价值观的重要方面。

　　本节围绕导师制工作对学生思想引导以及正确的价值观形成所起到的不可替代的作用及其重点方面进行阐述。

　　首先,正确价值观的树立对学生的成长至关重要。它如同一座灯塔,照亮学生前行的道路,引导他们在复杂的社会环境中做出正确的选择。正确价值观能够帮助学生形成积极向上的人生态度,培养良好的道德品质和社会责任感。导师通过言传身教,以自己的言行举止为学生树立榜样,潜移默化地影响学生的思想观念。在校园生活中,导师关心学生的点滴进步,鼓励学生以积极向上的态度面对一次次的挑战,培养学生优良的品质。

　　其次,导师作为教育工作者,具备扎实的专业知识和丰富的教学经验。他们在各自学科领域有着深入的研究和独到的见解,能够为学生提供专业、准确的思想指导。此外,导师在学生心中往往具有较高的权威地位。学生对导师的敬佩和信任,使得导师的思想引导更容易被学生接受和内化。在面对复杂的科学问题时,导师能够运用专业知识为学生答疑解惑,引导学生树立科学的世界观和方法论。在处理学生的思想困惑时,导师的权威性也能够让学生更加信服,从而更好地接受导师的建议和指导。

　　最后,与传统的思想教育模式相比,"全员导师制"下的思想引导更具个性和针对性。传统思想教育往往采用统一的模式和内容,难以满足不同学生的个性化需求。而导师在与学生的日常互动中，能够深入了解每个学生的性格特点、兴趣爱好、思想状况等，从而为学生量身定制思想引导方案。

导师与学生之间的互动是长期的、持续的。这种长期的互动关系有利于导师对学生思想的稳定发展进行跟踪和引导。导师可以及时发现学生思想上的新变化、新问题，并及时进行干预和调整。同时，导师的持续关注也能够给学生带来稳定的心理支持，让学生感受到导师的关心和陪伴。

16. 对学生进行爱国主义教育时，导师如何帮助他们入耳、入心？

朱佳荔

在经济全球化背景下，信息化浪潮席卷而来。小学生由于其身心发育不完全，尚未建立正确的世界观、人生观和价值观，容易被外界各种信息干扰，甚至会出现崇洋媚外的现象。在与学生的交流中也发现，一些学生反映"在爱国主义教育中，老师讲的内容都正确、很理想也伟大，可是觉得距离我们很遥远，在实际生活中基本用不上"，这也在一定程度上削弱了爱国主义教育的效果。

习近平总书记强调："要把加强青少年的爱国主义教育摆在更加突出的位置，把爱我中华的种子埋入每个孩子的心灵深处。""全员导师制"视域下，如何提升小学阶段学生的爱国主义教育效能，让爱国主义教育入耳、入心？这就需要导师在教育实践中不断探索有效的方法与路径。

一、创新教育形式，让爱国主义教育"声"入人心

传统的爱国主义教育往往以说教为主，小学生容易觉得枯燥、乏味，甚至产生倦意。导师可借助多媒体资源，创新教育形式。例如在《道德与法治》二年级"欢欢喜喜迎国庆"这课中，导师利用多媒体教室，播放精心剪辑的关于新中国成立历程的纪录片，从新民主主义革命的艰难探索到开国大典的庄严宣告，一个个鲜活的历史画面呈现在学生眼前。播放结束后，组织学生分组讨论片中令自己印象深刻的场景，引导学生发表感受。这种直观的视听体验，让学生仿佛置身于历史长河之中，使爱国主义教育不再是抽象的概念，而是化作生动的历史故事与震撼的场景，声声入耳，深深烙印在学生心中。在班会课上，

导师还通过借助"红领巾爱学习"线上平台资源,让学生感受到了祖国日新月异的发展和伟大祖国百年取得的辉煌成就。"数字棉花、中华水塔三江源、千年敦煌、去文昌看火箭、禾下乘凉梦……"每一次线上学习,都是一次爱国主义教育。学生通过小组合作学习,在一段段富有深意、感人肺腑的视频中,感受伟大中国的崛起和腾飞,不仅如此,还通过学习习爷爷近几年与少年儿童的座谈、给小队员的回信,深深感受到党和国家对少年儿童的殷殷期盼。与此同时,在学习后,学生在班级内分享学习感悟,引发了大家的浓厚兴趣,深刻感受到要从小树立远大理想,用自己的实际行动为祖国未来建设做贡献。

二、结合生活实践,让爱国主义教育"实"至名归

导师可以将爱国主义教育融入学生的日常生活实践,让学生真切体会到爱国的深刻内涵。以一师附小学生集中居住的曹家渡社区为核心,导师融合静安区红色教育、周边企事业单位、中福会少年宫、曹家渡社区学校少先队的各类活动资源,构建"三圈育人"模式。学校作为上海首批少先队幸福教育实验学校之一,充分发挥家校社的整合力量,导师通过校外"15分钟幸福圈"活动,引导学生在所居住的社区内组建小队。社区里,学生聚在一起观看红色电影,分享观影感受。走出社区,在家长志愿者带领下,学生走进博物馆、红色革命场馆,在一张张任务单的帮助下,重温革命烈士英勇抗战的悲壮历史,感受着革命先辈浴血奋战、宁死不屈的热血与豪情。一件件文物,一幅幅历史照片,一段段珍贵的视频资料,如一扇时空之门,引领学生回到战火纷飞的年代,传承和赓续坚定的信念和无畏的精神。学生表示:"以前觉得爱国离自己很远,通过一次次的实践活动,我明白了爱国就是铭记历史,传承先辈们的精神,从身边的小事做起。"通过这样的实践活动,学生走出课堂,在真实的情境中感受爱国情怀,将爱国主义教育落到实处,真正做到入脑入心。

三、关注个体差异,让爱国主义教育"因材施教"

每个学生都是独一无二的,导师在进行爱国主义教育时要关注个体差异。在高年级的课堂中,对于性格内向、喜欢文学的学生,导师小赵推荐他们阅读爱国主义题材的经典文学作品,如《红岩》《青春之歌》等,并定期组织小型读书分享会,鼓励学生交流自己的感悟。而对于活泼好动、擅长表演的学生,小赵则鼓励他们参与学校组织的爱国主义主题话剧表演。在排练和演出过程中,学生得以深入理解角色背后的爱国精神。这种因人而异的教育方式,能够满足不同学生的学习需求,使爱国主义教育更有针对性,更容易被学生接受并内

化于心。

四、以身作则,让爱国主义教育"润物无声"

导师的言传身教对学生有着深远的影响。在国家遭遇重大灾害时,导师积极组织学生为灾区捐款捐物,在新疆遭遇6.8级地震时,导师陈老师在第一时间和学生了解新闻,并向学生讲解一方有难、八方支援所蕴含的爱国精神和民族凝聚力。在得知陈老师为灾区捐款后,学生纷纷慷慨解囊,通过在线平台也捐出自己的压岁钱、零花钱,用自己的实际行动诠释着爱国的意义。身正为范,正是在陈老师满腔的爱国主义情怀的感召下,学生在潜移默化中受到感染,纷纷以导师为榜样,从身边点滴做起,践行爱国精神。这种无声的教育力量,如同春雨润物,让爱国主义在学生心中生根发芽。

17. 少先队仪式教育,导师有哪些方法能提升队员的光荣感和组织认同感?

朱佳荔

少先队仪式教育是少先队组织通过一系列具有特定程序、规范和象征意义的仪式活动,对少先队员进行思想政治教育、组织观念培养和道德品质塑造的重要教育方式。在小学阶段,少先队仪式主要有少先队入队仪式、队会、主题队日仪式等。少先队仪式教育以其特有形式,如佩戴红领巾、行队礼、呼号等,让少先队员明确自己是少先队组织的一员,让学生感受到成为少先队员的光荣与自豪。不仅如此,通过参加少先队仪式,队员进一步感受到了少先队组织的凝聚力和向心力,增强了组织的认同感。

但在多年开展仪式教育过程中,也发现了一些问题有待改进:学生入队时间越长,光荣感和组织认同感越低;出生在优渥环境和和平年代的学生,对于少先队的历史和中国共产党的党史知之甚少,在情感教育中,学生的代入感不强;在仪式教育的设计中,队员存在"失语"现象,对活动的话语权不高,队员参与仪式教育的自主设计和组织实施占比不高,这也导致了在目前的少先队仪式教育中,未能充分激活队员的积极性,导致他们参与的意愿降低,失去了仪式教育本来的效能。

一师附小的导师为了提升少先队员的光荣感和组织认同感,近年来创新探索年级主题仪式活动,开发了各年级主题鲜明、贴合新角色年龄特征和兴趣爱好的仪式活动。例如"小荷已露尖角,新娃乐享成长"一年级百日开放活动;"我入队,我光荣"二年级入队仪式;"拾光礼赞,励志启航"十岁生日礼;"我阳刚,我聪慧"四年级阳刚男生聪慧女生活动;"我毕业,我感恩"五年级毕业典礼等少先队仪式活动。

一、优化仪式流程,彰显庄重神圣

导师严格把控少先队仪式的每一个环节,从出旗、唱队歌到呼号、退旗,确保规范、标准。例如一师附小少先队与上海警备区签署了共建协定,邀请警备区的解放军来校开展升旗仪式。在"三五"雷锋日、"五四"青年节、"七一"建党节等重要时间,导师带领学生走进军营,参观军营建设,不断强化学生的光荣感和爱国主义情怀。学生走进官兵生活区,参观了班排宿舍和战备库室。棱角分明的军被,整齐摆放的装具,无一不彰显中国军人严谨细致的工作作风和枕戈待旦的战备状态。剑锋所指,所向披靡。战士们手握钢枪,昂扬列队,用精彩帅气的战术演示,在每位队员心底烙下鲜艳的红色,点亮红色的小种子,立志长大后报效祖国。

二、丰富仪式内容,深化情感体验

导师将红色故事融入仪式教育,能让队员更深刻地理解少先队的光荣历史。导师张老师在一次建队节活动中,讲述了小英雄雨来的故事,生动的描述让队员们仿佛看到了雨来为保护交通员与敌人斗智斗勇的画面,激发了队员的爱国热情和对英雄的敬仰之情,进一步增强了作为少先队员的光荣感。

通过每周一节少先队活动课,导师聚焦少先队队史和党的百年征程中涌现出的优秀的革命烈士、改革先锋和"共和国勋章"获得者的事迹,组织讲述红色故事。导师小张老师作为导师团讲师,开展了以"首部党章守护者——张人亚的故事"的主题宣讲。张老师从"规"字切入,通过生动的故事使队员理解何为党章,帮助队员了解首部党章的由来、内容和意义。张人亚同志作为首部党章守护者,他的初心使命与坚定信仰使队员们备受感动,队员们立下志向,一定要传承和发扬红色精神,讲好红色故事,让更多的人了解党的光辉历史。

三、发挥榜样力量,引领队员成长

导师邀请在学习、品德、社会实践等方面表现优秀的队员在升旗仪式上分享成长心得。在一次学校升旗仪式的国旗下讲话中,导师黄老师邀请到了在科技创新比赛中获奖的队员小刘。她讲述了自己在备赛过程中遇到的困难以及如何克服困难的经历,激励了其他队员积极进取,让大家明白作为少先队员要勇于挑战自我,为集体争光,从而提升了队员们的责任感。不仅如此,导师自身的言行对学生也有着潜移默化的影响。在社区志愿服务活动的仪式中,导师孙老师总是以身作则,不怕脏、不怕累,认真完成每一项任务。队员们在导师的带动下,也积极投入到志愿服务中,深刻体会到帮助他人、服务社会的意义,进一步增强了自身的责任感和使命感。

四、拓展仪式参与,激发队员的主体意识

自主性是少先队活动的活力源泉。当队员能成为少先队仪式活动的组织者和设计者,他们一定也会成为仪式活动积极的参与者。自主性有助于发挥队员的责任感和创造力。在少先队仪式教育中,导师可以给予队员们自主策划仪式的机会,这能充分调动他们的积极性和主动性。例如在三年级十岁仪式活动中,导师周老师引导队员分组讨论活动流程和内容。队员们热情高涨,从确定活动主题"拾光礼赞,励志启航"到设计互动环节,都展现出了极高的热情和创造力。在准备阶段,队干部主动了解队员需求、活动时长、心愿等,并探讨了解需求的途径,充分调查他们过集体生日的需求。导师了解队员们"第一手"的想法、目标,决定以主题队会的形式在中队内开展庆祝。队员们畅谈想法和点子,然后分组讨论,策划方案。各小组制定活动策划表时,导师在这一过程中适时巡视及指导。各小组展示活动策划表,讨论并修改不合理之处,主要交流活动准备、任务分工、注意事项等。通过这次策划,队员们对活动仪式有了更深刻的理解,也增强了作为少先队主人的光荣感。自己的活动自己搞,自己的伙伴自己帮,导师通过不断激发队员在仪式活动中的主动性,进一步提升了学生的主观能动性,增强了仪式教育赋予队员的集体凝聚力和向心力,激活每一位队员的组织认同感和凝聚力。

五、建立仪式反馈机制,巩固教育成果

在仪式结束后,导师组织学生进行交流分享,让队员们表达自己在仪式中的感受和收获。在一次爱国主义主题的少先队活动仪式后,导师小郭开展了红领巾分享会,让学生谈一谈自己对爱国主义的新认识,以及如何在今后的生活中践行爱国精神。这种交流分享不仅深化了队员们对仪式教育内容的理解,还巩固了教育成果。

与此同时,导师也可以积极收集队员们对仪式教育的意见和建议,以便不断改进和完善仪式教育。通过设立意见箱、开展问卷调查等方式,导师了解到队员们希望在仪式中增加更多互动环节和多媒体展示。根据这些建议,学校在后续的仪式教育中可以做出相应调整,使仪式教育更符合队员们的需求,进一步提升了队员们的光荣感和组织认同感。

18 学生的集体主义观念薄弱,不团结,导师如何加以教育?

张玉婷

这是一个真实的案例:阳光明媚的午后,在学校操场上,热热闹闹的运动会序幕拉开了。这天是期待已久的"拔河比赛"预选赛。全校五年级的学生都兴奋不已,跃跃欲试。我们班的小 A 是个身形魁梧、力气十足的男孩。他自信满满,认为自己的力量足以拉动整个队伍。比赛开始,小 A 用力过猛,不听老师的合理建议,没有与队友同步,导致队伍节奏混乱,最终在第一轮就败下阵来。比赛结束后,他与同学互相抱怨,甚至发生了推搡……最终导致班级在拔河预选赛就遭到了淘汰。

小 A 在团队项目中总是独自行动,不愿意与队友沟通和协作,导致团队最终失利。出现这样的问题可能与以下原因有关:一是自我中心意识过强。小 A 可能过于自信,认为自己的力量足以影响整个比赛结果,忽视了团队合作的重要性。二是缺乏团队协作意识。小 A 可能没有意识到拔河比赛是一个团队活动,需要所有队员协调一致,而不是单靠个人的力量。也许过于看重个人在竞争中的表现,而忽视了团队合作的价值。三是沟通能力不足。在比赛结束后,小 A 与同学的沟通方式可能过于直接或带有指责,没有采取更具建设性的方式进行交流。四是情绪管理不当。面对失败,小 A 可能没有很好地控制自己的情绪,导致与同学发生冲突。五是缺乏集体荣誉感。小 A 可能没有充分认识到个人行为对班级集体荣誉的影响,缺乏为集体利益考虑的意识。

为了深入了解小 A 对集体主义的看法并促进其发展,我首先进行一对一的沟通,倾听小 A 的想法和感受。这一步是至关重要的,因为这能够让我获得小 A 对集体主义的直观认识,并识别出他在集体生活中的具体需求和困惑。随后,在班级中组织一场关于集体主义的讨论会,鼓励学生积极分享自己的观点和看法,以促进思想的交流和碰撞。通过这种集体讨论,不但能潜移默化地帮助小A深刻地理解集体主义的内涵,还能引导他学会如何将集体主义的价值观融入日常行为中。在实施了上述教育策略之后,我密切观察小A的行为变化,以评估他对集体主义认知的转变。这一观察过程将帮助我了解教育策略的实际效果,并为后续的教育活动提供指导。

具体实施措施为:

一是组织集体活动。为了增强小A的团队意识,我组织了一系列的班级团队建设活动,包括户外拓展和团队游戏。这些活动设计既有趣又具有挑战性,如信任背摔、团队接力赛等,旨在通过共同完成任务来加强学生间的沟通与合作。通过这些活动,小A不仅在实践中学习到了团队协作的重要性,还与同学建立了深厚的友谊。观察到的效果是,整个班级的学生都在集体活动中更加积极地相互支持,尤其是小A,他的团队精神得到了显著提升。

二是创设角色扮演。在课堂上,我引入了角色扮演活动,让学生亲身体验不同角色在团队中的作用。例如利用班团队课,模拟公司运营,学生分别扮演管理者、员工等角色,通过这种模拟实践,学生能够更直观地理解每个角色的重要性以及团队合作的价值。活动结束后,学生普遍反映,他们对团队中每个成员的贡献有了更深的认识,并且学会了如何更好地与他人协作。活动后,我也主动问了小A的感受,他直言这样的活动让他觉得既好玩,也充分感受到了每个人都有不同的作用,感受到了每个人都很重要。

三是借力真实案例。我通过分析成功团队的案例来让学生理解集体主义的重要性。选取了如苹果公司、阿里巴巴等知名企业的团队合作案例,引导学生尝试合作探究这些团队成功的关键因素。通过案例学习,学生能看到集体主义在实际工作中的应用,并理解团队合作对于实现共同目标的重要性。学生表示,这些案例让他们对集体主义有了更具体的认识,也激发了他们在未来团队合作中的积极性。

四是融入思维碰撞。在道德与法治课中,我特别强调了集体主义价值观的教育。通过讨论、讲座和小组合作项目,我强调了团队合作的重要性,并鼓励学生在学习和生活中实践这些价值观。这种教育方式不仅提高了学生对集体主义的认识,还促进了他们在实际行动中展现出团队精神。学生在课程结束后表示,他们更加重视团队合作,并且在学习小组项目中更愿意分享和协作。

在组织教育活动时,作为教师要遵循一套规范的方法和流程,确保每项活动都有清晰的计划和目标。作为导师,我们要重视、尊重学生的个性,鼓励他们表达自己的想法,同时强调集体利益的重要性。通过这样的教育实践,成功地激发了学生的团队意识,使他们意识到在集体中每个人的价值和作用。这种教育方式不仅增强了学生之间的相互信任,还促进了他们在团队合作中的积极参与,为他们的个人成长和集体发展打下了坚实的基础。

19. 学生喜欢给同学起绰号、开玩笑没有分寸感,导师有哪些教育策略?

陶 洁

转眼间,学生已经在校园生活学习了两年时间。从懵懂无知的幼儿,到知书达理的儿童,附小学子成长着。可近些日子,一些不合时宜的杂音,搅扰了和谐的氛围。同学之间互起绰号,乍一看,似是亲昵无间的小玩笑,细究却发现已然逾越了分寸的边界。

清晨,本应充盈着琅琅书声的教室,突然传来一阵哄笑声。原来,小周同学从小发音吐字不清晰,虽然经过不懈努力,但某些字词的发音仍旧不准确,不知道哪个小调皮给他冠上了"大舌头"的绰号。起初,他的脸上还挂着尴尬的笑,试图当作没事儿,可日子久了,那笑容越发牵强,眼神里闪躲的自卑像阴霾悄然聚拢,越发不敢大声朗读课文了。

究竟该如何看待这种现象呢?

这样没分寸的玩笑,源头却是多股"暗流"交织。首先,随着成长,学生的知识面逐渐拓宽,思维的独立性有了显著的发展,对人或事产生了自己的评价标准,因此采用起绰号的方式表达自己的看法,充满着情绪色彩。其次,在班级人际交往中,学生急于彰显个性,寻求关注,以为新奇绰号是融入小团体的捷径。看到别人被绰号逗得大笑,便跟风效仿,全然不顾受者心里的刺痛,只图自己一时嘴上痛快,幼稚地错把他人难堪当有趣的作料。再次,家庭教养的疏忽难辞其咎。家中长辈宠溺过度,孩子言行失准未得到及时纠正,从小习惯了口无遮拦,在集体生活里也不加收敛。或是成长于严肃少温情的环境,孩子不知友善互动为何物,只能凭生硬、出格方式拉近距离,用伤人绰号填补人际交往技巧的空白。最后,社交媒体与低俗流行文化也在推波助澜。网络段子里充斥着各种标签化称呼,学生受其影响,审美与价值观悄然扭曲,把无礼当幽默,将冒犯作新潮。

作为导师,面对"给同学起绰号,开玩笑没分寸",我是这样应对的。首先,引导学生学会尊重自己和尊重他人。结合语文口语交际的内容组织了一场"名字里的故事"班会,分享每个学生名字背后蕴含的美好寓意与长辈的祝福,引导他们思考名字与绰号之间的区别,明白名字才是每个人的身份标志,体会其中的尊重和庄严的意味。其次,营造班级文明用语的氛围。设立"啄木鸟"岗位,学生轮流值日,监督班级中文明用语情况,定期反馈,让友善称呼成为班级新风尚。最后,注重家长的有效配合。在家长会分享"舌尖上的温度",传授家庭沟通艺术,劝诫家长摒弃随意贬损式昵称,为孩子营造"尊人者人恒尊之"的成长环境。

导师,有时候就是园丁,要耐心、细心、智慧地浇灌花朵,精心除虫、耐心扶正花枝,等着满园芬芳、姹紫嫣红那一天。

20 队干部选举时,学生只选和自己关系好的同学,导师怎样引导?

仲 赟

升入三年级后,每学年都会进行一次队干部选举。然而,在历年的选举过程中,我发现了一个不争的事实:有些学生在投票时,会优先选择和自己关系好的同学,而不是公平公正地基于同学的能力、责任心等适合担任队干部的因素做出选择。这种情况如果不加以正确引导,不仅会导致队干部队伍不能真正发挥作用,还会影响班级的民主氛围和公平公正原则的建立。

这个问题的产生,是有原因的。一是学生认知局限,用情感代替判断。中年级的学生年龄较小,他们对于队干部选举的意义理解可能还比较肤浅。在他们的认知中,选择自己的好朋友当队干部,可能仅仅是因为他们希望和好朋友有更多在一起的机会,或者是出于一种简单的情感偏向。他们还没有充分认识到队干部的职责和重要性,不明白队干部需要具备一定的领导能力、责任心和为班级服务的精神。二是缺乏选举教育。在选举之前,班级可能没有对学生进行充分的选举教育。学生对选举的标准和流程一知半解,也不知道如何客观地评价一个同学是否适合担任队干部。

那么,作为导师怎样加以引导呢?

第一,注重选举前的准备。首先可召开班会。选举前,可以组织一次专门的班队活动,主题为"什么是优秀的队干部"。在班队课上,引导学生讨论队干部的职责和应具备的品质、素质。例如可以让学生列举他们认为队干部需要做的事情,如组织开展班级活动、维护班级纪律等。通过讨论,总结出队干部应具备的品质,如责任心强、乐于为大家服务、有组织能力、学习成绩优良、公平公正等。然后,将这些品质写在黑板上,以加深学生的印象。其次,制定选举规则。明确选举流程,包括候选人的提名方式、竞选演讲环节、投票方式和唱票计票规则等。整个流程规范、合理,并邀请家委会成员监督。在投票规则中,特别强调投票要基于候选人的能力和适合度,而不是个人关系。例如可以规定投票时要在选票上写出选择该同学的理由,这样可以促使学生认真思考自己的投票行为。

第二,注重选举过程中的引导。首先,关注候选人竞选演讲。要求候选人进行竞选演讲,在演讲中,候选人要阐述自己为什么要竞选队干部、自己具备哪些优势,以及如果当选会如何为班级服务。这一环节可以让学生更加了解候选人的情况,避免盲目投票。导师可以在候选人演讲后,引导学生对候选人的演讲内容进行提问和讨论,进一步加深学生对候选人的认识。其次,强化现场指导。在投票过程前,再次重申选举规则,提醒学生,对照评选标准,参考之前讨论过的队干部应具备的品质,慎重思考,客观公正地做出自己的选择。

第三,注重选举后的总结与反思。首先,结果公布与分析。唱票计票结束后,当场公布选举结果。对于顺利当选的同学,要肯定他们的优点,并鼓励他们在担任队干部后继续发挥优势,为班级服务。对于得票低的同学,也要给予鼓励,指出他们的闪光点,并建议他们可以在哪些方面继续努力。其次,反思与改进。组织学生进行选举后的反思,让学生说一说自己在这次选举中的收获和体会。引导学生思考自己的投票行为是否合理,是否真正选出了最适合担任队干部的同学。

根据这次选举中出现的问题,对下一次选举的规则和流程进行改进。例如如果发现竞选演讲环节还不够充分,可以在下一次选举中增加候选人与学生互动的环节,让学生更好地了解候选人。

通过以上一系列的引导策略，在后续的班级活动中可以看到明显的效果。新当选的队干部们都能够认真履行自己的职责，班级的各项事务得到了有序开展。学生在选举过程中也逐渐学会了如何客观地评价同学，民主意识和公平公正观念得到了加强。

在日常的班级生活中，当有其他需要学生参与决策的事情时，学生也能够以更加理性的态度来对待，不再单纯地从个人情感出发。例如在班级图书角管理员的选举中，学生能够主动提出候选人应具备的条件，并根据这些条件进行投票。

对于三年级学生在队干部选举中只选和自己关系好的同学这种现象，不能简单地批评指责，而是要通过系统的引导和教育，帮助学生树立正确的选举观念。从这个案例中可以得到以下启示：

1. 教育要提前介入，在选举之前就要对学生进行充分的思想教育和规则讲解，让学生明白选举的意义和标准，树立规则意识。

2. 在选举过程中，要注重细节，从竞选演讲到投票环节都要进行合理的引导，最大限度地确保选举的公平公正。

3. 选举后要及时总结反思，通过对选举结果的分析和学生的反馈，不断改进选举机制，培养学生的民主意识和班级责任感。

通过这个案例，我们可以看到，作为导师，引导学生进行公正选举的重要性。这不仅能够选拔出真正有能力的队干部，解决队干部选举中的实际问题，还能够为学生的成长和班级的发展奠定良好的基础。

21. 学生因担心考试成绩不理想而弄虚作假，导师如何教育引导？

顾春英

在一个春意盎然的季节里，校园的每一个角落都洋溢着生命的活力。这天，我正静静地坐在办公桌前，批改着学生的单元测验试卷。突然，我的目光被一张试卷吸引住了。那是小明的试卷，这名学生平时成绩处于中等水平，但每次作业都能认真完成，字迹工整。然而，这次试卷上的答案却显得有些异常，有些题目的答案与标准答案几乎一模一样，连阅读理解的最后一道简答题都近乎相同。我心中不禁泛起了一丝疑虑：年级组这次测验时间没有统一，有的班级比我们班早测验，难道小明为了这次测验，动了歪脑筋？

面对这样的情况，我首先是对学生考试弄虚作假的情况产生担忧。我深知，诚信是做人之本，也是教育的基石。如果小明真的因为考试成绩不理想而弄虚作假，那么这不仅是对自己学习的不负责任，更是对老师的欺骗。作为语文老师，我有责任引导学生认识到诚信的重要性，并帮助他们树立正确的价值观。

那么，小明为什么会选择这样做呢？是出于什么样的心理动机？

课余，通过与小明的深入交谈，我逐渐了解到了背后的原因。原来，即将来临的小升初考试，给小明带来了前所未有的压力。听老师说，测验成绩会记录到成长册上，带到中学里。他害怕自己的成绩不够理想，会被父母责备，更担心自己无法进入心仪的初中。在这种焦虑的情绪下，小明从其他班级借来了讲评过的测验卷进行复习，一心想提高成绩。然而，他并没有意识到，这种自欺欺人的做法严重违背了诚信的原则。

导师采取了以下一些方法：

1. 情感沟通，建立信任：首先，我与小明进行了深入的交谈，用温柔的话语和理解的态度，帮助他释放内心的压力和焦虑。同时，我也向小明表达了自己对他诚信品质的信任，希望他能够认识到自己的错误，并勇敢地改正。

2. 引导反思，认识错误：在谈话中，我引导小明反思自己的行为，让他认识到诚信的可贵。我告诉小明，真正的成功来自不懈努力和持续进步，而非一时的欺骗。同时，我也向小明介绍了历史上一些诚实守信的榜样人物，让他从中汲取力量和启示。

3. 提供机会，改正错误：另外，我提议，如果小明愿意，可以参加一次额外的考试，这次考试将更注重理解和应用能力，而非单纯记忆。这既给了小明一个改正错误的机会，也让他有机会展示自己的真实水平。小明欣然地答应了。

4. 家校合作，共同引导：最后，我还与小明的家长进行了沟通，建议家长多关注孩子的心理健康和成长需求，为孩子创造一个轻松、支持的家庭环境。同时，我也向家长介绍了自己的教育理念和方法，希望家长能够与学校形成合力，共同引导孩子健康成长。

通过这些措施的实施，小明认识到了自己的错误，以更积极的心态面对学习和生活中的挑战，成绩稳步上升，性格也越来越开朗。

22. 如何有效地教育犯错误的学生改正？

陈咏梅

"这什么破歌，有什么好听的，我们国家又不如外国好咯！"此话一出，全班炸开了锅。这是一堂音乐课，老师正在教大家唱一首爱国歌曲。我们班的小朱又闹开了。

小朱头脑灵活，成绩优异。作为独子的他，家长对他百依百顺，养成了他自大自我的性格。在他眼里，只要成绩好，其他都无所谓，违反校纪班规，成了家常便饭，可他却不觉得自己有错，坚决不接受批评。我气得拿起电话就要告诉他家长，没想到他一脸的不屑，回到座位上拿起本子揉成一团，用力推开凳子，把本子扔到了垃圾桶里。看着这一幕，我非常震惊。讲实话，对于小朱我花费了不少心思，但他还做出这样的事，我陷入了沉思。

是什么原因造成这样的情形呢？我分析：一是家庭环境造成了孩子的叛逆心理。家庭是孩子成长的基本环境，在良好家庭氛围里成长的孩子，内心是开朗阳光的，懂得关心别人、尊重他人。可小朱的父母早已离婚，家庭的不和伤及孩子。爷爷奶奶觉得亏欠孩子特别宠他，养成了他只要不满足就发脾气的坏习惯，甚至因为一句稍重的话也会"火山爆发"。二是家庭的不良教育促使孩子越来越逆反。陶行知先生说过："没有爱就没有教育。"家庭教育就是要用爱心去感染和关怀孩子。在多次接触中，我发现其父亲对他教育是命令式的说教、专断式的压制以及无休止的唠叨。一旦小朱的成绩没有达到要求就给他报很多学习培训班，以至于小朱连双休日也不能好好休息。这种简单粗暴的教育方式给小朱造成了心理压力。天长日久，孩子就会有抵触，进而产生了叛逆心理。

那么，作为导师如何加以解决呢？

一、施以宽容，给予师爱

宽容是处理人际关系的一种艺术，一种教育机智，面对有逆反心理的孩子，训责呵斥，只能把孩子推到对立面。于是我静下心来，笑着告诉他："因为你,那本无辜的本子受伤了。虽然它没有生命,但试想如果是你被人这样揉捏会怎样?""我……"小朱原本不服气的样子转变了。见时机成熟,我还是避谈课上他不合时宜的话语。"今天你冲动地把本子扔进垃圾桶我不深究,相信你以后做事不会这样冲动了。"也许是看到我柔和的目光,小朱连忙点头。

显然,在很大程度上,宽容能起到"以柔克刚"的效果,正是这种宽容以及给予他的师爱,带给了小朱尊重和信任,这犹如春风拂过他的心田,让其认识到身上的缺点。

二、动之以情,晓之以理

苏霍姆林斯基说过:"教育者最可贵的品质之一就是人性,对孩子深沉的爱兼有母亲亲昵的温柔和睿智的严厉与严格要求相结合的那种爱。"简单来说,就是以爱动其心,以严导其行。经过这一番"避重就轻"的谈话,我似乎走进了小朱的内心。又一节课后,我一走进教室,小朱就诚恳地向我认错,他认识到作为学生,应该尊重老师。可他很犹豫:"我想去跟音乐老师道歉,可是我怕……"见他这样说,我真的很开心,我就是等他这句话。于是,在我的陪同下,我们走向了音乐办公室……

要让孩子彻底认识到自己身上的错误并改正,光靠说教是不可行的,特别是像小朱这样有逆反心理的孩子,需要老师循循善诱。此举强化了孩子在活动中所产生的认识,使他明理更到位,行为更自觉,让他亲自体验做错事该及时认错并改正。

三、正面引导,自觉改正

正面引导就是要对错误的思想问题进行疏导,调动学生接受教育的内部动力,用积极因素去克服消极因素。

我利用每周的班队会课开展"讲爱国故事"的活动。请同学们说说祖国的发展历史,表达对祖国的爱。我也播放一些战争给民众带来灾难的图片,使孩子们认识到只有国家安宁,生活才能美满的道理。

几天之后,小朱告诉我:"我知道这段时间的活动是告诉我们,每一个中国人都要爱自己的国家,只有国家安定,我们才能幸福。"看着他认真的样子,我笑了,这不就是我所期待的结果吗?

对于这一类敏感又逆反的学生,只有耐心地进行教育,帮助他们分清是非,提高认识。即使学生一时没想通,我们也不能急躁,而是要耐心地疏导和等待,通过正面引导,帮助学生反思审视,自省自悟,自觉改正。

23. 面对爱拖拉、没有时间观念的学生，导师可以怎么做？

纪 菁

8岁的小华，放学一回到家，就一头扎进漫画书的世界里，看得如痴如醉。可刚看完漫画，就嚷嚷着要吃点心。满足了口腹之欲后，又说吃撑了，得出去散散步消化消化。如此一来二去，每天都要折腾到很晚，作业才勉强完成，不肯上床睡觉更是成了深夜的"保留节目"。类似的场景，相信不少家长和老师都感同身受，面对孩子这样毫无时间观念的行为，头疼不已。怎样才能让孩子们明白时间并非取之不尽，学会充分利用并管理时间呢？一味地在他们耳边"催催催"，效果往往不尽如人意。作为学生的导师，有三个关键要点不容忽视。

一、引导学生知道时间是有限的，要在有限的时间内做更多、更有意义的事情

1. 通过日常生活中的实例讲解。以一天的时间为例，给他们展示一天有24小时，可以画一个大圆圈代表一天，把它平均分成24份，每一份代表一个小时。然后帮助他们一起规划一天的活动，比如早上起床、吃早饭、上学、上课、课间休息、放学、做作业、吃饭、玩耍、睡觉等。让他们明白这些活动都要在一天的时间内完成，如果做一件事情花费了太多时间，比如磨磨蹭蹭地吃早饭用了一个小时，那么后面可能就没有足够的时间做其他事情了。

2. 借助游戏和活动体验。如时间挑战游戏，设定一个简单的任务，比如让他们整理课桌。在开始之前，先让他们估计一下自己需要多少时间来完成这个任务，然后用计时器开始计时，让他们在规定的时间内完成。完成后，和他们一起讨论在这个过程中有没有浪费时间的行为，比如一边整理一边和别人聊天等。通过这种方式，让他们直观地感受到时间的流逝和任务完成之间的关系。如果提前完成任务，可以给予一些小奖励，激励他们在有限的时间内高效完成任务。

二、引导学生懂得做事情要分清优先级

1. 日常生活中的引导。以学校劳动任务为例，当学生有多个劳动任务时，比如扫地、排桌椅、擦黑板等，我们可以引导他们思考哪个任务更紧急、更重要，或是哪个任务先做更合理。例如相比扫地和排桌椅而言，扫地就比排桌椅的优先级高，因为如果先排了桌椅，在扫地的过程中可能还会把桌椅碰乱，导致桌椅还得重新调整,这就等于重复劳动,浪费了时间;对于扫地和擦黑板而言,擦黑板的优先级就要高于扫地,因为如果先扫地,那么擦完黑板后的粉尘掉落在地上,清扫的工作等于又要重复一遍。我们可以和学生一起讨论这些任务的轻重缓急,让他们学会根据实际情况来判断优先级。

2. 利用故事和案例讲解。讲述一些名人如何分清优先级取得成功的故事。例如爱迪生在发明电灯的过程中,把大量的时间和精力都放在了寻找合适的灯丝材料这个关键问题上,而不是同时进行多个不那么重要的小实验。通过这些名人故事,让学生明白分清优先级对于成功的重要性。

3. 培养学生的决策能力。鼓励学生思考后果,当他们在判断优先级时,引导他们思考不同选择的后果。例如当他们在写作业和与同伴闲聊之间犹豫时,我们可以让他们思考如果先和同伴闲聊,可能会因为作业没有按时完成而被批评,影响学习进度;而如果先完成作业,不仅能够保证学习质量,还能在完成任务后安心地与同伴聊天。通过这种方式,让学生学会从长远和结果的角度来判断事情的优先级。

三、引导学生明白生活就是会有突发的事情发生,所以无论做什么事情,都要提前做好准备

1. 在日常生活中引导。以春秋游活动为例。当和学生一起计划春秋游活动时,可以引导他们一起思考可能会出现的突发情况。比如可能会有学生晕车的情况,所以要提前准备好晕车药及呕吐袋,以备不时之需;可能还会有学生突然想上厕所的情况,所以在出发前要先去洗手间;可能也会有学生因为玩得太兴奋而体力不支,所以要带上一些可以补充能量的食品。通过这些实际的出行准备,让学生学会在做事之前做好准备来应对突发情况。

2. 借助游戏和活动体验。如"惊喜盒子"游戏。准备一个盒子,在盒子里放入一些代表突发情况的小卡片,比如"突然停电""学习用品坏了""课本没带"等。在学生进行一项活动时,如做作业之前,先让学生从盒子里抽取一张卡片,然后让他们思考在这种突发情况下,应该如何调整自己的活动计划。例如如果抽到"突然停电",他们可以想出用自然光继续完成现阶段的活动,或者改成不需要电的活动。通过这个游戏,让学生认识到做好准备应对突发情况的必要性。

3. 培养学生的预见性和规划能力。鼓励学生观察生活,引导他们关注生活中的各种情况,包括天气变化、家庭成员的健康状况、周围环境的变动等。

比如让学生观察天气预报,思考如果明天天气不好,今天的计划是否需要调整。通过观察,他们能够更好地预见可能出现的突发情况,从而在做事时自然而然地提前做好准备。

如果你身边也有这样"拖拉"的学生,不要再"催催催"啦,试试这些方法吧!

24. 学生在与同学相处时,常发生矛盾,导师如何解决这样的问题?

刘庆玲

小严同学时常与他人发生矛盾,刚接班时我时常难以理解为什么这么"低级"的"鸡毛蒜皮小事"都能不断拉扯、不断指责,甚至拳脚相加,每天"循环"多次,"浪费"老师和学生的精力,这不应是五年级学生的认知水平和问题处理水平。那该如何解决学生时常发生矛盾的问题呢?这引起了我的思考。

通过不断观察,我发现小严同学严重多动,情感发展、社交发展落后于同龄人平均水平,遇到问题特别容易冲动,情绪上头,不能冷静理性看待问题,不懂说理,拳脚优先,看待问题狭隘,时常有报复心理。因此对他要用合理的方法引导教育。

第一,头脑冷静,疏导情绪。小严同学不论与同学发生冲突,还是被老师严厉批评,都会暴躁,甚至会对老师"动手",嘴里一刻不停围绕自己的想法重复说,语气极其强硬尖锐,"你硬气他更硬气",此刻,他接受不了任何人的看法。过招几次后,我先冷静不讲话,让他深呼吸冷静,先在图书角待一会儿,或者先去上课不处理事情。等完全冷静下来后,再处理事情。

第二,多方说理,捋清事实。只站在自己角度看问题,放大自己的委屈,忽视甚至扭曲他人的感受,也是他常见的认知方式。小严同学上课乱动乱说话,被旁边同学提醒,起身对此生拳打脚踢,老师让其到教室门口冷静五分钟,回家跟家长说被老师罚站,被同学针对和欺负。怎么让小严扭转认知偏差,多方位看事情呢?采用"三方对证"的方法,发生冲突的两方以及旁观的第三方,站在自己角度写下过程发生的来龙去脉,然后"一一对应"阅读理解每人的看法,相对客观立体地解读事情以及每个人的感受,扭转认知偏差,使他看到自己的不合理行为对他人造成的影响,别人的友善提醒并不是主观恶意的攻击,老师的冷静措施并不是针对惩罚。

第三,握手言和,引导反思。弄清事情的来龙去脉后,让他们面对面沟通,真实表达自己的想法和感受。真诚道歉,不该冲动打人,也要注意友情提醒他们注意道歉时的用词和语气。最后组织一个简单的"握手言和"的仪式,"看到你们化解矛盾,以后还是朋友,要互帮互助"。

遇到矛盾不可怕,作为导师,我们怎么合理解决呢?引导学生总结提炼解决问题的方法策略。遇到问题先保持冷静,用语言讲道理,坚决不能打人,在没弄清楚情况之前,不乱想,不陷入负面思考,说话做事要注意尺度,等等,积累矛盾处理经验。

第四,家校合力,助力成长。及时向家长反馈问题,交流学生的想法和情绪,分析问题根源。随事而教,一起帮助孩子树立处理矛盾的方法策略,学会正确的人际交往方式,跟家长强调处理问题的底线是不准打人,减少矛盾再次发生的概率。

情绪易怒的学生,也是需要帮助的,他们的"怒"也是其求助的信号,老师要更加冷静有耐心,要有情有理地帮助学生学会处理人际关系。在跌跌撞撞中,他们也会慢慢学会"合理、恰当、有尺度"地与人相处。

25 鼓励学生积极参与班级劳动,导师有哪些好办法?

陈 桦

在每天的班级管理中,我深刻意识到培养学生劳动意识与习惯的重要性。但起初,学生对班级劳动参与度并不高。

首先采用"劳动示范法"。我自己拿起扫帚,认真清扫教室角落,擦净黑板每一处污渍。学生看到老师亲力亲为,好奇与模仿欲被激发。有学生主动拿起抹布帮忙擦桌椅,我趁机表扬并讲解劳动要点。此后,每天安排"小老师"值日,带领大家劳动,学生的积极性逐渐提升。

接着是"分工合作法"。将班级劳动细致分工,如教室清洁分为扫地组、拖地组、擦窗组等,公共区域划分到小组负责。明确职责后,学生各司其职且相互协作。一次校园卫生评比,负责操场清扫的小组任务重,其他小组完成后主动帮忙。最终班级荣获"卫生模范班级",学生体会到团队力量,参与热情高涨。

"趣味竞赛法"也效果显著。组织"劳动技能大比拼",设置叠衣服、整理书包、系鞋带等项目。比赛中,学生全神贯注,为争第一努力练习技能。赛后,对表现出色的学生给予小奖品和荣誉证书。这不仅提高了他们的劳动技能,还让他们在竞争中感受劳动乐趣。

"奖励激励法"不可或缺。设立"劳动之星"评选制度,从劳动态度、成果、协作等多方面评价。每周评选出若干"劳动之星",将其照片贴在"荣誉墙",并给予小奖品或"特权",如优先借阅图书。未当选的学生为获荣誉努力改进,班级劳动氛围越发浓厚。

"家校联动法"也至关重要。通过家长会、家长群宣传劳动教育意义,邀请家长在家中为孩子安排劳动任务并反馈。不少家长反映孩子在家主动做家务,劳动习惯逐渐养成。有家长分享孩子学会做饭后,家庭关系更亲密,孩子也更懂事。

为了进一步深化劳动教育成果,我还增加了"劳动创意法",鼓励学生在劳动过程中发挥创意,比如在教室布置时,让学生用废旧物品制作装饰品。学生积极响应,有的用饮料瓶制作花瓶,有的用彩纸折成花朵,不仅让教室充满了创意和温馨,还让学生对劳动成果有了更强的归属感和成就感。同时,开展"劳动小当家"活动,让学生轮流负责班级一天的劳动安排和管理,锻炼他们的组织和领导能力。在这个过程中,学生学会了如何合理分配任务、如何监督和评价劳动效果,进一步提升了他们的综合素养。

经过一学期实践,班级劳动面貌焕然一新。学生从被动劳动变为主动热爱劳动,劳动技能提升,责任感、团队协作与自理能力增强。看到教室整洁、校园美丽,他们充满自豪。这一系列方法不仅让班级劳动有序高效,更在学生心中播下劳动光荣的种子,为其未来成长奠基,相信他们会在劳动中收获更多美好品质与成长力量,成为全面发展的新时代少年。

26 学生不辨是非,导师可实施哪些教育方法?

龚时珍

在小学教育的日常工作中,我深切体会到学生不辨是非的问题对其成长影响巨大。当今社会信息繁杂,小学生好奇心强但认知尚浅,面对海量信息,难以分辨善恶对错。这一状况不仅干扰他们在校的学习和社交生活,还对其价值观的初步形成造成冲击。

在一次班级手工制作比赛中,我目睹了这样一幕:有个小组为尽快完成作品,偷偷拿走了其他小组的材料。被发现时,他们却辩称只是借用,毫无愧疚之意。这让我十分痛心,也促使我深入思考问题根源。学生自身判断能力薄弱,易受外界影响;家庭方面,部分家长过度宠溺,忽视品德与规则教育,还有些家长因工作繁忙,缺少对孩子的陪伴和引导;学校教育中,传统教学模式过于侧重知识传授,在培养学生是非观上缺乏创新与深度,导致学生无法将是非标准真正转化为自身行为准则。

为帮助学生树立正确是非观,作为导师我采取了一系列措施。首先,通过生动的故事和案例讲解事理。讲《华盛顿与樱桃树》时,我问学生:"同学们,华盛顿砍倒樱桃树后勇敢承认了错误,要是你们遇到这种情况,会怎么做呢?"小明积极举手回答:"老师,我可能会害怕被批评,不敢说。但华盛顿好勇敢,我以后也要像他一样诚实。"我微笑着肯定他:"小明说得很对,诚实是一种宝贵的品质,华盛顿因为诚实得到了爸爸的原谅和赞扬。大家记住,诚实能让我们成为更受欢迎的人。"讲完后,我又结合明星偷税漏税受制裁的热点事件,组织学生讨论。我引导道:"同学们,这些明星赚了很多钱,却不遵守法律偷税漏税,你们觉得这样对吗?"小红立刻站起来说:"不对,老师。每个人都应该遵守法律,他们这样做破坏了规则,对别人不公平。"我接着问:"那从这件事里,我们能学到什么呢?"学生纷纷踊跃发言,在讨论中加深了对遵守法纪和道德规范重要性的理解。

此外,行为训练同样不可或缺。我制定了详细的班级行为规范,涵盖课堂、课间、人际交往等方面。还注重激发学生的情感共鸣,促进是非观念内化。发现学生中的好人好事,我会树立榜样并大力宣扬。

经过一段时间努力,学生有了显著变化。在校园里,他们能自觉遵守规章制度,同学间矛盾减少,互助友爱氛围浓厚。面对外界不良诱惑,也能运用所学标准进行甄别抵制。学习更加专注积极,为未来成长奠定了坚实的道德基础。

培养学生明辨是非的能力是一项长期而艰巨的任务,但看到他们的点滴进步,我坚信,只要坚持不懈,就能引领他们走向充满希望的未来,成长为有担当、有良知、明事理的社会栋梁。

27. 学生犯错还屡教不改，导师该怎么办？

朱兆贞

在低年级的班级管理中，学生的行为问题时常让老师头疼。就拿小敏的事来说，午间劳动时，劳动委员一句"老师，小敏的箱子里又有这么多东西"，瞬间打破了原本热闹的氛围。看着讲台上摆放的可爱卡通橡皮、漂亮铅笔、有趣粘粘球等，我心情沉重，这些东西没一件属于小敏，而且这种情况已经不是第一次发生了。从最初拾到东西不归还，到如今明目张胆拿同学物品，我此前一次次苦口婆心的说教毫无作用。

回到办公室，我努力克制情绪、梳理思绪，意识到之前的教育或许并未对症下药。再进教室，我心平气和地让小敏把东西还给同学。他嬉皮笑脸完成归还后，像斗士般无所畏惧地看着我，似乎在等待批评。我没有理会，而是和颜悦色指导其他同学订正作业，很快他就泄了气。

午休后，学生去上体育课，我照例要留同学检查班级卫生和物品摆放情况，便叫住刚冲出教室的小敏。他半信半疑，得到我招手示意后欣喜若狂地跳回教室。只见他认真地弯腰捡纸片、整理文具，嘴里还念叨同学物品的情况，我看到了教育成功的希望。此后，我经常请他帮忙整理讲台、收拾小橱，班里十几天没再发生失窃事件。为进一步鼓励他，我买了香味橡皮，还举行隆重的"聘任仪式"，聘任他为班务小助理并给他挂上胸卡。当然，改掉小敏的不良习惯并非一蹴而就，我也会时常不着痕迹地提醒他，最终，在悄无痕迹的教育中，他的不良行为渐渐消失了。

低年级学生正处于自我意识发展的特定时期，他们开始意识到自我存在，渴望成为焦点、体现价值，但看待自己和周围世界往往不够全面客观，容易产生不良行为。像小敏这种偶尔拿同学东西的行为在低年级并不少见。一般老师会严肃教育防止再犯，可小敏多次明知故犯，其实是想借此引起老师和同学关注，成为集体焦点。毕竟从成绩和行规上获得赞许需要很强的自律，而这种错误行为更"方便任性"。之前我的教育反倒给了他错误暗示，"批评"虽负面，却满足了他被关注的心理需求。

素质教育目的明确，但方法和途径复杂多样。在这个案例中，我耐心分析小敏行为成因，因人施教。没有采用先明理后导行的传统方法，而是依据渐隐原理，先导行后明理。通过语言和行为暗示，不留痕迹地帮他改正不良习惯。

在面对学生犯错屡教不改时,教师运用这一原则,能有效淡化不良行为,促进正确行为的夯实与内化。

28. 学生第一次撒谎和屡次撒谎,导师如何教育?

姚 瑶

导师,在与学生相处的过程中,常常会遇到各种问题。其中,学生撒谎是一个让我颇为头疼的问题。记得有一次,我在检查学生的作业时,发现一名平时表现还不错的学生的作业完成得格外出色。然而,在课堂提问中,当我问到与作业相关的问题时,这名学生却支支吾吾,回答不上来。这让我心生疑虑,经过进一步调查,我确定这名学生是抄袭了他人的作业,并且向我撒了谎。

学生第一次撒谎的原因可能是多方面的。首先,学生可能是为了逃避惩罚。在学习过程中,学生可能因为没有完成作业、考试成绩不理想等害怕受到老师的批评和家长的责备,从而选择撒谎。其次,学生可能是为了获得认可。有些学生希望在老师和同学面前表现得优秀,当自己实际能力不足时,就会通过撒谎来营造一种虚假的优秀形象。最后,家庭环境和社会环境也可能对学生的行为产生影响。如果家庭中父母经常撒谎或者对孩子的撒谎行为没有及时纠正,学生就容易养成撒谎的习惯。

面对学生第一次撒谎,导师可以采取以下方法进行教育:

1. 保持冷静,不要立刻发火。当发现学生撒谎时,导师要控制自己的情绪,避免在冲动之下做出不恰当的反应,以免给学生造成更大的心理压力。

2. 与学生单独谈话,了解事情的真相。给学生一个解释的机会,让他感受到老师的关心和尊重。在谈话过程中,导师要注意倾听学生的想法和感受,引导学生认识到自己的错误。

3. 分析撒谎的原因,帮助学生解决问题。根据学生的解释,分析他撒谎的原因,并与学生一起探讨解决问题的方法。如果是因为害怕惩罚,导师可以向学生说明犯错并不可怕,只要勇于承认错误并改正,老师会给予理解和帮助。

4. 进行适当的惩罚,但要注意方式方法。惩罚的目的是让学生认识到自己的错误,而不是伤害学生的自尊心。可以让学生写检讨书作为对他撒谎行为的惩罚。

还有一次，另一名学生屡次以各种借口不交作业。一开始，他说自己忘记带了，我相信了他，并让他第二天带来。可是第二天，他又找了其他借口，说作业在家没找到。后来，这样的情况多次发生，我才意识到他一直在撒谎。

对于屡次撒谎的学生，导师需要更加耐心和细心地进行教育：

一是深入了解学生的家庭情况和心理状态。屡次撒谎的学生可能存在更深层次的问题，导师要通过与学生、家长、同学的交流，了解学生的家庭背景、兴趣爱好、人际关系等情况，分析学生撒谎的根本原因。

二是制订个性化的教育计划。根据学生的具体情况，制订个性化的教育计划，包括心理辅导、行为矫正、学习指导等方面。可以与学校的心理老师合作，对学生进行心理辅导，帮助学生树立正确的价值观和人生观。

三是建立信任关系。屡次撒谎的学生往往对老师缺乏信任，导师要通过自己的言行举止，让学生感受到老师的真诚和关爱，建立起信任关系。在与学生交流时，要遵守承诺，说到做到，让学生相信老师是可以信赖的人。

回到前面的两个例子，对于第一次撒谎的学生，我按照上述方法进行了教育。我先与他单独谈话，让他认识到自己的错误。他承认了自己抄袭作业并撒谎的行为，并表示很后悔。我分析了他撒谎的原因，是因为害怕我批评他。我告诉他，犯错不可怕，只要勇于承认错误并改正，老师会原谅他。我让他写了一份检讨书，并让他补做作业。经过这次教育，这名学生再也没有撒过谎，学习也更加努力了。

学生撒谎是一个需要导师认真对待的问题。导师要通过了解学生的情况，分析原因，采取有效的教育方法，帮助学生养成诚实的品质，健康成长。同时，导师的榜样示范作用也至关重要。日常言行务必做到诚实守信，承诺之事坚决履行，犯了错勇于在学生面前承认并改正，如因特殊情况推迟作业提交时间，要向学生诚恳说明原因。处理学生问题秉持公正客观的原则，不偏袒不歧视，依据事实奖惩分明，为学生树立诚信标杆，让学生在潜移默化中效仿。

29. 学生经常上学迟到，导师可以怎样引导？

王艺为

小明从一年级开学开始，便是班级中的迟到大王。他的家就在学校旁边的小区,却是每天最后一个到达教室的。每天早上8点10分铃声响起,班级中早已响起琅琅书声,可是小明迟迟不到,经常快上第一节课了,他才背着书包奔进教室,嚼着早餐,呆呆地等待我"发落"。本以为只是偶尔一两次,我耐心提醒即可。可谁知小明迟到越发严重,一周五天,几乎天天迟到。从刚开始进入小学的肆无忌惮奔进教室,再到慢慢适应小学生活后的蹑手蹑脚,小明渐渐意识到迟到是不对的,会被批评,无奈就是改不了。这个学生本就学习习惯不佳,倘若再天天迟到,不参与早读,急匆匆开始进入第一节课,学习效果可想而知。

学生迟到是一个常见的现象,但处理这个问题需要综合考虑多种因素。首要的,便是要了解迟到的原因。

排除交通问题,我认为小明迟到更多的是健康问题和家庭原因造成的。在新生家访时我便知道,小明属于过敏体质,爸爸妈妈总希望他可以早饭吃好,慢慢吃有助于消化。因此对于小明吃饭磨蹭这件事,他们从来不催,久而久之养成吃饭磨蹭的习惯。如今进入小学,孩子这个习惯已经影响到正常的校园学习,保证健康还是培养习惯?家长一直犹豫不决。

除此之外,小明因为入学前一直跟随外公外婆生活,和父母相处时间较少。进入小学后,离开了祖辈,小明和父母的相处并不算非常融洽。长期离开父母,小明性格非常敏感,不善于沟通。而父母则觉得祖辈过于溺爱孩子,大包大揽,导致孩子养成了做事拖沓的习惯。由于没有从小带小明,父母对他迟到很头疼,但却不知道如何引导。小明妈妈曾对我说:"我和儿子本就不亲密,倘若再严格要求他,他和我更疏离了。"

虽然学校有明确的出勤规则和迟到处理办法,但是对于刚进入一年级,处在幼小衔接阶段的小明来说,过分强硬的要求并不适合。因此,我决定从正面开始引导。

一个周五,我利用课间找到小明,给他讲了一个关于时间的故事。我告诉他,时间就像一辆不停歇的火车,一旦错过,就无法回头。小明听得入迷,他想象自己坐上了时间的火车,如果迟到,就会错过很多精彩的事情。我送给小明一个卡通闹钟,并约定好早上的"火车"时间,让他学会管理时间,早上快速起床,按时吃早餐。为了不给他过大压力,我希望他争取下周五天中,能有一天在铃声响起前赶到学校。周一,小明仍然迟到,我什么也没说。周二,他在铃声响起后,一边喘气一边站在教室后门看着我,我什么也没说,但我知道他在努力。周三,小明在 7 点 52 分时,出现在教室里,我对他竖起了大拇指。8 点 10 分铃声响起,全班同学已经到教室,我利用早读时间,大大表扬了小明,全班同学送上了鼓励的掌声,腼腆的他嘴角微微扬起。是呀,所有人都喜欢得到称赞,称赞是学生进步的动力。

  一次不迟到不算什么,要彻底让小明做到按时到校,还需要持续的激励。一年级,我采取了争星的班级激励策略,表现好的学生可以得到贴纸,5 个贴纸可以换一个星星,贴在教室墙面上的争星榜上。小明的成绩并不优秀,他一直对于"争星"这件事抱着无所谓的态度。因此,从他第一次不迟到开始,我就奖励了他两张贴纸,我看到小明眼神放光,将两张贴纸视作宝贝一般,认认真真贴在储蓄本上,反反复复抚摸。接下来,只要他不迟到,我都给他鼓励的贴纸。小明的贴纸越来越多,换的星星也越来越多。一个月结束后,评选"行规小达人"的时刻来了,学生都很期待,小明呢,他知道自己不可能是班级中星星最多的那几个,因此很淡定地坐在那里,准备为别人鼓掌。评选出"行规小达人"后,我对班级学生说:"同学们,我们不仅仅要看到表现最好的,我们还要看看那些在默默进步的。你们瞧,9 月,小明只有 2 颗星星,10 月,他获得了 5 颗,他进步了!为什么进步这么快?"班级中有的学生立马回答:"他这个月迟到少了!""是呀!小明进步了,我们是不是应该表扬呀?"听我一说,顿时响起了热烈的掌声,小明一下子涨红了脸,不好意思地低下了头。我拿出早已为他准备好的礼物,送给他。他难掩兴奋,不住地对我说:"谢谢老师。"

  我知道,不迟到,就给贴纸,久而久之,对其他学生来说并不公平。因此,从 11 月开始,我又改变了做法。只要小明早早来教室,我都会给他布置任务:"小明,帮王老师擦擦黑板可以吗?""小明,能把图书角整理一下吗?""小明,去给绿萝换换水吧!"小明渐渐发觉,自己提早来学校,并不只是坐在那里,他还可以为同学们服务,这种成就感远远胜过贴纸的奖励。直到有一天早上,我走进教室,看见班级中早到的几个学生,有的坐在位置上发呆,有的在聊天,而小明呢,正在黑板前帮同学们排课表呢!我兴奋地拿出手机,记录下这一幕,发给他妈妈,妈妈欣慰地告诉我孩子的变化。每天放学一出校门,他就向妈妈炫耀老师今天又表扬了他。在家,他天天自己定好闹钟起床,就是为了能给同学们服务。瞧,一个迟到大王,就这样经过两个月的蜕变,变成了班级的小主人啦!

  看来,处理学生迟到的问题需要采用多方面的策略,包括理解原因、建立规则、提供支持、教育、激励、家长参与、个性化解决等。

教育是爱的传递,耐心是基石,导师只有尊重个体差异,激发学生内在动力,学生才会更加投入,更加努力去适应学校生活。

30. 如何教育班级内搬弄是非的学生?

任 欢

在班级管理中,搬弄是非的学生常常给班级秩序和人际关系带来诸多负面影响。他们的言行可能导致同学之间的矛盾冲突加剧,破坏班级团结,影响学习氛围。因此,探寻有效的教育方法来引导这类学生走上正轨具有重要意义。

搬弄是非行为的产生是有原因的。一是寻求关注。部分学生因在学习或其他方面得不到足够的关注,便通过制造是非来吸引老师和同学的目光。例如学生小曹在班级中成绩平平,很少得到表扬。一次,他故意在同学间传播关于班长在测验中作弊的不实谣言。当同学们纷纷议论此事时,他则在一旁享受着被众人关注的感觉。二是家庭环境影响。家庭关系不和谐、父母教育方式不当,可能使学生养成不良的人际交往习惯。如学生小王,其父母经常在她面前争吵。久而久之,小王在学校也学会了通过在同学间搬弄是非来获取一种"优势感",她会把某个同学的小秘密添油加醋地告诉其他人,以显示自己的"厉害"。三是缺乏正确的社交技巧。一些学生不懂得如何正确地与他人交往和表达自己的想法,无意中就造成了搬弄是非的局面。比如学生小张,他看到同桌在课堂上被老师批评后心情低落,本想安慰却不知如何开口,于是他对其他同学说"同桌肯定是犯了很严重的错误才被老师这么严厉批评",结果引起了更多同学对同桌的误解。

作为导师,该采用什么样的教育策略呢?

一是建立信任关系。导师要主动与搬弄是非的学生建立信任。以学生小曹为例,我发现他传播谣言后,没有立即当众批评,而是在课后单独找他谈话。"小曹,我知道你是个很有想法的孩子,老师一直很关注你。我想你对班长的事情可能有一些误会,你可以和我说说真实的情况吗?"通过这种方式,让小曹感受到老师的尊重和信任,他后来告诉我是因为想引起大家关注才这么做的。之后,我鼓励他通过在课堂上积极回答问题、为班级服务等正面方式来获取关注,逐渐改掉这个不良习惯。

二是引导正确表达。对于缺乏社交技巧的学生,教师就引导他们正确表达自己的想法和感受。针对小张的情况,我教他用恰当的语言去安慰同学,如"同桌,别太难过了,老师批评可能是希望你能更好,我们一起找问题出在哪里,下次改进就好了"。同时,在班级中开展一些关于人际交往和有效沟通的主题班会,让他们在实践中学习正确表达。例如组织小组讨论活动,让学生分享自己的经历,然后互相评价表达是否得当,我在旁给予指导和总结。

三是培养同理心。培养学生的同理心可以有效减少搬弄是非的行为。对于小王,我通过讲故事、角色扮演等方式让她体会被人在背后议论的感受。如在一次角色扮演活动中,我让小王扮演被其他同学传播不实信息的角色,当她感受到那种委屈和难过时,我适时地引导她反思自己平时的行为。我还鼓励她多站在他人的角度思考问题,比如在想要传播某个事情之前,先问问自己"如果我是当事人,我会希望别人这么说我吗?"。经过一段时间的培养,小王开始懂得尊重他人,不再随意搬弄是非。

四是营造良好班级氛围。班级氛围对学生的行为有着潜移默化的影响。在班级中,我积极营造团结、友爱、互助的班级氛围。在班级中树立正面榜样,对于那些善于团结同学、真诚待人的学生进行表扬和奖励。同时,鼓励同学之间互相监督、互相帮助。当有搬弄是非的情况出现时,大家能够一起抵制这种不良行为,共同维护班级的和谐。例如班级里曾经有学生传播关于某位同学家庭贫困的事情,其他同学纷纷站出来制止,并安慰那位受到影响的同学,让搬弄是非的学生认识到自己的错误。

其实,对于搬弄是非的学生,要深入了解他们行为背后的心理需求,既不能一味放任迁就,也不能随意上纲上线,要既讲道理,也讲情感,以耐心、爱心和智慧,春风化雨般去引导他们。每个学生都是一颗有待成长的种子,只要给予合适的土壤、阳光和雨露,他们都能茁壮成长,为班级这片花园增添绚丽的色彩。

31. 学生间分享有暴力倾向的游戏、动漫等,导师可以怎样劝诫?

余婷婷

课间休息时,我无意中听到几个学生兴奋地讨论一款带有暴力元素的电子游戏。他们模仿游戏中打斗的动作,描述游戏中的血腥场景,脸上还带着一种刺激的兴奋感。我心中一惊,这让我意识到,如今学生接触的信息如此繁杂,暴力倾向的游戏、动漫等内容可能会对他们产生不良影响。作为导师,我该如何劝诫学生远离这些内容呢?

学生间分享有暴力倾向的游戏、动漫等现象产生的原因主要有以下几点。首先,当下信息传播极为迅速,网络上充斥着各种各样的内容,其中不乏含有暴力元素的作品。这些作品往往以刺激的情节、炫酷的画面吸引学生的眼球。其次,部分学生由于年龄较小,缺乏辨别是非的能力,他们很难意识到这些暴力内容可能带来的负面影响。他们可能只是觉得好玩、刺激,而没有深入思考其中的价值导向。最后,一些学生可能在现实生活中遇到了挫折或者压力,他们通过玩暴力游戏、看暴力动漫来宣泄情绪,却不知道这种宣泄方式可能会导致他们形成错误的解决问题的方法。

为了劝诫学生远离暴力倾向的游戏、动漫等内容,我采取了以下几种方法。首先,我组织了一次主题班会,以"健康娱乐,快乐成长"为主题。在班会上,我通过播放一些因为模仿暴力游戏、动漫而导致的悲剧案例视频,让学生直观地感受到暴力内容的危害。然后,我引导学生展开讨论,让他们自己分析这些暴力内容为什么会带来危害。学生在讨论中逐渐意识到,暴力行为不仅会伤害他人,也会让自己陷入危险之中,而且长期接触暴力内容还会影响自己的性格发展,让自己变得暴躁、冲动。

接着,我向学生推荐了一些积极健康、富有教育意义的游戏和动漫。比如推荐他们玩一些益智类游戏,像《植物大战僵尸》,这款游戏不仅有趣,还能锻炼学生的策略思维;推荐他们看一些优秀的国产动漫,如《那年那兔那些事儿》,这部动漫作品以生动有趣的方式展现了国家的发展历程,能够激发学生的爱国情怀。同时,我还鼓励学生多参加一些课外实践活动,如阅读分享会、手工制作比赛、体育运动等,让他们在丰富多彩的活动中找到真正的乐趣,从而减少对暴力游戏、动漫的依赖。

通过这些劝诫方法的实施,我看到了学生的积极变化。在那次主题班会之后,学生明显减少了对暴力内容的讨论,而且在课余时间,我看到他们更多地聚在一起讨论推荐的益智游戏和优秀动漫,分享自己在阅读和实践活动中的收获。班级氛围也变得更加和谐、积极向上。这让我明白,作为导师,劝诫学生远离暴力倾向内容需要耐心和智慧,通过引导他们认识到暴力的危害,为他们提供健康有益的替代选择,能够帮助他们树立正确的价值观,健康快乐地成长。

32. 学生嫉妒同伴取得的荣誉和成绩,导师可以怎样疏导?

徐 忆

在小学阶段,同学之间的交流和互动还是比较友好和团结的,学生之间产生的冲突往往是基于感受到不公,或者是开玩笑时的语言不当和行为过激而引发的矛盾,嫉妒这个词貌似在小学生身上表现得不是很强烈。但作为老师的我感觉它不只是单个的心理状态,它是渗透于各种不良心理问题中的隐形火种,比如因老师对某些学生照顾多一点而产生嫉妒心,或者自身条件差的学生由于自卑而引发的嫉妒心,又或者同样付出努力但得不到同等奖励时感受到不平等的嫉妒心。

嫉妒心的产生不是因某一件事一触即发的,它和学生的生活环境、性格特点、家庭教育是息息相关的,我们常说有因才有果,而我在这里要述说的故事是一对双胞胎姐妹的矛盾。随着国家开放二孩政策的实施,不少家庭的孩子们都有了亲弟妹,我发现年龄相隔比较大的兄弟姐妹的心理状态都还好处理,姐姐能关爱弟弟妹妹,而哥哥会保护弟弟妹妹,如果是异性双胞胎也很融洽,但遇到了姐妹双胞胎激发矛盾的概率会成倍增加。

小琪和小怡是一对可爱的双胞胎姐妹花,姐姐自信率直,成绩比妹妹好,是我的美术课代表,而妹妹身材略小,在姐姐面前有点自卑,成绩很普通,有时候还需要补作业,说实话,妹妹对姐姐没有一点点嫉妒心我是不信的,所以在美术课里我让姐妹坐一起,希望姐姐可以帮助妹妹共同进步。那是一节日常的美术课,在姐姐收完美术作业后,我发现妹妹没有交作业,我也不忍心责问看似柔弱的妹妹,就回头问姐姐:"你自己交了作业,妹妹没交作业,你怎么不管管?"姐姐委屈地对我说:"老师,我管不了我妹妹,她不听我的,我也没办法。"其实这不是第一次了,在一、二年级的时候姐妹俩的美术作业都还是很优秀的,姐妹的关系也是很好的。但随着年龄的增长,姐姐在各个方面与妹妹拉开了距离,姐姐的性格也更强势了,但当妹妹斜眼看姐姐时,当妹妹抵抗姐姐的指责时,我在妹妹的眼神中也发现了一丝嫉妒和不服输的倔强。我们说当天平不再平衡,就会产生不稳定因素,我们也知道再相似的双胞胎,长大后也会有自己的人生轨迹,而妹妹嫉妒和倔强也不利于姐妹今后的学习生活,严重的会导致心理问题。

下课后,我把妹妹留了下来询问了姐姐在她心目中的地位,然后让她思考一个问题:"为什么你没交作业,老师却质问姐姐没有教好妹妹?"其实我想解决的是以下几个问题:第一,姐姐学习上的优秀让妹妹有了一定的压力。第二,妹妹不应该因为学习差而感到自卑,应该为有这样一个姐姐而自豪。第三,调整心态不要让成绩打败姐妹间的亲情和友情。在与妹妹沟通后我又去找了她姐姐,告诉她你是妹妹的榜样也是妹妹的压力,要学老师一样耐心对妹妹,要与妹妹一起进步。经过对姐妹的心理疏导,虽然妹妹成绩还是没有很大的进步,但姐妹之间的沟通温和了很多。嫉妒心,它是心理问题连锁反应的导火索,老师需要谨慎对待、耐心沟通,让内向的学生说出他们的希望,让自卑的学生走出阴影,让友情和团结连接他们的心,因为有着良好心态的学生才能更健康、快乐地学习。

33 学生间出现攀比的现象,导师可以怎样教育?

高 斯

那天课间,我正在教室里批改作业,突然,班里的佑佑气鼓鼓地跑过来,小脸涨得通红。他一屁股坐在椅子上,大声说道:"老师,我不想和川川一起玩了!他老是跟大家说他爸爸给他买了最新款的玩具汽车,还说他的运动鞋是名牌,特别贵。我觉得自己什么都比不上他。"佑佑的声音带着委屈,能感受到这件事对他的影响很大。

听到佑佑的这番话,我心里咯噔一下,意识到学生之间可能出现了攀比的苗头。这可不是小事,对于心智尚未成熟的小学生来说,攀比心理可能会严重影响他们的价值观和心理健康。

于是,我决定深入了解一下情况。我发现,川川家境比较富裕,父母经常给他买各种高档的玩具和昂贵的衣服。川川性格活泼,喜欢在同学面前展示自己的"宝贝",享受同学们羡慕的目光。而班里像佑佑这样家庭条件普通的学生,看到川川的炫耀,心里难免会产生落差,有的甚至开始自卑,同学之间的关系也变得有些微妙。

现在的社会环境，各种广告、社交媒体充斥着消费主义的信息，学生很容易受到影响。而且，小学生正处于爱模仿、渴望被关注的阶段，这种环境下，攀比之风就更容易滋生。另外，学习生活中，学生也需要寻找一种方式来展现自己，当他们发现通过物质可以吸引他人注意时，就容易陷入攀比的旋涡。

面对这种情况，我知道必须尽快采取措施。首先，我组织了一场主题班会，主题是"真正的财富是什么"。在班会上，我没有直接批评川川，而是先给大家讲了一些名人小时候家境贫寒，但通过努力学习和良好品德取得成功的故事，比如匡衡凿壁偷光的故事。讲完后，我运用小组讨论与代表发言相结合的方式引导同学们思考。我将学生分成若干小组，让他们围绕"在你们心中，什么才是最宝贵的东西？"展开热烈讨论，每个小组推选一名代表进行总结发言。同学们纷纷发言，有的说"知识是宝贵的"，有的说"善良的品质是宝贵的"。在小组讨论过程中，我穿梭于各小组之间，倾听他们的想法，适时给予引导和启发，帮助他们拓展思维。川川听着同学们的发言，渐渐低下了头。班会结束后，川川主动找到我，承认了自己的错误，说以后不会再炫耀了。

之后，我在班级里开展了一系列小组合作活动，比如共同完成一幅绘画作品、一起准备一场小型的科普展示等。在绘画作品创作活动中，我为每个小组设定不同的主题，如"我的梦想家园""未来的城市"等，要求他们发挥想象力，共同创作。在准备科普展示时，各小组要自主选定一个科普主题，如"植物的一生""神奇的太阳系"等，通过收集资料、制作展板、准备讲解词等环节，完成展示任务。每个小组都有明确的任务，需要大家齐心协力才能完成。在这个过程中，学生的注意力从物质攀比转移到了如何完成任务上。他们发现，通过团队合作取得的成果，比拥有一件昂贵的玩具更让人开心。

经过一段时间的努力，班级里的攀比之风消失了。佑佑变得开朗起来，在最近的一次绘画比赛中，他和小组同学共同创作的作品获得了班级一等奖。川川也有了很大的改变，他不再炫耀自己的东西，而是经常和同学们分享学习上的小窍门。整个班级的氛围变得更加和谐，学生在积极向上的环境中快乐地学习和成长。

通过这次经历，我深刻地认识到，作为导师，要时刻关注学生的心理动态，及时发现并解决他们在成长过程中出现的问题。只有引导学生树立正确的价值观,才能为他们的成长之路铺上坚实的基石,让他们在充满诱惑的世界里,保持一颗纯真、积极向上的心。

34. 学生校内校外言行不一致,导师如何加以纠正?

刘宗良

学生在校内校外言行不一致是比较常见的现象。在校内,有学校规章制度的约束和老师的监督,学生往往会表现得遵守纪律、文明礼貌。比如在学校会主动向老师问好、积极参与课堂讨论、自觉排队等。而在校外,可能会出现一些不当的行为。有些学生离开学校环境后就会放松对自己的要求。例如在公共场合大声喧哗、不遵守交通规则,或者使用不文明的语言。这可能是因为校外环境相对自由,缺少像学校里那种直接的监督,并且受到外界多种因素的影响,如周围人的行为习惯、社会风气等。

这是一次对话:办公室内,我神情严肃,学生小李有些紧张地站在一旁。我说:"小李,今天找你来,是想和你聊聊老师最近看到的一些情况。上周末老师在商场,看到你和朋友大声喧哗,还在公共区域追逐打闹,周围人都在侧目。可在学校里,你一直是个遵守纪律的孩子,这反差让老师挺意外的。"小李回答道:"老师,我……我当时就想着和朋友玩得开心点,没注意那么多。在学校习惯了守规矩,一出校门就放松过头了。""老师理解大家在课余时间想尽情放松,但文明素养不能只存在于学校。不管校内校外,良好的行为习惯和品德修养都是一个人重要的名片。你想想,如果大家都像你这样,只在学校守规矩,社会秩序会变成什么样?"我加重语气说道。"老师,我知道错了。我之前没意识到这个问题的严重性,以为出了校门就可以随心所欲。"小李表示认错。

"从现在起,要时刻提醒自己保持言行一致。你可以试着给自己制定一些小目标,比如在校外每保持一天文明行为,就给自己一个小奖励。慢慢地,让好行为成为一种下意识的习惯。老师相信你能做到。"我鼓励他。"嗯,老师,我一定努力改正,以后不管在哪里都做个守规矩、有素养的学生。"小李诚恳地表示。

通过这件事,小李深刻认识到学生在校内校外言行保持一致很重要。

首先,这体现了个人的品德修养。一个人的品德不是根据环境而改变的,无论是在学校受到监督,还是在校外相对自由的环境中,都应该展现出诚实、友善、自律等良好品德。例如诚信是品德的重要部分,在学校考试不作弊,在校外参加活动或者与人交往也不能弄虚作假。

其次,这有助于养成良好的习惯。习惯的培养是不分场合的,在学校养成的遵守纪律、尊重他人的习惯,如果在校外也坚持,就会逐渐根深蒂固。比如排队的习惯,在学校食堂排队打饭,在校外的公共场合,如游乐场排队玩项目时也保持,长此以往,会让自己成为一个有秩序感的人。

再次,这对个人的形象塑造很关键。在他人眼中,我们希望被看作是一个言行端正的人。如果校内表现优秀,校外却行为不端,会给人留下表里不一的印象。比如在同学和老师眼中,某个学生在学校是勤奋好学、文明礼貌的榜样,但如果在校外有不文明的行为被传开,大家对他的印象就会大打折扣。

最后,从社会角度看,学生是社会未来的建设者。在校内校外都保持良好的行为规范,有利于维护社会秩序,营造积极向上的社会风气。比如遵守交通规则、爱护公共环境等行为,若每个学生都能始终如一,会带动身边的人,促进社会文明进步。

35. 教会学生爱惜粮食、不挑食,导师有哪些策略?

徐楚彤

"开饭啦!开饭啦!"随着午餐时间的到来,教室里瞬间热闹起来。学生像欢快的小鸟,纷纷走向自己的座位,准备享受午餐。然而,我却在这热闹中,看到了揪心的一幕。

在回收餐盘的保温桶里,几个几乎没怎么动过的餐盘吸引了我的注意。餐盘里绿油油的青菜,几乎没被碰过;白花花的米饭,仅仅随便动了几筷子就被无情地丢弃在一旁。学生似乎对这些浪费食物的现象毫无感觉,依旧在教室里嬉笑打闹,享受着属于他们的欢乐时光。这场景就像一根刺扎在我心里,让我意识到,教会学生爱惜粮食、不挑食,已经是迫在眉睫的任务。

在这些学生中,小天的表现尤为突出。他吃饭时,餐盘里的食物就像被分成了两个世界:一边是被他吃得干干净净的肉,另一边则是丝毫未动的蔬菜。有一回,我实在忍不住,走到他身边,轻声问道:"小天,你为什么不吃蔬菜呀?"

他皱着眉头,满脸嫌弃地说:"老师,蔬菜不好吃,没有一点味道。"我接着问:"那你知道粮食是怎么来的吗?"他迷茫地摇了摇头,眼神里充满了迷惑。

经过一段时间的观察和思考,我发现学生出现这些问题,原因是多方面的。从家庭角度来看,很多家长对孩子过度溺爱,孩子不喜欢吃的食物,家长就不做,长期下来,孩子的饮食习惯变得越来越差。再加上现在零食种类繁多,孩子们很容易被零食吸引,到了正餐时间,反而没了胃口。从孩子自身认知角度来说,他们年纪小,对粮食的种植过程知之甚少,根本体会不到农民伯伯耕种的艰辛,自然也就不懂得珍惜粮食。

为了改变这一现状,我决定采取一系列具体措施。首先,我精心策划了一场主题班会。在班会开始时,结合《悯农》这首学过的古诗,我播放了一段精心剪辑的视频,视频里详细展示了农民伯伯春耕时弯腰播种的身影、夏日里顶着烈日除草施肥的艰辛,以及秋收时满脸汗水却洋溢着丰收喜悦的场景。学生看得目不转睛,忍不住发出感叹:"原来粮食来得这么不容易啊!"接着,我给他们讲述了贫困地区孩子吃不饱饭的情形,那些真实的事例让他们的表情变得凝重起来。

在日常教学中,我也巧妙地融入了爱惜粮食的教育。上识字课时,教到"米""麦""豆"这些字,我会详细介绍它们的来历。比如大米是怎么从稻穗变成我们碗里的米饭的,麦子又是如何磨成面粉制作成各种面食的。此外,我还组织了一场"我心中的食物"绘画活动。我鼓励学生把自己喜欢和不喜欢的食物都画下来,然后上台分享自己对这些食物的认识。在这个过程中,学生逐渐了解到那些他们不喜欢的食物其实富含各种营养,对身体成长有着重要作用。

在班级里,我设立了"光盘小天星"评选活动,每天对吃光饭菜的学生进行表扬,在班级荣誉墙上贴上他们的照片。每周还会进行一次总结,为获得"光盘小天星"次数最多的学生颁发小奖品,如一本精美的笔记本或者一个可爱的卡通书签。

经过一段时间的努力,班级学生午餐时,餐盘里的剩菜剩饭越来越少,挑食的现象也大幅减少。小天现在不仅会主动吃蔬菜,还会像个小卫士一样,提醒其他同学要爱惜粮食。

作为一名导师,我深刻体会到,教育无小事,每一个习惯的养成,都需要我们老师用心去引导,用爱去浇灌。只要我们找到问题的根源,采取合适的方法,就一定能帮助学生健康成长。

第二节 学习辅导

> 本节提示

学习辅导,是"全员导师制"的主要内容,也是发展学生智力的重点方向。

本节以"学习辅导"为切入口,讨论导师对小学生的学业成长具有全方位、多层次的积极影响。通过制订个性化学习方案、激发学习兴趣、培养良好学习习惯、提供情感支持等多方面的举措,为小学生的学习之路提供了坚实有力的支持,帮助他们在知识的海洋中快乐航行,茁壮成长,为他们的未来发展奠定坚实的基础。

第一,制订个性化学习方案,契合成长节奏。

小学生正处于认知和学习能力逐步发展的关键时期,个体差异尤为显著。"全员导师制"下,导师能深入观察和了解每个学生的知识基础、学习风格和兴趣爱好,从而为他们量身定制个性化的学习方案。对于那些在某些学科上稍显吃力的学生,导师会适当调整教学节奏,采用更加直观、生动的教学方法,如借助教具、游戏等,将抽象的知识形象化,帮助学生更好地理解和掌握。而对于学有余力的学生,导师则会提供更具挑战性的学习任务,如拓展阅读、小课题研究等,满足他们对知识的渴望,进一步拓展他们的思维和视野,让每个学生都能在适合自己的学习节奏中稳步前行。

第二,激发学习兴趣,点燃求知热情。

兴趣是最好的老师,对于小学生而言,学习兴趣的培养至关重要。"全员导师制"通过多样化的教学活动和个性化的关注,有效激发了小学生的学习兴趣。导师会根据小学生的年龄特点和心理需求,设计丰富有趣的学习活动,将知识融入活动中,让学生在玩中学、学中玩。同时,导师还会给予学生充分的鼓励和肯定,及时发现并表扬学生在学习中的点滴进步,增强学生的自信心和成就感,进一步激发他们对学习的热爱,使学习成为他们内心真正的渴望,而非外在的负担。

第三,培养良好学习习惯,奠定成长基石。

良好的学习习惯对小学生的学业发展乃至终身学习都具有重要意义。"全员导师制"为小学生提供了系统的学习习惯培养体系。导师会在日常教学中注重培养学生的专注力、倾听习惯、阅读习惯和时间管理能力等。这些良好学习习惯的养成,将为小学生的学业成长奠定坚实的基础,使他们在今后的学习道路上更加从容自信。

第四,提供情感支持,助力心态调整。

小学生的心理发展尚不成熟,他们在学习过程中难免会遇到各种困难和挫折,容易产生焦虑、沮丧等负面情绪。"全员导师制"下的导师,不仅是学生的知识传授者,更是他们的情感支持者。导师会密切关注学生的情绪变化,及时发现并解决他们在学习中遇到的心理问题。当学生因为一道难题而感到沮丧时,导师会耐心地陪伴在他们身边,给予鼓励和支持,帮助他们重新树立信心;当学生因为成绩不理想而焦虑不安时,导师会与他们进行深入的交流,分析原因,制定改进措施,让学生明白失败是成功之母,帮助他们调整心态,以积极乐观的态度面对学习中的挑战。此外,导师还会通过组织各种团队活动,培养学生的团队合作精神和社交能力,让学生在与同伴的互动中感受到学习的乐趣和集体的温暖,促进他们的心理健康成长。

36 激发学生的语文学习兴趣,导师可以怎么做?

刘素华

在小学语文教学中,常常会出现这样的场景:老师在讲台上激情澎湃地讲解着拼音、汉字和课文,而台下的学生却眼神游离,无精打采,对学习提不起丝毫兴趣。这让老师备感困扰,究竟该如何激发这些稚嫩心灵对语文学习的热爱呢?

一、怎样让枯燥的字词学习变得有趣呢？

传统的字词抄写、背诵往往让学生感到乏味。不妨采用游戏化教学，例如"汉字接龙"游戏，第一个学生说出一个字，下一个学生要用这个字的最后一笔作为新字的起笔，依次说出新的汉字，既能巩固生字，又充满挑战和乐趣。还可以把生字编成有趣的儿歌，像"人进门，金光闪；日进门，挤中间；马进门，往里闯"，这样朗朗上口的儿歌，让学生在轻松愉快的氛围中记住生字。此外，利用多媒体软件，将生字以动画形式呈现，展示其演变过程，比如"日"字从甲骨文到楷书的变化，配上生动的讲解，能极大地激发学生的好奇心和求知欲，使他们主动投入到字词学习中。

二、在课文教学方面有什么妙招呢？

课文讲解不能局限于逐字逐句地分析。可以先让学生根据课文题目和插图进行大胆想象，猜测课文内容，然后再阅读验证，激发他们的阅读期待。对于故事性课文，组织学生进行课本剧表演，如《小蝌蚪找妈妈》《草船借箭》等课文，让学生在表演中深入理解角色情感和故事情节，感受语文的生动性。教师还可以引导学生进行角色扮演朗读，模仿不同角色的语气、语调，使朗读充满趣味。同时，联系生活实际讲解课文，如《植物妈妈有办法》，让学生说说自己在生活中观察到的植物传播种子的现象，拉近语文与生活的距离，让学生觉得语文是鲜活的、有用的，从而提高学习兴趣。设置悬念激发学生好奇心。在讲解课文前，提出一个问题或设置一个悬念，如"为什么在这个时候诸葛亮会提出草船借箭呢？"引发学生思考。

三、如何拓展语文学习的空间，保持学生的兴趣呢？

教师可以举办丰富多彩的语文活动，如"故事大王争霸赛"，让学生讲述自己喜爱的故事，在班级或者家庭聚会上分享，产生成就感，也锻炼口语表达和思维能力，学生也会在准备过程中主动阅读更多故事。建立班级图书角，定期更新图书，每周安排固定的阅读时间，学生相互交流读书心得，分享阅读的快乐。让学生观看一些优质的语文教学视频，如《跟着课本去旅行》，可以利用假期通过实地走访，更深入地理解课文内容。教师鼓励学生进行创意写作，比如写童话、诗歌，将优秀作品展示在教室的文化墙上，给予学生成就感。此外，开展语文实践活动，如调查家乡的传统文化，了解学校的历史与建筑、参观校园，走近学校里有特点的"人"……让学生在实践中运用语文知识，感受语文的魅力，将语文学习从课堂延伸到课外，全方位激发和保持学生对语文学习的浓厚兴趣,为他们的语文素养打下坚实基础,开启充满趣味与探索的语文学习之旅。

小学阶段的语文学习,教师除了要围绕语文核心素养设计不同的教学方法,点燃学生学习的热情,更离不开教师对学生的耐心引导和因材施教,只有这样,才能让每一个学生在语文的世界里乐此不疲。

37 激发学生的数学学习兴趣,导师可以怎么做?

杨 艺

在课堂上,我发现小宇上课总是心不在焉。课间,我把小宇叫到身边,轻声问他:"小宇,你最近怎么啦?数学课不像刚开学那样积极举手发言了,作业也是拖拖拉拉的。"小宇委屈地点点头,说:"杨老师,学数学还要练口算、做题目,我觉得有点无聊,我想回到幼儿园了。"

听到他内心的想法后,我立即向小宇父母说明他近期在学校的表现并询问孩子在家里的情况。在课间休息的时候,我邀请小宇去操场的长椅上一起晒晒太阳聊聊天,"小宇,你对数学老师有没有什么想说的话呀?"经过和小宇及其父母的沟通交流,我发现他对数学缺乏兴趣主要有以下原因:一是课堂教学内容有点满,对于入学准备期的他,集中精力听35分钟的课有点困难;二是缺乏实践应用,数学知识没有和小宇的生活实际联系起来,他不知道学这些有什么用;三是没有及时给予鼓励反馈,小宇偶尔答对问题或者练习卷全对没有得到表扬,逐渐地失去了学习数学的积极性。

在了解小宇数学学习兴趣降低的原因后,我去查阅幼小衔接的资料,并向有经验的老师请教经验。如何让小宇重新燃起对数学的兴趣和求知欲?

1. 趣启数学:游戏点亮求知心

首先,我基于儿童的视角设计各类的游戏活动,让学生在玩乐中自然而然地掌握数学知识,体验学习数学的乐趣。接下来的数学课中,我把讲授新课的时间浓缩到30分钟,最后的5分钟和学生一起玩数学游戏。比如学完"认识立体图形"这一课,我们一起玩"拷贝不走样",四人一组,由搭建小能手用四个立体积木块搭出一个造型,观察小高手观察造型,并用颜色方位等数学语言描述给传话"小天使",传话"小天使"复述给模仿"小达人",最后模仿"小达人"依据指导，用原来的四个积木块重现造型。上了两个多月这样的数学课，小宇和班里的学生都纷纷跑来和我说："杨老师，数学课好好玩呀，怎么没感觉到就下课了？""杨老师，明天学加法了，我们一起玩什么游戏呀？"……这种寓教于乐的教学方式不仅激发了学生对数学的兴趣与热情，也培养了他们的观察力、思维力和动手能力，助力幼小衔接的平稳过渡，帮助他们逐步成长为自信、自立的小学生。

2. 星耀成长：奖励激发内驱力

同时，我还专门为小宇制作了一个星星进步榜，每次上课答对问题给他贴一颗星星，作业完成得优秀或课堂上能主动提问都可以贴一颗星星。每周五下午第一节课后，他都会兴高采烈地跑来找我，"杨老师，你看我这周又'赚'了好多颗星星，这次我要兑换卡通贴纸"。小宇用自己的优秀表现，已经兑换到了卡通贴纸、和老师合影一张、数学课代表一天体验券等。慢慢地，小宇成了我的"跟屁虫"，每天都和我有说不完的话。"杨老师，我知道乘法其实也就是加法，你知道吗？""杨老师，我来帮你发本子吧！"……小宇爸爸妈妈说，他现在每天回家最先和他们分享的就是他又获得了几颗星星，从孩子兴致勃勃的话语中能感受到，他越来越喜欢数学了。

3. 数用生活：实践铺就智慧路

此外，我和体育老师协调，由小宇担任体育课的计数员。有一次大课间，小宇自豪地跑来和我说："杨老师，我现在可是体育吴老师的得力小助手哟，在拍球或跳绳活动时负责给班里的同学们计数呢。我还有一个更厉害的本领，和爸爸妈妈出门买东西的时候，我还能帮他们计算费用，每个月一起算一算我们家的总开支呢。"小宇运用自己学到的数学知识，帮助老师和爸爸妈妈一起解决了生活中的实际问题，现在的他会主动和班里同学说："其实我们的生活中很多地方都要用到数学，学好数学是非常有必要的！"

现在的小宇建立了积极的数学观，不仅在课堂上表现积极，作业完成得也十分出色。在期末的数学采蜜园中，他凭借扎实的数学基础连闯三关，率先获得了学校的三个超级棒奖章。更重要的是，小宇不再觉得学数学无聊，而是主动去探索生活中的数学问题，对数学充满了热爱和好奇，真正爱上了数学学习。

38 激发学生的英语学习兴趣，导师可以怎么做？

朱柽瑶

小谢是我的学生，他对英语学习缺少兴趣。有一天，他对我说："老师，英语对我来说是第二门语言，所以我对这门学科有一点害怕，更不敢开口讲，怕自己发音不好听，还怕说错。但是我也知道学好英语非常重要，所以我该怎么做才能喜欢上英语呢？"

我告诉他："小谢，要喜欢上英语并不是件难事。你现在不喜欢英语，是因为还没有找到学英语的正确方法。一旦找到，你就会发现学习英语有很多乐趣。"

首先，针对发音的问题，可以通过一些"配音"的应用程序进行练习。它提供了不同的题材，比如动画、广告、诗歌等，可以找自己感兴趣的板块进行练习，具体可以分为以下四个步骤：

一是盲听：每次截取一小段文字，没有任何字幕辅助地纯听，以此了解文本大致含义。二是精听：这遍要配上英文字幕，对照文本找出自己的疑难点，排查生词、句并掌握其义。比如在生词方面，可以依靠上下文进行猜测；若碰到一些连读、弱读、缩读，可以反复听和分析，一些应用程序上会有相关的课程，也可以进行有针对性的学习。三是配音：这遍出示中英文字幕，通过母语的辅助，更全面、深入地理解文本，同时，进行配音。配音的时候，语调的表达也非常重要。四是复述：复述时建议不要逐字逐句记录，可以通过关键词，然后再整体听一遍查漏补缺。经过积累，这些素材就将逐渐转成了自己的语言。

尝试了一段时间后，小谢又来问我："除了配音以外，我还可以做些什么提高对英语的兴趣呢？"

看到他已经转变了对英语学习的态度后，我引导他：随着实力的提升，你对英语学科的兴趣会越来越大。你可以先尝试参加学校的英语演讲比赛，通过比赛锻炼自己、展示自己。老师给你以下这些策略——

第一，收集材料。在前期准备材料的时候，要了解演讲所面向的人群。你的观众是谁？他们对什么话题或者内容感兴趣？他们可能想要获取什么样的信息？这些都要提前调查、了解。第二，撰写稿件。先是厘清大纲。演讲大纲直接影响着演讲的成效。因此，撰写大纲非常重要。比如我们可以用几句总起句将演讲稿进行串联。如在撰写"This is me"的时候,学生根据自身的特点修改成三句句式统一的话,分别是 I am a talkative creature. I am a night creature. I am also an ambitious creature. 做到重点突出、结构清晰。第三,巧设问题。在演讲的时候,与听众之间通过问题进行互动,能够引起听众的兴趣,并引发思考。如在撰写"I want to be a/an…"的时候,有的学生用三个问题勾勒起整篇文章,并连接起观众与演讲者,Do you like singing? What is your favorite song? Who is your favorite singer? 通过这样的方式促使听众对演讲内容产生更多的共鸣。再有,妙用道具。据统计,一般人能记住他们所听到信息的10%,能记住看到信息的20%,但是却能同时记住他们听到和看到的50%,所以如果合理运用道具,将会使听众对演说的内容产生更深刻的印象。

在主题演讲"If I started a school"中,哈利·波特迷小陆说想开一所"魔法学校"。为了增强角色的代入感,她穿上"赫敏"的魔法服,挥一挥"魔法棒",再用卷发棒吹了个"赫敏"的造型,观众直呼"赫敏附体"!小陆还说:"用了道具之后,紧张的情绪似乎能借着魔法棒'挥发'出去了。"

小谢在经过一段时间的口语、演讲训练之后,英语表达能力逐渐得到提升,自信心也增强了。先后参加了学校、区、市的英语演讲比赛,并获得了一定的奖项。从此,对英语产生了浓厚的兴趣!

39 激发学生的音乐学习兴趣,导师可以怎么做?

黄森慧

在我执教的二年级音乐课上,有一个叫小明的学生,总是安静地坐在教室的角落,既不参与课堂互动,也不主动举手回答问题。每次我带领学生唱歌或演奏乐器时,他总是低着头,似乎对音乐毫无兴趣。于是,我找小明谈心:"我发现你最近在音乐课上不太爱发言,也不太参与音乐活动,是音乐课有什么让你不开心的地方吗?"他低着头轻声回答道:"没有,老师。"我又问:"那为什么你看起来对音乐课没什么兴趣呢?是觉得音乐很难吗?"他支支吾吾地说:"我就是觉得……没意思。"

为了找到问题的根源,我决定找班主任了解他的日常学习情况。通过与班主任的沟通，我了解到，小明从小性格内向，平时很少接触音乐。并且他的家长认为音乐不是主要学科，并没有特别重视。此外，小明在学校的其他学科表现也较为普通，缺乏自信心，害怕在同学面前表现自己。

　　了解情况后，我在课上关注起小明的表现。经过一段时间的观察，我发现小明并非对音乐完全没有兴趣。有一次，我在课堂上播放了一段动画电影的主题曲，他的眼神明显亮了起来，甚至不自觉地跟着节奏轻轻点头。这让我意识到，小明并非不喜欢音乐，而是需要一种更贴近他兴趣的方式来接触音乐。我决定从小明感兴趣的音乐入手，选择一些他熟悉的动画电影配乐作为教学素材。例如在课堂上播放《雪孩子》的主题曲《滑雪歌》，并鼓励学生跟着哼唱。果然，小明在这次课堂中表现得比以往积极，甚至主动举手尝试唱了一小段，这让我看到了希望。

　　为了帮助小明建立自信，我在课堂上设计了一些小组活动，比如"音乐接龙"游戏，每个小组轮流唱一句歌词，接不上的小组需要表演一个小节目。这种游戏化的教学方式让课堂氛围变得轻松愉快，小明也逐渐放下了心理负担，开始尝试参与。我还利用多媒体，将音乐与视觉元素结合。例如在讲解节奏时，我播放了一段带有动画效果的节奏教学视频，让学生通过视觉和听觉的双重刺激来感受音乐的韵律。小明对这种形式表现出极大的兴趣，甚至在课后主动问我："老师，下次还能看这样的视频吗？"每次小明在课堂上表现出一点点进步，我都会及时给予表扬。这种正向反馈让他逐渐建立了自信，也激发了他对音乐学习的热情。

　　经过一段时间的努力，小明的变化让我感到欣慰。他开始主动参与课堂活动，虽然他的表演并不完美，但进步是显而易见的。更重要的是，他对音乐的态度发生了根本性的转变，从最初的冷漠到现在的热情参与。

　　通过这个案例，我深刻认识到，激发学生的音乐学习兴趣并非一蹴而就，而是需要导师从学生的兴趣点出发，创设轻松的学习氛围，并给予持续的鼓励和支持。对于像小明这样的学生，我们需要更多的耐心和创造力，才能帮助他们打开音乐世界的大门。

　　作为导师，我们的任务不仅是传授知识，还有点燃学生心中的火花。在音乐教学中，激发学生的兴趣是第一步，也是最重要的一步。只有让学生感受到音乐的魅力，他们才会主动去探索、去学习。今天，导师怎么做？答案很简单：用心观察，用爱引导，用智慧点燃每一个孩子的音乐梦想。

40 激发学生的体育学习兴趣,导师可以怎么做?

王成龙

体育课上,小李站在跑道旁,眉头微皱,语气中带着一丝无奈:"老师,咱们就别跑步了吧,这真没什么意思。"他是班里的"学霸",在其他学科课堂上游刃有余,但在体育课上却显得敷衍和倦怠。而更让我担忧的是,这种情况并非个例。学生对体育课的热情参差不齐,少数人激情满怀,大多数却只是按部就班,甚至敷衍了事。这让我意识到一个重要的现实:体育课,这本应承载活力与欢笑的课堂,为何渐渐被学生视为"鸡肋"?

如何激发学生的体育学习兴趣?兴趣是最好的老师,没有兴趣,任何形式的教育都难以奏效。然而,在现实教学中,学生的兴趣差异大、参与度低的问题似乎难以避免。面对这一现象,我们究竟该如何应对?

通过观察和调查,我发现学生对体育课缺乏兴趣的原因主要集中在以下几个方面。

一是课程设计单调,缺乏吸引力。许多体育课以单一的体能训练为主,例如跑步、跳绳等重复性练习。虽然这些内容重要,但形式的单调让学生产生疲倦感,尤其是一些体能较弱的学生,他们往往因为跟不上节奏而自信心受挫,甚至对体育课产生抗拒心理。

二是学生个体差异被忽视。班上有的学生运动天赋突出,喜欢挑战高强度的项目,而有些学生则偏好轻松的活动。但传统体育课堂常常采取统一教学的方式,这种"一刀切"的教学模式让许多学生的兴趣得不到满足。

三是对体育价值认知不足。部分学生和家长将体育课视为"玩乐课",认为它对升学、成绩帮助不大,因此缺乏主动参与的动力。学生对体育学习的目的与意义缺乏正确认识,导致体育课成为课堂中的"边缘学科"。

经过分析,我深刻体会到,学生兴趣不足不仅源于他们自身,也反映了教师在课程设计与教学方式上的不足。针对这些问题,我从以下几个方面进行了探索,逐步激发学生的兴趣,收获了良好的效果。

一、丰富课程内容

创造多样化的体验。我在课程设计中加入更多样化的运动项目,如羽毛球、篮球、小组接力赛、趣味运动会等活动,将传统训练与趣味性项目紧密结合。同时,每节课都会设置"自主活动时间",让学生根据自己的兴趣选择项目。在这样的课程中,学生的兴趣被充分调动起来。

二、实行分层教学

关注个体差异。在体育教学中,我尝试将学生分为不同小组,根据他们的体能水平和运动特长,制定差异化的教学目标。如跑步项目中,我设置了不同的挑战模式:体能好的学生完成800米耐力跑,而基础较弱的同学则参与200米接力赛。我还让体能较强的学生担任"助教",帮助体能较弱的学生完成训练,这样不仅培养了他们的团队协作能力,还提高了班级的整体参与度。

三、寓教于乐,设计有趣的教学情境

我发现,游戏化的教学方式是激发学生兴趣的利器。在一次传球练习中,我设计了一个"抢宝藏"的游戏:将篮球场分成几个区域,每个区域放置"宝藏"(小球),学生需要通过传球的方式"运输宝藏"。这样的设计不仅提高了学生的注意力和参与感,还培养了团队协作能力。课程结束后,许多学生直呼"太有趣了",甚至希望多上一节这样的体育课。

四、强化体育价值认知,激发学生内驱力

兴趣的培养不仅是外在的激励,更需要内在的驱动力。我在课堂上融入体育知识的讲解,向学生介绍体育与健康、心理发展的关系。如在跑步课上,我分享了耐力训练对提升学习专注力的益处,并结合马拉松选手的励志故事,让学生感受到体育的精神力量。逐渐地,他们开始认识到体育课不仅仅是玩乐,而是提升自我、挑战自我的重要途径。经过一段时间的实践,学生对体育课的态度发生了显著变化。

兴趣是教育的起点,也是最强大的"助推器"。作为教师,我们不能仅仅关注"教会"学生什么,而要关注"激发"学生学习的内在动力。通过优化课程内容、关注个体差异、引入趣味化设计和强化价值认知,我们完全可以点燃学生的体育学习兴趣,让体育课成为他们成长路上的重要一环。

41 激发学生的美术学习兴趣,导师可以怎么做?

施蔡楠

转眼间,我把一群懵懂的学生从一年级带到了五年级。美术课本应是他们尽情挥洒创意、表达内心世界的欢乐天地,但慢慢地我发现班上的小李对美术课的态度开始变得敷衍,每次上课只是机械地完成任务,渐渐失去了对美术学习的热情和主动探索的欲望。作为导师,我意识到,如果不改变现有的教学模式,激发学生的学习兴趣,美术课将逐渐沦为一门让学生感到乏味的课程,无法发挥其培养学生审美能力、创造力和想象力的重要作用。

为了改变这一现状,我决定在一次美术课上进行大胆的尝试。那堂课的主题是"我的梦境",我没有像往常一样先进行绘画示范,而是给学生讲了一个充满奇幻色彩的梦境故事:在一个神秘的森林里,树木会唱歌,花朵会跳舞,小动物们都穿着漂亮的衣服参加盛大的派对……学生听得津津有味,眼睛里闪烁着好奇的光芒。

故事讲完后,我让学生闭上眼睛,想象自己心中最奇妙的梦境。几分钟后,他们纷纷睁开眼睛,我发现小李脸上洋溢着兴奋的神情。我鼓励他把脑海中的梦境用画笔描绘出来,不限形式和方法,想怎么画就怎么画。

在绘画过程中,我惊喜地发现,学生的创造力被完全释放了出来。小李画了一个飘浮在天空中的城堡,城堡里住着会魔法的小精灵;有的学生画了自己和家人在宇宙中遨游,周围是各种奇形怪状的星球。他们不再局限于常规的绘画方式,有的用夸张的线条表现物体,有的用鲜艳而冲突的色彩表达情感。

通过这一系列丰富多彩的美术活动,小李对美术课的态度发生了变化。以后的每次美术课,他都充满期待,早早地准备好了绘画工具,迫不及待地想要开始创作。在课堂上,他不再需要老师的督促,而是主动地参与到各种活动中,积极思考、大胆创作。

在自由创作的过程中,学生的创造力和想象力得到了极大的激发。他们不再满足于传统的绘画方式和题材,而是敢于尝试各种新奇的想法和表现手法。从他们的作品中,可以看到充满奇幻色彩的世界、独特的角色形象和富有创意的场景设计,每一幅作品都展现了学生独一无二的内心世界。

作为一名导师,在整个教学过程中,始终以学生为中心,尊重学生的想法和创意,鼓励他们大胆表达自己的内心世界。给予学生足够的自主空间,让他们在自由创作中发挥想象力和创造力,增强了学生的自信心和成就感。

在课堂上,更加留意每个学生的表现,及时发现那些需要帮助的学生。对于基础较弱的学生,给予更多的指导和耐心,从最基本的技巧和方法入手,逐步提高他们的绘画能力;对于性格内向的学生,鼓励他们积极参与课堂讨论和活动,给予他们更多展示自己作品的机会,增强他们的自信心。

通过这次激发学生美术学习兴趣的实践,我深刻认识到,只要我们用心去探索、创新教学方法,以学生为中心,关注他们的兴趣和需求,美术课就能成为孩子们最喜欢的课程之一,让他们在艺术的海洋中尽情遨游,享受创造的快乐。

42 激发学生的科学学习兴趣,导师可以怎么做?

刘胜男

记得那是一个春意盎然的下午,我站在教室的讲台上,面对着一张张稚嫩而充满好奇的脸庞,正准备开始一堂关于植物生长的科学课。我满心期待地提出了一个问题:"同学们,你们知道植物是怎么长大的吗?"本以为会迎来一片热烈的响应,却意外地发现,不少学生的眼神中闪烁着迷茫,有的甚至开始低头摆弄起手中的文具。那一刻,我心中不禁泛起一阵涟漪:为什么这些天生对世界充满好奇的孩子,在科学面前却显得有些兴致缺失呢?

我开始反思,是不是我的教学方法出了问题,没有触及学生真正的兴趣点?通过与几位学生课后交谈,我逐渐找到了问题的症结所在。原来,对于一些学生来说,科学概念抽象难懂,书本上的知识似乎与他们日常的生活经验脱节,难以激发他们的探索欲。再者,传统的教学方式往往侧重于知识的灌输,忽视了实验操作和亲身体验的重要性,这让科学学习变得枯燥无味。

我意识到,要激活学生的科学学习兴趣,关键在于找到那把打开他们兴趣之门的钥匙——让科学变得生动有趣,贴近他们的生活,让他们在实践中学习,在探索中成长。

我开始尝试将科学知识融入学生的日常生活。比如在讲解植物生长时,我带着学生在校园里亲手种下几颗豆子,每天观察记录它们的生长变化。学生兴奋地发现,原来科学不仅仅存在于书本上,它就发生在自己的身边。这种直观的学习方式极大地提高了他们的参与度和兴趣。

实验室成了我们的第二个教室。我设计了一系列简单而有趣的实验,如制作火山爆发模型、探究水的浮力等,让学生在动手操作中感受科学的神奇。每次实验后,学生都会迫不及待地分享自己的发现和感受,科学学习不再是一项任务,而是一种乐趣。

我还利用科学史上的小故事和发明家的传奇经历来激发学生的好奇心。比如讲述爱迪生如何经过无数次失败最终发明电灯的故事,让学生明白科学探索的道路上充满挑战,坚持不懈才能带来收获。这些故事不仅丰富了课堂内容,也培养了学生的毅力和创新精神。

最后,我引入了项目式学习方法,让学生围绕一个主题(如环保、能源利用等)进行小组研究,从提出问题、设计实验方案到展示成果,全程自主完成。这样的学习方式不仅加深了他们对科学知识的理解,更重要的是培养了他们的团队合作能力和解决问题的能力。

经过一段时间的实践,我看到了显著的变化。学生对科学的热情被点燃了,他们开始主动寻找科学资料,积极参与课堂讨论,甚至在家里也会尝试做一些小实验。更重要的是,他们学会了用科学的方法去思考问题,这种思维方式将伴随他们一生。

作为教师,我深刻体会到,激活学生的科学学习兴趣,关键在于创新教学方法,让科学学习变得生动、有趣且有意义。只有这样,我们才能真正点燃学生心中的科学之火,引领他们探索未知的世界。

43. 激发学生的计算机学习兴趣,导师可以怎么做?

冯 梅

在玩转乐高课程中,有一位小孙同学,每次上课就不停地在圆凳上转来转去,漠然地看着屏幕,无聊地拨弄着手里的乐高零件,漠视着身边的同学,旁边发生的一切似乎都与他无关。突然,连续两声零件撒在地上的哐当声传来,原来小孙见同学们分组的时候都不愿意和他一组,十分生气,便推翻了乐高零件箱……

对这样的学生该如何引导呢?

1. 挖掘兴趣,用柔性沟通帮助学生建立自信

小孙同学虽然是"调皮大王",上课时常常捣乱,同学们也不愿意和他合作。但通过观察,我发现他对乐高搭建有浓厚兴趣,并且具备一定的基础技能。于是,我安排他到人数较少的小组,并特别关注他的表现。同时,在与他交流中,我发现他虽然喜欢乐高,但因为缺乏自信,总是害怕搭错或被同学嘲

笑。针对这一情况，我利用乐高拆装方便的特点，鼓励他不断尝试，反复拆搭。如此循环训练，一次课程下来，他基本能完成几个像样的作品，对于乐高课程的自信就慢慢建立起来了。

2. 顺着兴趣，找准学习方法指导学生改正习惯

方法一：影像对比法。我利用桌面摄像头，把小孙搭建乐高时的一些小动作，以及不让伙伴进行搭建等"霸道"行为拍摄下来，在每次课程结束时让他观看，通过课后观察来改进自己的一些做法。小孙在看到自己的不良习惯后，触动很大。我就和他一起逐条纠正，在多次练习、比较、改进、再练习的循环以后，课堂行为有了明显进步，小孙对搭建的兴趣越来越大了。随着课程的推进，小孙的搭建赢得了同学们的认可，大家都愿意和他搭档了。

方法二：主题强化法。我再接再厉，开始有意增强搭建难度，引导小孙轮流主导小组的搭建，根据小孙的兴趣，设定搭建主题，让他在五分钟内设计或者搭建出三个以上小结构，然后在课上作为范例进行交流展示。然后换一个主题，让学生进行模仿操作，就这样坚持一次次主题强化，短短一学期下来，小孙被大家推选为"小组搭建能手"。

通过这个教学案例，我收获良多，可主要总结为两点：

一是兴趣驱动促成个性化发展。学生对乐高搭建产生浓厚兴趣后，学习积极性显著提高。他们能够主动参与到项目设计和实施过程中，从而实现信息技术水平的显著提升。

二是多样化策略提升综合能力。通过乐高积木灵活多变的搭建和功能模块化的特点，学生逐步掌握了用信息技术解决问题的一般过程。他们不仅能够明确需求、选择工具，还能在实践中灵活运用信息技术，有效提升了解决实际问题的综合能力。

44. 激发学生的劳动学习兴趣，导师可以怎么做？

赵学玉

在日常巡查小朋友在校午餐的时候，我发现了一个普遍的现象，有些中高年级的学生吃完午饭，餐盒直接带回家让家长帮忙清洗，而且在饭后清洁桌面的时候也是草草了之，虽然班主任老师在低年级时都开展过卫生教育，但是随

着年龄的增长和社会形势的变化，学生对劳动的热情有所下降。

作为小学生的成长导师，如何在日常教学中巧妙地融入劳动教育内容，并通过多样化的教学活动激发学生的劳动热情，引起了我的深思。为此，我设计了一个以"家务小能手"为主题的活动，在一节劳动课中，我首先向学生介绍了各种家务劳动的基本技能和方法。如在"洗菜小厨师"环节，我耐心地引导学生学习如何正确清洗蔬菜，从识别蔬菜的新鲜程度到使用流动水仔细冲洗，每一个步骤都充满了趣味。学生听得津津有味，不时提出自己的疑问和见解，课堂氛围异常活跃。

为了进一步激发他们的兴趣，我提出了一个既实用又富有创意的任务：利用身边的废弃物制作实用的洗刷工具。这个提议立刻引起了学生的强烈兴趣，他们开始环顾四周，寻找可以利用的材料。

小丁是班级里出了名的"小发明家"，他首先站了出来，分享了自己的想法。他注意到家里的洗碗机通过喷射水流来清洗餐具，于是提出可以制作一个简易的"手动喷射洗刷器"。他收集了一个废弃的塑料瓶，用剪刀在瓶盖上钻了几个小孔，然后在瓶身缠绕上一些旧毛巾作为刷头。使用时，只须将水倒入瓶中，挤压瓶身，水就会从瓶盖的小孔中喷射出来，带动刷头清洗物品。

小盛则受到了洗衣机的启发，她想制作一个能够模拟搓洗动作的洗刷装置。她找来了几块旧毛巾、一些绳子和一根废弃的木棍，将旧毛巾缝制成一个袋子，袋子的一侧缝上绳子，另一侧则固定在木棍上。使用时，将需要清洗的物品放入袋子中，手握木棍来回搓动，绳子就会带动袋子内的毛巾对物品进行搓洗。

其他学生也纷纷提出了自己的创意，有的用旧牙刷和塑料管制作了便携式洗刷棒，有的用废旧的网球拍和海绵制作了大面积的清洗工具。在我的指导下，学生动手实践，将一个个看似不起眼的废弃物改造成了一件件实用且富有创意的洗刷工具。

当看到自己亲手制作的洗刷工具在实际操作中发挥作用时，大家脸上洋溢着自豪和喜悦。他们不仅学会了基本的家务劳动技能，还在实践中培养了创新思维和动手能力。我也深深体会到，这次劳动课不仅是一次简单的技能传授，更是一次激发学生创造力和实践能力的宝贵机会，从而形成对劳动价值的深刻认知。通过角色扮演的方式让学生体验不同的家务角色，让学生从简单的家务劳动入手，逐步过渡到更复杂的劳动技能情境，还能够帮助他们理解劳动的意义，培养责任感和独立能力。

作为学生导师，在激发学生的劳动兴趣上，我觉得可以从以下几点开展尝试：

一是构建愉悦且富有启发性的学习情境。如在教室或校园内设置模拟的劳动场景，如木工坊、烹饪角等，让学生在真实或模拟的环境中体验劳动的乐趣。通过情境模拟和角色体验的教学策略，我成功地激发了学生的劳动兴趣，让他们在劳动中享受乐趣、收获成就感。同时，这些活动也培养了学生的生活技能、责任感和团队协作能力。

二是采用"多空间大课堂"教学模式校园内外结合。我们可以打破传统教室的限制，将劳动教育融入校园内外的多个空间，如农场、社区、工厂等，让学生在不同的环境中学习劳动技能。当然，这个过程中可以尝试跨学科整合，结合科学、艺术、数学等学科，设计综合性的劳动教育活动，让学生在劳动中学习跨学科知识。

未来，我将继续探索更多创新性的劳动教育方式，为学生提供更多样化的学习机会和实践情境。我相信，在劳动教育的道路上，只要我们用心、用情、用力，就一定能够培养出更多具有创新精神和实践能力的未来人才。

45 学生上课注意力不集中，经常开小差，导师如何施策？

徐 萍

作为老师，你是不是也遇到过这样的情况？上课铃响了，同学们都坐得端端正正，准备开启知识的探索之旅，可总有那么几个小家伙，眼神开始"游离"，思绪仿佛飘到了九霄云外。

就拿我班上的小明同学来说吧。那天，阳光透过窗户洒在教室里，我正兴致勃勃地讲着有趣的英语小故事，同学们都听得津津有味，眼睛睁得大大的，跟着故事情节一会儿紧张，一会儿欢笑。突然，我眼角余光瞥见小明同学，好家伙，他正趴在桌上，眼睛直勾勾地盯着窗外那棵大树，树枝上的小鸟叽叽喳喳，似乎比我的课更吸引他。我提高了音量，继续讲着故事，还故意在他身边多停留了一会儿，可他就像沉浸在自己的小世界里，完全没反应。等到小组互动环节，别的同学都热火朝天地讨论着故事里的角色、情节，用刚学的英语单词和句型交流，我走到小明身边，轻声问他："小明，你觉得这个故事里哪个角色最有趣呀？"小明先是一愣，然后摇了摇头，眼神空洞，嘴巴紧闭，一副"事不关己"的模样。这还不算完，做课堂练习的时候，别人都奋笔疾书，他却东张西望,手里的笔有一下没一下地转着,纸上没写几个字。

我把小明叫到跟前,问他:"小明,你今天上课怎么老是走神呀,是觉得课程太无聊,还是遇到什么困难了?"小明低着头,小声说:"老师,我觉得最近英语单词太难记了,语法也搞不懂,我有点不想学了。"这下我算是明白了些,经过几天的观察,我发现了一些端倪。小明其实挺聪明的,刚入学的时候,英语基础也还不错,对英语学习也曾展现出浓厚的兴趣,课堂上积极发言,作业完成得又快又好。可慢慢地,随着课程难度增加,家里又有些事儿让他分心,他就开始有些跟不上节奏了。比如说,最近他爸妈工作忙,经常很晚才回家,没时间辅导他功课,他遇到难题自己解决不了,就有点气馁。再加上前阵子英语单词拼写和语法的学习比较枯燥,他一下子就没了动力,注意力自然而然就不集中了,开小差成了他逃避学习困难的"小手段"。

针对小明的情况,我想到了几个"小妙招":

首先,得从兴趣入手,重新点燃他对英语的热爱之火。我专门挑了一些有趣的英语动画短片,像《小猪佩奇》的英文版,里面的对话简单又日常,角色还特别可爱,大家都喜欢。上课前几分钟,我就播放一小段,小明的眼睛一下子就亮了,紧紧盯着屏幕,跟着动画里的角色学说英语,咯咯直笑。这时候,我就顺势引导他:"小明,你看佩奇说'I love muddy puddles'多有趣,你要是学会了,也能像佩奇一样和小伙伴用英语聊天哦。"他小鸡啄米似的点头。在课堂讲解中,我也尽量把枯燥的知识变得生动。比如教动物单词时,我模仿各种动物的叫声、动作,让同学们猜单词,小明也被逗得哈哈大笑,积极参与进来,注意力不知不觉就集中了。

课上我又问小明:"小明,现在老师这样教,你是不是觉得英语有趣多了?"小明笑着大声回答:"是,老师,我喜欢这样学英语!"看到他有兴趣了,我接着问:"那你能不能跟老师说说,刚才那些动物单词你记住了几个呀?"小明自信满满地把记住的单词都说了出来,一个都没忘。

其次,针对他学习上的困难,量身定制辅导计划。课后,我把小明叫到身边,和他一起梳理那些让他头疼的单词和语法知识点,从最简单的开始,一步一个脚印。遇到他不懂的,我就举生活中的例子,像讲解现在进行时,我说:"小明,你看老师现在正在说话,就是'I am talking',你正在写作业就是'You are doing your homework',是不是很好理解呀?"他若有所思地点头,慢慢掌握了学习窍门。我还给他安排了一个学习小帮手——同桌小红,让小红在日常学习中多提醒他、帮助他,两人互相监督,一起进步。

过了几天,我问小红:"小红,小明最近学习状态怎么样,有没有进步呀?"小红开心地说:"老师,小明可努力了,好多单词都会背了,上课也认真多了!"我又转向小明:"小明,听到小红夸你,开不开心,你自己感觉学得怎么样?"小明有点不好意思地挠挠头说:"老师,我觉得现在学英语没那么难了。"

最后,和家长保持密切沟通至关重要。我主动联系了小明的爸妈,把小明在校的情况一五一十地告诉他们,建议他们哪怕工作再忙,每天也要抽出半小时陪孩子学习,听听他读英语,帮他解决难题,多鼓励少批评。家长特别配合,每天晚上都会和小明一起读英语小故事,遇到不懂的就给我发微信咨询。

就这样,一段时间过去,小明像是变了一个人。课堂上,他的目光紧紧跟着我,积极举手发言,小脑袋里蹦出好多新奇的想法,用英语表达得越来越流畅。做练习的时候,他也能专心致志,书写工整,正确率大幅提高。看到他的变化,我由衷地感到欣慰。

46. 学生在课堂上频繁插嘴,影响教学秩序,导师如何引导?

沈思萱

在我的教学经历中,课堂上常常会出现一些学生频繁插嘴、打断老师讲解的现象。起初,我觉得这只是个别学生的行为,认为他们可能只是过于活跃,或者一时情绪激动,随口而出。然而,随着时间的推移,我意识到,这种行为背后或许隐藏着更深层次的原因,而不仅仅是简单的课堂纪律问题。我曾经遇到过一学生小夏,他在课室上总是忍不住插嘴,几乎每次老师讲到某个问题时,他总是迫不及待地想要发表自己的看法,打断老师的讲解。起初,我只是提醒他:"小夏,等老师讲完再发言。"但是小夏似乎没有真正在乎我的提醒,仍习惯性地插嘴。我开始反思,为什么他会如此急于插嘴?是因为他有太多想表达的东西,还是他觉得自己说的更重要?或者,这种行为是不是反映了他在其他地方缺乏足够的关注和认同?通过一段时间的观察和与孩子以及家长的沟通,我逐渐发现并推测,他在家里和父母交流时,往往因为没有机会说出自己的想法,只能在学校里通过这种方式来寻求自我表达和关注。

为什么有些学生频繁插嘴,难以控制自己的行为?

通过对小明情况的分析,我发现学生插嘴的行为背后并非简单的"捣乱",而是与学生的性格、家庭背景、学习态度以及对课堂环境的适应等因素密切相关。一些学生可能是性格外向,极度渴望与他人交流和互动。对于这类学生来说,课堂成为他们表达自己、展示能力的一个重要场所,如果没有老师及时、适当的引导,学生可能会因为情绪激动或者迫切想要发言而打断教学进程;一些学生可能对课堂内容特别感兴趣,甚至有些过度热情,导致他们不由自主地打断老师,插入自己的想法。对于这类学生,问题的关键不在于他们的插嘴行为本身,而在于如何帮助他们将这份兴趣转化为积极的学习动力,避免对课堂秩序产生干扰;还有一部分学生插嘴是因为缺乏自信,他们可能在其他方面感到自己不够出色,而通过插嘴这种方式来争取老师的注意和同学们的认可。这类学生往往需要通过老师更多的正向引导,帮助他们建立自信心,学会在适合的时机表达自己。

在课堂教学中,学生插嘴的现象屡见不鲜,这绝非简单的"捣乱"行为。事实上,其背后往往蕴含着学生多方面的深层需求。从情感层面看,他们渴望被关注、被认可;在学习兴趣上,插嘴或许是他们对某个知识点充满好奇,渴望表达自己的见解。

面对这一现象,身为导师的我们首先要做的便是主动与学生沟通交流。通过耐心倾听,深入了解他们内心的想法,敏锐捕捉其情感变化,进而理解这些行为背后的真正原因。在此基础上,再采取恰当的引导措施,例如鼓励学生在合适的时机表达观点,培养他们的表达技巧与逻辑思维能力。同时,制定明确的课堂规则,让学生知晓发言的时机与方式。如此双管齐下,帮助学生逐步养成良好的课堂行为习惯,最终促进学生在知识学习、情感发展等方面实现更全面的成长。

47. 学生常常拖延作业或不愿意完成作业,导师如何引导?

葛骋志

"葛老师,我的孩子怎么办?我什么方法都用上了,他怎么还是一副老样子呀?"记不得这是小张的妈妈第几次打来"求救"电话了。每一次听到小张妈妈焦急的声音,我的眼前总会浮现出小张一边做作业一边玩铅笔、橡皮的情景。

对于低年级的学生,不良学习习惯的形成,外部环境的影响占有很大的因素。经了解,原来小张母亲一心望子成龙,可小张又挺顽皮的,面对不听话的孩子自然实施起了"大棒"政策,无论小张的表现如何、学习如何,面对的都是母亲严肃的表情和永远做不完的"自测题"。小张终于厌烦了,他用自己的方法对母亲的教育加以反抗,再从有意识的反抗变成了无意识的行为,小张拖拉的习惯在不断强化中形成了。为了帮助小张改变不良的行为习惯,我前后与他交流多次,但说容易,做时难,面对知错却又不能改的小张,我只能另寻良策。

一、细心观察,伺机而动

那天,我走进教室,只见学生都埋头苦做,原来数学老师提了要求:今天的练习必须在中午自修结束前完成。却见小张手里捏着彩泥搓个不停,也没见他捏出个什么东西来。这段时间,班级中正盛行玩彩泥,小张对此很是喜欢,捏着彩泥从不离手。看到这情形,我也不动声色,只是简单地交代一句:"小张,请你坐到小李旁边去好吗?老师要借你的桌子用一用。"小张听了我的话,虽然不明所以,但还是捏着彩泥坐过去了。时间一分一秒地过去,我偷偷地望向小张,只见他一脸羡慕地盯着小李手里的彩泥,身体几乎靠在了小李的身上,想伸手摸摸小李的"作品",却被小李一把推开。小李是班上的一个男生,他有个特点,就是做作业又快又好,而且对捏泥很在行。让小张坐在他的身边,自然是我"用心"安排的。

二、找到痛点,有的放矢

很快下课铃响了,我请小张拿着作业本跟我进了办公室,不再重复唠叨与教育,却问他:"小李捏的小猪怎么样?""好,像极了!""那你和他一起玩,让他教你嘛!"小张看看手里的数学本,轻声地嘟囔了一句:"我数学还没做好,来不及了。""那小李怎么在玩呢?""他早就做好了……"话音没落,小张微微撇了下嘴,好像想到了什么。"我知道你是真的喜欢捏彩泥,这样吧,今天我就帮你个忙,待会儿,你做完数学我去请小李教你捏小猪,好吗?"一听这话,小张的眼睛马上亮了,"那还不快去……"没等我说完,小张便一溜烟地跑回了教室。

那天,小张在下午四点前便完成了作业,跟着小李玩起了彩泥。此后一周里，我又刻意连续做了几次这样的安排，每一次，小张总是自觉地、迅速地把功课做完，然后拉着小李一起玩。我趁势在全班面前特意表扬了他，夸他进步了，做作业不拖拉。随着小张情况的日趋稳定，我常常在他认真做作业时摸摸他的头，给他一个会心的微笑。在小张的心目中，彩泥已经不再那么重要，反而是我们之间的默默交流更让彼此感到暖心。

教育是慢的艺术，因为即使是知识的获得，经常也是一个困难、艰苦、缓慢的过程；人的成长更是曲折、艰难，有自身的规律，一点也勉强不得。在对小张进行行为习惯的教育和纠正过程中，我曾经采用苦口婆心的劝说、暴风骤雨般的教育和负强化的教育手段，但只是让小张知道了自己的不良行为，却没有激活他心中改正这种行为的愿望和动力。反而是让他置身于同伴的陪伴中，亲眼看见、亲身体会同伴的良好行为带来的结果，引发他不自觉地与同伴行为的比较，从而有意识地改变自己的行为，这样教育作用更大。也许耐心、克制、乐观正是导师最重要的品质，在导师耐心的引导、克制的宽容、乐观的等待中，学生才能发现自己的力量，产生前进的动力。

48. 学生存在作业抄袭行为，导师应当如何引导？

徐唯诗

在一个平常的周一早晨，我像往常一样走进教室收作业。当我翻开小莉和思思的作业本时，心中不禁一沉。两份作业不仅字迹相似，答案更是如出一辙，连错误的地方都一模一样。这明显的抄袭迹象让我陷入了沉思：我该如何处理和教育，才能让她们认识到错误并改正呢？

小莉和思思是同桌，平时关系很好，但在学习上都比较浮躁，缺乏耐心和主动性。这次的抄袭行为并非偶然，此前我也发现过她们有类似举动。而这次明目张胆的抄袭行为，还是让我大吃一惊。

1. 冷静应对，单独谈话

面对这样的状况，我首先保持了冷静，没有在全班同学面前大发雷霆地批评她们。而是选择在课间时分，将她们叫到了办公室。我努力营造出一种相对轻松但又不失严肃的氛围，用温和的语气对她们说："孩子们，别紧张，老师只是想和你们聊聊作业的事儿。"让她们不会感受到过大的心理压力，从而能够坦诚地说出抄袭作业的原因。

2. 耐心询问，判断缘由

我用无比平和且耐心的态度询问她们抄袭作业的原因，是因为作业太难不会做，还是因为偷懒不想思考。接下来，为了判断抄袭的缘由，我更是循循善诱："来，跟老师讲讲这作业里的知识点，看看你们是不是真的理解了。"如果她们对相关知识点支支吾吾，说不清楚，那十有八九是因为不会做而抄袭；如果她们表现出不在乎、无所谓的态度，那估计就是偷懒在作祟。

3. 因材施教，严肃教育

倘若她们是因为作业难度太大而选择抄袭，我会放慢语速，温柔地说："别担心，老师重新给你们讲讲这些知识点，再教你们一些有用的学习方法和小窍门。以后遇到难题，可一定要勇敢地来找老师或者同学请教哟。"要是因为偷懒，我则会神情严肃，郑重地指出："孩子们，抄袭可不是小事情，这不仅是在欺骗老师和家长，更是对自己的极度不负责呀！你们想想，这样下去，能学到真本事吗？"

4. 制订计划，家校合作

接下来，我会与她们一起制订改进计划。比如设定一个短期的目标，如在接下来的一周内，独立完成作业，并且保证质量。我会定期检查她们的执行情况。同时，我会与家长取得联系，诚恳地把孩子抄袭作业的情况如实告知，和家长一起分析孩子在家的学习状态，共同商讨如何在家中给予孩子正确的引导和监督。

5. 适当惩罚，铭记教训

对于这次抄袭行为，适当惩罚还是有必要的，但要注意方式方法。比如可以让她们重新完成作业，或者增加一些额外的学习任务，如写一篇关于诚信学习的短文。但惩罚的目的不是为了让她们感到痛苦，我会认真地告诉她们："老师这么做可不是为了为难你们，而是希望你们能记住这次的教训，以后可别再犯啦！"

6. 关注心理，鼓励支持

在整个处理过程中，我始终紧紧盯着她们的表情，关注着她们的情绪和心理状态。与她们交流时，满是鼓励和肯定的话语："孩子们，别害怕犯错，只要你们愿意改正，老师永远都会在你们身边支持你们、帮助你们！"

通过对小莉和思思这个案例的处理，我总结了以下几种方法，用来解决学生作业抄袭行为：

一是加强诚信教育：在班级中开展主题班会，通过故事、案例等形式，让学生明白诚信的重要性，让他们互相交流如何高效、独立地完成作业。

二是优化作业设计：根据学生的实际情况，设计分层作业，让每个学生都能在作业中找到适合自己的挑战，增加作业的趣味性和挑战性。

三是建立监督机制：鼓励学生之间互相帮助、互相监督，但要明确不能抄袭。同时加强与家长的沟通合作，形成家校合力。

四是及时表扬鼓励：对于能够独立完成作业、有进步的学生，及时给予表扬和奖励，树立榜样。

总之，处理学生作业抄袭行为，需要班主任导师的耐心、细心和爱心。通过正确的引导和教育，帮助学生树立正确的学习态度，养成良好的学习习惯，为他们的未来奠定坚实的基础，让他们在学习的道路上健康成长。

49 如何正确引导学生合理地使用人工智能软件？

王展昂

一次关于未来科技的课堂讨论中，我发现班上的许多学生对生成式人工智能（AI）的理解仅停留在表面。他们热衷于谈论 AI 能带来的便利，却很少考虑其可能带来的负面影响。不久后，我发现班上越来越多的学生开始依赖这种快速解决问题的方式，而忽视了思考过程的重要性。这让我意识到，随着生成式人工智能技术的普及，如何引导学生合理、有效地利用这些工具已成为一个亟待解决的问题。

一方面，现代科技发展迅猛，生成式人工智能软件确实能为学习提供便利，尤其是在获取信息和解答问题方面。然而，另一方面，如果缺乏正确的指导，学生很容易将这些工具视为完成任务的捷径，而非辅助学习的助手。这种情况不仅影响了他们独立思考的能力，也剥夺了他们通过努力克服困难的机会。

一些学生选择使用生成式 AI 工具来完成作文。虽然这种方法可以迅速生成文章，但它忽略了学生自我表达和发展逻辑思维能力的重要性。例如一位学生曾向我展示了一篇由 AI 生成的文章，该文章虽然语言流畅且结构完整，但明显缺乏个人情感和独特视角。

还有学生利用生成式 AI 搜索并浏览不良信息，如暴力或极端内容。尽管大多数 AI 平台都有过滤机制，但仍有部分不当内容可能逃过审查。这种情况不仅对学生心理健康造成潜在威胁，也可能导致他们在现实生活中模仿不良行为。因此，加强学生的数字素养教育，教会他们辨别信息真伪与优劣，显得尤为重要。

针对这些问题，可以采取以下引导措施：

首先，我们应该让学生明确生成式人工智能软件的角色——它们是辅助工具而非全部解决方案。在课堂上，我会分享生成式人工智能软件是如何帮助人们提高效率而不是替代人的思考的例子，并展示过度依赖人工智能可能产生的影响。

其次，制定明确的规则也很重要。告诉学生可以利用 AI 搜索资料以拓展知识面，也可以用 AI 指导难题。同时，要教导学生尊重知识产权，了解何时以及如何引用 AI 提供的信息。

最后，通过信息技术课堂的教学帮助学生掌握评估信息质量、辨别真伪的能力。教会他们在面对海量信息时，如何筛选有用的部分，并培养批判性思维。这样一来，当学生再次面对 AI 软件给出的答案时，就能够更加理性地分析和判断。

通过上述方法，我们不仅能帮助学生建立正确的价值观，还能让他们学会高效、负责任地使用生成式人工智能软件。最终目标是让每一位学生都能在这个信息化时代中找到自己的位置，成长为既有创新能力又具备良好道德品质的新一代人才。这样不仅能够促进学生的全面发展，也能为社会的进步贡献力量。

50. 如何有效指导学生合理地分配学习时间？

俞圣婷

在一节平常的自习课上，教室里充满了翻书声和笔尖划过纸面的沙沙声。我注意到小明坐在教室的一角，面前堆着高高的作业本和课本，显得有些焦虑和无助。他的眼神不时地飘向教室的钟表，时间一分一秒地过去，但他的作业进度却远远落后于计划。课间时,我主动走到他身边,轻声问道:"小明,看起来你有些焦虑,是不是觉得时间不够用?"小明抬起头,有些无奈地说:"老师,我每天都觉得时间不够用,作业、复习,还有课外活动,我真不知道该怎么安排。"我意识到,小明需要学会更有效地管理时间。

作为导师,该如何帮助学生学会有效地管理时间呢?

1. 问题诊断与目标设定

我首先问小明:"你能告诉我,你通常放学后是怎么安排时间的吗?"小明低着头,小声回答:"我放学后通常先玩一会儿游戏,然后吃晚饭,接着做作业,但总是做到很晚,有时候甚至做不完。"我点了点头,说:"看来你的作息安排可能需要调整。"于是,我引导他设定了一个具体的目标:确保每天的作业能够按时完成。

2. 自我评估与时间规划

我让小明进行自我评估,审视自己的时间使用情况,找出哪些活动是必要的,哪些可以减少或取消。我问:"你觉得哪些活动可以推迟或缩短时间?"小明想了想,说:"我可以减少玩游戏的时间。"我肯定了他的想法,并指导他制定日程表,规划一天的时间,包括作业、休息和娱乐时间。我进一步引导他划分任务的优先级,先完成最重要的任务,避免因拖延而浪费时间。

3. 克服拖延与避免干扰

我建议小明设定小目标,比如每完成一项作业就休息10分钟,这样既保持了效率,又避免了过度疲劳。我问:"你觉得这样的方法是否适合你?"小明点了点头,说:"听起来不错,我可以试试。"我提醒他在作业时间尽量避免电视、手机等干扰,专注于任务。我还建议他设定明确的目标,比如在吃晚饭前完成一门科目的作业,并使用时间管理工具来规划作业时间。

4. 逐步调整与奖励机制

针对小明"先玩游戏后做作业"的习惯,我建议他逐步减少游戏时间,比如从一个小时减少到四十分钟,然后是三十分钟,直到能够控制自己不先玩游戏。我问:"你觉得这样的调整难度大吗?"小明回答:"我会努力试试。"我进一步建议他设置奖励机制,如果按时完成作业,可以给自己一些小奖励,比如额外的阅读时间或短暂的游戏时间。

5. 持续跟进与调整

我鼓励小明坚持这些方法,并提醒他时间管理是一个持续的过程,需要不断地实践和调整。我问:"你觉得自己在实践中遇到问题时会主动寻求帮助吗?"小明回答:"会的,老师,我会的。"我告诉他,如果在实践中遇到问题,可以随时找我,我会一直支持他。

几周后,小明在时间管理上有了明显的进步。他告诉我,自己能够更有效地完成作业,而且还有额外的时间进行阅读和运动。他的成绩也逐渐提高,变得更加自信和快乐。这个案例证明了,合理的时间管理对学生的学习和生活有着积极的影响。通过明确目标、制订计划、克服拖延和逐步调整,学生不仅能够提高学习效率,还能减少压力,提升自信心,为未来的学习和生活奠定良好的基础。

51 学生考试前焦虑,导师有哪些缓解方法?

汤欣雨

小A,一名小学四年级的学生,临近期末,我发现他和以往有一些不一样,开始频繁地因"肚子疼"或者"头疼"等向班主任请假,午餐吃得很少,情绪也变得很低落,没有了往日的活泼开朗;甚至会在订正作业时,自己默默地流眼泪。考试前一天,小A找到我后说:"老师,我最近好难过,就连一道很简单的题目我都做不对,我真的很担心自己这次考试考不好。"说完,小A再难以控制情绪,放声大哭。

显然,小A对于期末测试表现出了过度的担忧和害怕,并且还出现了躯体化的症状,我们可以判断小A可能是产生了考试焦虑。考试过度焦虑会分散学生的注意力,导致其情绪难以稳定,缺乏信心,甚至影响身体健康。那么,造成小学生考试焦虑的原因究竟是什么?

个体因素:具有性格较内向、胆小敏感、依赖性强、对环境改变适应性较差等人格特质的学生更容易产生考试焦虑。同时,由于小学生正处于自我认知形成的关键时期,开始意识到成绩对于个人价值的重要性;对于成绩波动和担心自己表现不佳的学生而言,对失败的恐惧更容易产生焦虑。存在因考试成绩不佳受到过分批评体验的学生,更容易产生对自己考试会失败的负面想法,从而出现过多的焦虑情绪。由于小学生年龄较小,面对即将到来的考试,会因为缺乏有效的复习方法和应对策略,试图通过死记硬背来应对,但这一方法往往很难带来良好的反馈,对考试结果的担忧在很大程度上增加了他们对即将到来的考试的恐惧和无助,从而产生考试焦虑。

学校因素:虽然如今小学已取消百分制,但小学生的学业压力依然存在。随着年级升高,课程难度和作业量都在增加,需要投入更多的时间和精力。此外,同学之间的竞争也会加重其对于考试结果的关注。多方面的压力,尤其是对于追求完美或自我要求较高的孩子来说,更容易引发焦虑情绪。

家庭因素:"望子成龙,望女成凤"是家长对孩子期盼的真实写照,然而,这种过高期待会在无形中转化为孩子的心理负担,让孩子容易因为自己可能达不到父母的要求而感到自责和内疚,从而在面对考试时更加紧张和焦虑。

面对小A这样的情况,作为导师,我们可以采取以下策略来帮助学生缓解考试前的焦虑情绪:

1. 端正考试动机,建立合理期望

首先,我们要与小A建立信任关系,通过一对一谈话,引导其正确看待考试,减轻心理负担。随后,教给小A一些情绪调节的方法,如自我暗示法、深呼吸法等,让他在焦虑时能够自我安慰和放松。同时,帮助学生根据自己的能力,建立合理的期望值,不过分追求成绩,而是注重知识的掌握。三个方面的综合施策,能有效帮助小A缓解考试焦虑,提升自信心和学习效率。

2. 开展心理教育,创造良好氛围

作为学生的导师,我们可以在班级中,组织一些团队建设活动,通过分享会、表彰会等形式,表扬那些努力进步、勇于面对挑战的学生,学生间互相给予安慰和鼓励。互帮互助的积极环境有助于减轻学生的心理压力,让学生感受到集体的温暖和支持。

3. 家校密切合作,共同关注学生的心理状态

我们应与家长保持密切沟通,共同关注学生的心理状态,可以通过家长会或个别交流,向家长介绍学生的在校表现,包括学习和心理状态,同时提供一些家庭教育的建议,例如家长对子女的期望值不宜过高,过高的期望值容易带来心理压力,影响情绪。

4. 鼓励学生勇敢求助

如果学生的焦虑情绪持续时间过长、程度过高,已经开始影响到他的日常生活和学习,我们应鼓励学生勇敢向学校心理室求助,心理老师能够通过专业的辅导,帮助其找到问题的根源,提供更为有效的解决方案。

52 如何培养学生养成记笔记的习惯？

刘荣臻

在学习中，记笔记是一项至关重要的技能。如何让学生在数学课堂上自觉且有效地养成记笔记的习惯，是值得我们深入探讨的问题。一开始我并不是十分在意学生记笔记的问题，一方面是因为小学的数学内容相对简单，另一方面，小学生的注意力还不强，若是因为书写记录而漏听课堂内容反而会得不偿失。

不过，四年级一次随堂小测验中发生的事让我渐渐意识到：也许适当地引导学生记笔记，是一件很有意义的事情。

一、机缘巧合，发现笔记在学生中的萌芽

在四年级第一学期学习了运算定律之后，我做了一次随堂小测验，里面有一题是需要学生用字母式表示五个运算定律。表达式很抽象，记忆起来比较困难，因此很少有能完全写正确的。在回顾全对的名单时，一个平时并不出彩的女孩的名字在一众"学霸"的名字中吸引住了我的目光。很巧的是，她也是我导师结对的学生之一，我对她的进步自然十分欣喜，拿上小奖品准备和她谈谈心，以借此机会鼓励她再接再厉。

看到奖品的她并没有我想象中那般高兴。她沉默了一会儿对我说："这些公式可能不算完全是我自己做对的，上课的时候我把它们都记在草稿本上了。不过考试时候我没有抄，因为我写过一遍好像都记住了。只是我答完题以后还是忍不住翻看了这些公式核对了一遍。"

听完她的话，我首先对她的诚实进行了肯定，然后也指出了她这样做的不妥之处。最让我印象深刻的是她说的"因为我写过一遍好像都记住了"这句话。经过了一段时间的观察，我发现还有一些学生也会记笔记，他们在一些识记类型的习题上都体现出了记忆的准确性和持久性，这些都让我觉察到了记笔记的习惯可能对学生学习起到的促进作用。

二、悉心培养，让记笔记的习惯蔚然成风

在几次初步尝试后，我发现培养小学生养成记笔记的习惯并非一蹴而就，需要教师从多方面入手，采用科学合理的方法。经过了一番思索我决定采用激发兴趣→传授方法→形成习惯"三步走"来逐步引导学生。

激发兴趣——小学生总是会被五彩缤纷的颜色和活泼可爱的图案所吸引,我会推荐他们使用颜色鲜艳的笔,比如用红色笔来标注重点,用蓝色笔来写例题,用黑色笔来记录一般的知识点。这样可以使笔记看起来更加清晰、美观,同时也能提高他们记笔记的兴趣。

对于一些还没有开始记笔记的学生,我认为不能简单地布置任务或用奖品激励,这样会让他们把记笔记当作是一个额外的任务,从而产生抵触的情绪。可以从已经记笔记的学生入手,时不时在课堂上分享他们的笔记,或是借助他们的笔记来讲解题目。这样那些还没有记笔记的学生为了参与到这样的课堂环节中,会自发地开始尝试,从而把记笔记看作是一项有趣的学习活动。

传授方法——当越来越多的学生开始记笔记时,教师就要指导他们学会一些正确的方法。我会引导学生采用合理的笔记布局。例如在笔记本上划分不同的区域,左边可以用来记录老师在课堂上讲解的定理、公式和典型例题,而右边则可以用于记录自己对知识点的理解、疑惑以及一些相关的拓展知识。

对于比较抽象的数学知识,学生可以采用集合圈或框架图的形式来进行记录。比如在学习三角形时,可以从三角形的定义开始,延伸出三角形的分类,并且把所得到的结论用集合圈的形式表现出来,这种结构化的记录方式有助于学生对知识进行系统梳理。近几年比较流行的"思维导图"也是一种很好的笔记方式,在复习课时我会专门和学生一起利用思维导图的形式来对前一阶段时间学习的内容进行梳理。

另外,把握记笔记的时机也很重要。在课堂上,不能因为忙于记笔记而错过老师的讲解,也不能只听不记。当老师在讲解新的知识时,学生应该先认真听讲,理解之后再快速地记录下来。对于一些老师反复强调或者板书的内容,学生可以及时记录。

养成习惯——从长远角度看,要学生养成记笔记的习惯,不能依靠教师的一味强调,应该让学生从根本上体会到笔记的作用和好处。在每次周练前,我会让学生先把自己的笔记从头到尾看一遍,把已经掌握的知识点打钩,把还有疑问的地方圈出来,然后在课堂上提出问题,或者自己重新思考。

在平时的作业和练习中,我会引导学生去参考自己的笔记。比如在做行程问题相关的应用题时,学生就可以翻看笔记中关于行程问题的分类及对应的解题思路和方法,然后尝试再次解决问题。通过这种不断复习和运用笔记的过程,让学生感受到笔记的实用性,从而更加愿意长期坚持记笔记。

小学生养成记笔记的习惯不是一朝一夕就能完成的，需要我们教师在日常教学中不断地引导、监督和鼓励。通过激发兴趣让学生迈出第一步，然后教授正确的方法，并帮助他们养成长期坚持的习惯，从而让记笔记成为学生学习数学的得力助手，为他们今后的学习打下坚实的基础。

53. 如何帮助学生克服数学审题不清的困难？

王 敏

在班级中，小宸是一个数学学习很有天赋的学生，平时表现也十分出色，但他却总是与"学科之星"的称号擦肩而过。问题的根源在于他在考试和练习中频繁出现审题不清的情况，明明会做的题，结果题目看错了。小宸自己也意识到了这一点，他向我表达了困惑：怎么才能克服数学考试时审题不清的问题？我也发现，像小宸这样的情况在班级中并不少见，许多学生都因为审题习惯不佳而在考试中"栽跟头"。因此，我决定利用午休时间，和小宸一起探讨如何解决这一问题。

首先，我让他拿出最近练习出现审题不清的题目分析原因，在填空题"沿学校操场跑一圈约 400 米，跑 5 圈是（　　）千米"中，他按照思维定式，计算 $400\times5=2000$ 后，直接填了 2000，忽视前后单位应该换算统一。我问他："遇到这种题目，怎样才能避免审题不清呢？想想平常我之前教过的方法。"他回答道："我把前后不同的长度单位'米'和'千米'圈一圈，加深印象就知道前后单位不一样，需要进行换算，2000 米是 2 千米，所以应该填 2。"我马上肯定了小宸的回答并说道："是呀，你看，从这道题我们其实就可以找到解决审题不清的方法，我们一起看看。"

那么，数学审题不清，是什么原因造成的呢？

"首先，我们可以发现审题不清的主要原因还是你们不良的审题习惯，很多同学做题只用眼睛扫一遍，没有仔细读题目中的细节要求。"小宸听了我的话，确实也意识到自己的问题，是因为自己漏读、跳跃读题，没有看清前后不同的单位才会做错。其实平常的练习中还能发现有的同学是因为偷懒，遇到需要动脑思考的题目就主动放弃，希望依靠别人。因此，针对具体情况分析产生的原因，再选择合适的方法。

如何解决这个问题呢？

第一，培养审题的习惯。明确审题的重要性：审题是解题的起点。如果审题不仔细，可能会误解题意，导致整个解题过程南辕北辙。不管是在日常课堂学习还是课后练习，都要明确审题的重要性，只有读清题意才能读懂题意，正确解答。

第二，养成认真读题的习惯。任何时候读题都要学会抓住重点句、关键词，理解重点句、关键词的真正含义，从而养成认真审题的良好习惯。在读题、审题中多角度无遗漏地收集题目有效信息。可以规定：简单的题目看一遍；一般的题目看两遍；新颖的题目多看几遍；边看边分析已知和未知。有意识地培养从材料中发现信息、识别信息、获取信息、整合信息的能力。

第三，注重审题的技巧。可掌握这些环节——

读：认真逐字读题，圈画关键词，保证不添字、不漏字、不错读、不断句，这是了解题意的首要步骤，也是培养审题能力的开端。例如对于概念题，圈出不同单位，能提醒换算。

敲：仔细推敲题目中的字、词、句，尤其要正确理解数学术语，像"倍数""相差"问题里特定词汇的含义，精准把握题意。

述：用自己的话复述题目，把题目内容转化为熟悉、易懂的表述，让题意更明晰。

拟：通过列表、画图等手段模拟应用题情境，排除干扰将数量关系直观呈现，辅助理解复杂情境。

通过这次交流，小宸对如何提高审题能力有了清晰的认识。我通过具体的审题习惯和技巧指导的建议，为小宸和其他学生指明了方向。审题能力的提升并非一蹴而就，而是需要学生在学习过程中不断积累和反思。通过圈画关键词、复述题意、模拟情境等方法，学生可以逐步克服审题不清的问题，在数学学习中取得更好的成绩，最终成为"学科之星"。

54 如何帮助学习速度较慢的学生跟上课堂节奏？

顾小柳

在"全员导师制"下，每一位导师都像灯塔，关注学生成长，照亮前行的道路,用耐心与智慧引导他们自由翱翔。这学期,小銮让我印象深刻,刚从幼儿园毕业进入小学的她一时难以适应小学的体育课程,尤其是跳绳,其他同学逐渐掌握了技巧,小銮学练了三个月依然不得要领。

如何找到问题根源?与小銮家长沟通后发现,家长工作繁忙,没有时间陪她练习,课余很少陪练。一天天过去了,小銮在体育课上一次次尝试又一次次失败,眼里的沮丧神情越来越明显。我也陷入了反思,到底是什么原因导致她跟不上节奏呢?是练习不够,还是教学方法不适合她?经过观察与分析,我意识到:在集体教学中,我难以给予她足够的个性化指导;而课余个别化指导后又缺乏课后练习的辅助,这才致使她在学习跳绳时困难重重,始终不得要领。

谁能成为她的助力呢?我采用同伴辅助的办法:

1. 确定"小老师",期待助力

为了帮助她,我想到让她的好友小伽当"小老师"。她俩常一起劳动、聊天,之前都是跳绳"零起点"的战友。我给两人做过多次个别辅导,小伽家长重视课后辅导,孩子一周就跟上课堂节奏,且刚学会跳绳的小伽很有耐心。提议一提出,两个学生眼中似有小火苗,满是期待。

2. 指点"小老师",寻找要领

在"小老师"开始"教学"前,我先对她进行了指导。我告诉"小老师",先要检查小銮是否正确握绳,比如像这样:"双手握住跳绳的手柄,手指自然弯曲,不要太紧也不要太松。"示范完后,让小銮跟着做,要检查她的握法是否正确;教摇绳的时候,"手臂微微弯曲,用手腕的力量转动绳子,像这样轻轻摇起来,绳子衔接上","你要把自己如何从跳一个变成跳两个的动作告诉她,带着她练习,这样她就能学会了"……

3. 跟着"小老师",互动学练

之后的每节体育课上,两位学生都在进行积极互动,一个耐心慢慢教,一个一点点跟着做,从摇绳的姿势到起跳的时机,一步一步地练习。在这个过程中,我问小銮:"有'小老师'教你,是不是感觉跳绳没那么难了?"小銮笑着说:"是的,比我自己练好多了。"

努力终有效果,两周后,小銮交出第一份"绳"卷。那天体育课上,她向大家展示了连续跳两个。又过了一周,小銮能够连跳五个了,当听到同学们的哇声后,她大声说,是"小老师"一直在教她陪伴她,她才有了今天的进步。

通过这件事,我深刻地认识到,对于体育学习较慢的学生,相对于教师的个别化辅导与家校沟通下的帮助,同伴的力量是无穷的,"小老师"的优势在于:她比我更有时间关注伙伴,是教师指导的延伸;同伴感情深,愿意真诚无私地帮助与学习……由此,注重发挥学生之间的互助作用也成了我全员导师指导的一大法宝。如自闭症学生因好友友情追赶,原本怎么也跑不快的他却获得了合格的成绩,篮球教学,让熟练的学生与初学者结对分享经验。同时,我也会鼓励学生在帮助他人的过程中,要有耐心、包容心和责任心,让体育课堂成为友谊、品德的摇篮,帮助学习慢的学生跟上节奏,又能让整个班级充满团结友爱的氛围,让每个学生都能在体育中收获成长与快乐。

55. 信息科技学习,导师可提供哪些学习方法?

李小东

在信息科技的快速发展中,我们面临着一个重要任务:培养学生的自主学习能力。在编程和开源硬件的领域,学生的自主学习能力更显得十分重要。我在教学实践中总结了一些具体方法,以及相应的教学经验,旨在帮助学生在自主探索过程中克服困难,实现有效学习。

在一次 Arduino 开源硬件提高班课程中,我观察到学生小张在尝试制作一个自动浇水系统时遇到了难题。他不知道如何将传感器数据与控制逻辑结合起来,以实现自动化浇水。这让我意识到,我们需要为学生提供更具体的学习方法,以支持他们在编程和开源硬件领域的自主学习。

在编程和开源硬件教学中,我们面临的挑战是如何让学生在遇到问题时,能够独立思考并找到解决方案。以下是我根据教学经验总结的一些具体方法:

1. **模块化学习法**:将编程和硬件项目分解为模块,让学生逐步掌握。
2. **问题探究学习**:鼓励学生在遇到问题时,通过实验和测试来探究解决方案。
3. **技术资源库**:为学生提供一份包含各种学习资源的清单,包括在线教程、开源项目、技术文档等。
4. **项目日志**:鼓励学生记录项目进展和遇到的问题,以及解决方案。

为了确保这些方法的有效性,我设计了一系列的教学活动,以"智能温室监控系统"为主题:

1. 项目启动：介绍项目目标，即创建一个智能温室监控系统，让学生明确学习方向。

　　2. 模块化指导：将项目分解为几个模块，如传感器数据读取、数据处理、控制逻辑实现等。

　　3. 问题探究学习活动：在每个模块中，鼓励学生在遇到问题时，通过实验和测试来探究解决方案。

　　4. 技术资源库应用：教授学生如何使用技术资源库，引导他们找到解决问题的资源。

　　5. 项目日志维护：在每个模块完成后，使用项目日志记录学习成果和遇到的问题。

　　6. 项目展示与反馈：在项目完成后，组织学生展示他们的智能温室监控系统，并提供反馈，以促进进一步学习。

　　通过这些方法和活动，学生在自主学习和探究方面取得了显著的进步。他们不仅能够独立完成项目，而且在解决问题时更加自信和有策略。这些成果证明了我所提供的方法的有效性。如在"智能温室监控系统"的项目中，小张在实现传感器数据与控制逻辑的结合时遇到了困难。通过模块化学习法，他首先学习了传感器的工作原理，然后逐步实现了数据读取和处理。在问题探究学习活动中，他通过实验不同的传感器配置，找到了最佳的控制逻辑。通过技术资源库，他找到了一个开源项目，帮助他理解了自动化控制系统的设计。最后，通过项目日志，他记录了自己的学习过程，并在项目展示中获得了积极的反馈。

　　总之，作为一名信息科技教师，我通过模块化学习法、问题探究学习、技术资源库应用和项目日志维护等方法，有效地帮助学生实现了自主探究和自主实践。这些方法不仅提高了学生的编程和开源硬件能力，也培养了他们的自主学习能力和探究精神。我相信，通过我们共同努力，我们的学生将能够在编程和开源硬件的领域中自由探索，发现新知，创造未来。

56 导师如何帮助学生树立学习目标，提升学习动力？

林　怡

　　最近，我在语文教学过程中遇到了一些难题。班上部分学生似乎没有明确的学习目标,每天上课只是按部就班,缺乏主动探索知识的热情。就像小阳,上课总是走神,作业也敷衍了事。我不禁问自己:怎样才能帮助这些学生树立学习目标,提升学习动力呢?这个问题一直萦绕在我心头,促使我不断思考和尝试。

我开始深入观察和与学生交流,试图找出他们缺乏学习目标的原因。我问自己:是教学内容不够有趣,还是学生没有认识到学习的重要性?在与小阳谈心时,我问他:"小阳,你觉得学习语文有趣吗?"他低着头小声说:"老师,我不知道为什么要学语文,觉得很没意思。"从与其他学生的交流中,我也发现类似问题,有的认为学习只是为了完成家长和老师的任务,没有从内心深处认识到学习的意义。

我意识到,学生缺乏对学习目标的清晰认知,主要源于他们没有将学习与自身的兴趣、未来的发展联系起来。他们生活在一个信息爆炸的时代,外界的诱惑繁多,而学习的长远好处又难以在短期内显现,这使得他们很难专注于学习,树立明确目标。

面对这些问题,我思索着各种解决办法。首先,我问自己:如何让学生认识到学习的重要性?我决定在课堂上多引入一些生活实例。比如在讲解古诗词时,我问学生:"同学们,你们在看到美丽的风景时,是只会说'好看',还是能用'落霞与孤鹜齐飞,秋水共长天一色'这样优美的诗句来形容呢?学习语文能让我们更好地表达自己,感受生活的美好。"通过这样的方式,让学生明白学习语文对提升个人素养和生活品质的重要性。

接着,我又问:"怎样结合学生的兴趣来制定学习目标?"我留意到小阳对绘画很感兴趣。于是,我找到他说:"小阳,你画得这么好,如果能用生动的文字把你画里的故事写出来,是不是会更有意思?我们可以先设定一个目标,每周写一篇与你画作相关的短文,慢慢提高写作能力。"小阳听了,眼中闪过一丝兴奋,点头答应了。

对于集体教学,我问:怎样营造一个积极向上、充满目标感的学习氛围?我组织了"学习目标分享会",让学生互相交流自己的目标。在分享会上,我引导大家思考:"同学们,我们每个人都有自己的梦想,学习就是实现梦想的阶梯。大家说说自己的梦想,再想想通过学习语文能为实现梦想做些什么。"在这种氛围下,学生纷纷发言,有的说想当作家,有的说想做记者,并且都明白了学好语文对实现这些梦想的重要性。

经过一段时间的努力,我看到了小阳的变化。他开始主动阅读一些与绘画相关的书籍,积累词汇,写作水平也有了明显提高。在一次作文课上,他写的《我心中的童话世界》生动有趣,还配上了自己画的插图。看着他的进步,我感到无比欣慰。我问小阳:"现在你觉得学习语文有意思吗?"他开心地说:"老师,太有意思啦!我能用文字把我画的世界变得更精彩,我以后要写很多很多故事。"

通过这次经历,我深刻认识到,作为老师,帮助学生树立学习目标,提升学习动力,需要我们用心去观察、用爱去引导。我们要善于发现学生的兴趣点,将学习与他们的未来联系起来,让他们在学习中找到乐趣和价值。

57 如何有效地提升学生背英语单词的能力?

马鹏静

背英语单词效率低的问题一直困扰着学生。很多学生不止一次地跟老师反馈,明明花了很多时间背单词,可为什么总是会记不住、记不清,用起来不是拼写记不得,就是词义忘记了,有时还会混淆单词的意思。因此,如何有效地提升学生背单词的能力成为一个亟待解决的问题。

三(10)班的小李同学从二年级开始,每次一听写英语词句就头疼,总是抱怨在背单词上花了时间,可总是背了后面忘前面、背了前面忘后面。老师看出了他的苦恼,向他询问情况。老师主要从单词的难度、背单词的方法和巩固单词的频率三方面进行询问。学生表示目前学习到的单词大部分不是很难,在背单词的时候,一般是一个字母一个字母地记忆,比如"branch,b-r-a-n-c-h,树枝",不过当下记住后却没有制订复习计划,时而看看,时而不看,没有做到有频率地复习。

从中可以看出一些问题。第一,单词的记忆只停留在口头上,几乎不会落笔;第二,记忆单词的方法十分机械且无趣,这点是记单词效率低的重要原因;第三,背记过的单词不会定期地复习,日久则易忘。种种原因叠加在一起,导致该生背单词事倍功半。

那么,如何有效地提升学生背单词的能力呢?

背英语单词要讲究方法,死记硬背可能短期有效,可它却不利于长期记忆。第一，背单词不能只停留在口头，要扎实地落在笔头。背单词当用到眼、耳、口、手，眼睛要看到字形，耳朵要听到字音，要按照正确的发音读出来，按照正确的拼写写下来。调动自己的五官去记忆，感受更深刻。

第二，背单词的过程要讲究方法的运用，比如自然拼读法、情境记忆法、游戏记忆法等。自然拼读法是一种被广泛使用的方法，其核心是建立字母与语音之间的对应关系。通过掌握字母或字母组合的发音规则，就能够准确地读出大部分符合规则的单词，并且在听到单词发音时，能够根据规则拼写出单词。它对记忆单词拼写有很大的帮助。以三年级上的一些核心词汇为例：balloon、school、book、root，这些单词中都含有"oo"，这个字母组合的发音为/uː/，在记这些单词的时候应该按"oo"来记，记忆字母块，而不是一个个孤零零的字母。情境记忆法则有利于词义的记忆。让单词像种子一样，扎根在语境的土壤，你可以通过前后文理解词义，记住词义。比如"The insect is a ladybird. It is red and black"，通过对"insect, red and black"可以推出 ladybird 的词义为"瓢虫"。而采用游戏记忆法，让我们觉得背单词其实没那么无聊，赢得游戏的胜利也会让我们获得成就感和自信心。比如我们可以玩猜单词的游戏：一个学生描述问题："This is a room in our school. There're many books in it. Where is it?"一个学生猜谜底"Library"。要记得设立奖惩机制，有奖励才有动力嘛。

第三，有计划地复习是稳固单词记忆的保障。单词背了不用是很容易忘记的，因此，一定频率的巩固复习是很有必要的。温故而知新，不复习就不会有新的思考，也不利于巩固记忆。

小李同学经过实践，惊讶地发现原来背单词并没有想象中那么难。方法用对了，功夫下到了，效率自然就提升了。他从刚开始听写写错一半，到三分之一，再到只错一两个单词，甚至能全部答对，这个过程提升了自身的学习能力，也建立了学科自信。可见方法和努力同等重要。

58 如何有效地提升学生记数学公式的能力？

常 成

班级里有个叫小 A 的女生，文文静静的，在数学课上时常能看到她专注的目光。虽然她并不是班里思维最敏捷的,但她的认真与专注总让我欣赏不已。

在一次日常的导师与学生谈话中,当学生围着我叽叽喳喳分享日常时,她一个人坐在座位上,手上拿着一张卷子,手支着脑袋。这引起了我的注意,在一节课后,我邀请她帮我到办公室搬一下作业本。我一边整理一边和她聊起了最近的生活,看到她笑颜绽开,我趁机问道:"今天中午你在座位上看什么呢?都不找常老师来聊天啦?"小 A 一愣,显然她没想到我关注到了这件事。思考片刻后,她告诉我:"常老师,我现在遇到工作效率的题目就害怕。我发现我怎么都记不清,有时候是写反了,有时候甚至用错了公式,爸爸妈妈总是批评我粗心,可是我怎样都分不清。"我若有所思:是啊,我们在讲课堂知识的时候,常常强调公式,但是如果一味地背诵,不加理解,学生就会困惑,在使用中混淆,造成不必要的错误。"谢谢你愿意告诉我你的烦恼,我们一起想办法,打败这个难题,好吗?"小 A 目光热诚,用力地点了点头。

那天下班后,我研读了很多的资料和论文,我翻阅到《新课程》的"教法探索"中,有老师给出过关于记忆公式的一些方法:

一、咬文嚼字法——紧扣字眼,概念释然

二、数形结合法——画出图形,结论便知

三、相互对比法——此起彼伏,形同陌路

四、歌谣口诀法——朗朗上口,值得拥有

五、巧用定义法——轴上取点,点到即出

六、构造图形法——外加口诀,牢记不忘

七、计算推理法——动动笔头,一生不丢[1]

研读之下,我发现公式的记忆需要基于理解,此外,推理、口诀以及数形结合等形式都能助力进一步理解。《义务教育数学课程标准(2022 年版)》指出,数学教育立足于发展学生的核心素养,也就是要引导学生会用数学的眼光观察现实世界,会用数学的思维思考现实世界,会用数学的语言表达现实世界。[2]

小学数学的教学目标不只是为了提升学生的数学成绩,而是在教学过程中优化学生的思维方式,让其养成探究意识,同时激发学生的创造力,使之成

---

[1] 程巧兰.活用数学概念,巧记数学公式[J].新课程,2016(03):74-75.
[2] 中华人民共和国教育部.义务教育数学课程标准(2022 年版)[S].北京:北京师范大学出版社,2022:5-6.

为好学、乐学、善学的个体。于是，一个想法在我的脑海中形成……

第二天放学后，恰逢小 A 所在小组值日，学生打扫得热火朝天，7 分多钟就完成了扫地的工作。我故作疑惑地问道："你们今天效率这么高啊？才 8 分钟就打扫好了 32 个座位，那你们打扫一个座位的效率是多少呢？"学生听完，笑着抢答："这还不简单吗？32 除以 8 分钟就是我们的效率呀！""对呀，我们的工作量就是 32 个座位嘛！"小 A 紧接着补充道："8 分钟就是工作时间！"我笑了笑："这就是我们所说的工作效率＝工作量÷工作时间。看来，你们用数学公式解决了生活中的问题！所以今天我们值日生的工作效率是……"话音未落，孩子们异口同声回答："每分钟 4 个座位！"我听到小 A 的笑声也是那么悦耳，我知道，她一定通过这次劳动记住了这个"公式"。

此后，我的班级总会有小值日生们计算自己的值日效率，大家还比着谁的效率更高呢！"教育本来的意思，就不是教材、不是课堂，而是人点亮人。"生活点亮了小 A 的公式理解，也点亮了我对于教育的理解。

59. 帮助学生提高解题的速度和准确性，导师有哪些好方法？

朱晓玲

在日常教学中，我经常遇到解题速度慢、准确性低的学生，他们面对数学题时，要么犹豫不决，久久不动笔；要么匆忙下笔，错误百出。小钱就是我班上存在这类问题的典型学生，几乎每次练习他都是最后一个交卷。有一次，作业课上我给全班学生布置了一份"有余数除法"的练习，快的 10 分钟内就完成了，大部分能在 15 分钟内完成，并开始了自主学习。我走到小钱的桌旁，想看看他的完成情况。不出所料，他只完成了小部分的题目，大部分都是空着的。他低着头，手里握着笔，却迟迟没有下笔。"小钱，你怎么了？碰到什么问题了吗？"我轻声问道。小钱抬起头，愁眉苦脸地看着我："老师，这道题我不会做！"他指着一道其实并不难的题目说。

我让小钱坐到我边上，耐心地给小钱讲解那道题目。我告诉他，有余数除法其实并不难，只要掌握了基本的步骤和技巧，就能轻松解答。我一步步地引导他，让他跟着我的思路走。慢慢地，小钱的眉头舒展开了，他开始尝试着动笔计算。"看,其实你很聪明的,这道题你做得很好!"我鼓励道。他听了我的话,脸上露出了久违的笑容。然而,我知道,仅仅一次帮助并不够。我也是他的导师,我决定在接下来的日子里,给小钱更多的关注和指导。

我发现他的问题主要有以下三方面:一是他对数学基础知识掌握不够牢固;二是他缺乏有效的解题策略,面对问题时不知道如何下手,只能盲目尝试;三是心理上缺乏自信,有畏难情绪,一旦碰到未见过的题型,就选择放弃。

于是,我采用一些方法:

1. 帮助巩固基础知识。首先,我鼓励他每天抽出一点时间,回顾当天学过的知识点,做几道相关的练习题。周末的时候,可以对本周学过的内容进行一次全面的复习,整理出错题本,分析错误原因,加强薄弱环节。我也每周和学生约定检查错题本并给予"星星章",不懂的题我也会抽出时间及时给他讲解。我还提醒他每单元结束后,用思维导图对单元整体知识进行结构化梳理。每单元后我也会帮助他完善知识思维导图,帮助他一起复习巩固基础知识。

2. 采取有效的解题策略。我还教给小钱一个"三步解题法"。第一步,审题要仔细,弄清楚题目要求什么、给了哪些条件。这一步的关键需要圈画关键字。第二步,分析题目中的关系,找出解题的关键步骤。第三步,按照解题步骤,一步步计算得出结果。同时,我还鼓励他多做一些不同类型的题目,拓宽解题思路。每次练习完一类题后,可以总结归纳解题的一般方法和思路,并记录在练习本上。我会提供一些变式练习,帮助孩子巩固方法,提高解题的灵活性。

3. 帮助树立学习自信心。我提醒小钱每次小练习时记录完成的时间,观察自己的进步。所花时间多的练习,在批改时我会问他哪些题不会做,并及时个别辅导。我经常鼓励他:"难题有什么可怕的? 有问题找老师。"就这样孩子有问题,就会主动来问我,我也会耐心地讲解,并让他把问题记录在练习本上,自己整理解题的方法。

通过这次交流和跟进指导,小钱的解题速度明显加快了,准确性也大大提高了。在课堂上,他变得更加自信,经常主动举手回答问题。课后也经常主动大胆请教,有时也会和同学交流自己的好方法。在考试中,他的数学成绩也稳步提升,甚至超过了班级平均水平。

看着小钱的变化,我深感欣慰。我知道,这些方法不仅适用于他,也适用于其他需要提高解题速度和准确性的学生。只要肯付出努力，掌握正确的方法，就一定能够在数学学习上有更大的进步。我也将继续探索更多有效的方法，帮助学生克服解题难题，提高他们的解题速度和准确性。

60. 学生上课时总是质疑和挑战老师，导师应该如何引导？

刘　鑫

在自然的课堂里，学生总是充满好奇，他们像探索未知世界的探险家，用求知的双眼观察着周围的一切。作为一名自然课教师，我深知这份好奇心的重要性，也一直在努力激发学生的探索欲和求知欲。然而，在我的课堂上，有一个名叫小豪的学生，他的质疑和挑战却给我带来了不小的"麻烦"。

小豪是个聪明伶俐、成绩优异的学生，对自然学科有着浓厚的兴趣。然而，与其他学生不同的是，他总是在课堂上提出一些令人意想不到的问题，甚至对老师的讲解提出质疑。无论是课本上的知识点，还是我通过实验展示的自然现象，他总能找出一些"漏洞"或"不足"，提出自己的见解。他的每一次发言，都像是平静湖面上投下的一颗石子，激起层层涟漪，让课堂上的气氛变得紧张而微妙。

记得有一次，我在课堂上讲解水的循环过程，通过生动的实验和详细的讲解，试图让学生理解这一自然现象的重要性。然而，小豪却突然站起来，提出了一系列尖锐的问题："老师，你说水循环是自然界的重要过程，但是为什么有些地方还是会干旱缺水呢？还有，你说雨水是由水蒸气凝结而成的，那水蒸气又是从哪里来的呢？"他的问题让我一时语塞，也让我意识到他的质疑并非无的放矢，而是基于他对自然现象的深入思考和探索。

然而，小豪的质疑和挑战并不总是有建设性的。有时，他的问题过于偏激或缺乏足够的依据，甚至引得同学们哄堂大笑。这种行为不仅严重干扰了课堂秩序，也让小豪与其他同学之间的关系变得紧张。我深知，如果任由这种行为继续下去，不仅会对小豪的个人成长造成负面影响，更可能破坏整个班级的学习氛围和师生关系。

作为小豪的导师，我决定走进他的心灵，探究他这种行为背后的原因。通过与他的一次深入谈心,我了解到他之所以喜欢在课堂上质疑和挑战老师,是因为他渴望得到认可和关注。他希望通过这种方式展示自己的聪明才智和独立思考能力。然而,他也意识到自己的行为有时过于冲动和偏激,缺乏足够的思考和依据。这种矛盾的心理状态让他既得意于自己的"与众不同",又苦恼于无法融入集体。

针对这一情况,我制定了一些措施来引导小豪正确对待课堂质疑:

首先,我肯定并鼓励他的质疑精神。我告诉他,质疑和挑战是科学精神的重要组成部分,也是推动知识进步的重要动力。他的质疑精神值得肯定和鼓励,但也需要在适当的时机和方式下进行。我鼓励他继续保持对知识的渴望和对真理的追求,但同时也要学会尊重他人,包括老师和同学。

其次,我引导他学会深入思考和研究。我鼓励小豪在质疑之前先进行深入的思考和研究,确保自己的质疑有理有据。我引导他学会提出问题、分析问题、解决问题,这不仅有助于他更好地理解知识,也能培养他的逻辑思维能力和批判性思维。同时,我也鼓励他多读书、多了解不同的观点和理论,以拓宽自己的视野和思路。

再次,我培养他的合作精神和团队意识。我告诉他,在课堂上质疑和挑战老师并不是唯一的学习方式。与同学合作、交流和讨论也是非常重要的。我组织了一些小组合作学习活动,让小豪有机会与其他同学一起探讨问题、分享观点。通过与他人合作,小豪逐渐学会了倾听他人的意见、尊重他人的劳动成果,也意识到了团队合作的重要性。

最后,我给予他适当的关注和支持。作为导师,我时常关注小豪的学习情况和心理状态。当他取得进步或表现优秀时,我会及时给予表扬和鼓励;当他遇到困难或挫折时,我会耐心倾听他的困惑和烦恼,并给予积极的建议和指导。我告诉他,无论遇到什么问题,都可以随时来找我寻求帮助和支持。

经过一段时间的努力和引导,小豪逐渐改变了自己过度质疑和挑战老师的行为。他开始更加注重思考和研究,学会了倾听他人的观点和意见,也更加珍惜与同学之间的合作和交流。他的学习成绩和人际关系都得到了明显的提升。更重要的是,他变得更加自信和开朗,能够积极面对生活中的挑战和困难。

通过小豪的转变之旅,我深刻体会到作为一名自然课教师的重要性。我们不仅要传授知识,更要引导学生正确对待质疑和挑战,培养他们的科学精神和团队合作能力。

61 学生对写作缺乏兴趣，导师如何激发他们的创作热情？

方 红

在一次交流中，一位学生这样问我："老师，我一直对写作提不起兴趣，每次写作文都感觉好难。写作对我来说就像一座难以逾越的大山，我找不到其中的乐趣。我尝试了很多方法，但还是无法让自己对写作产生兴趣。我希望能找到一种方法，让自己爱上写作，享受写作的过程。老师，您能不能给我一些建议，让我对写作产生兴趣？"面对学生的困惑，我深知激发学生写作热情的重要性与紧迫性，于是开始探索有效的策略。

经过深入思考与实践，我发现学生对写作缺乏兴趣的原因主要有以下几点：首先，认为写作高不可攀，对写作产生了畏惧心理。其次，觉得写作内容单调乏味，缺乏新鲜感和吸引力。最后，在写作过程中觉得努力没有得到认可，导致写作积极性受挫。

为了激发学生的写作创作热情，我采取了以下策略：

一、增强信心法

我着重挖掘学生潜在的写作能力，让学生明白写作并非难事，而是表达自我、分享想法的一种方式。通过表扬和肯定学生的写作成果，帮助他们树立自信心，从而激发写作热情。学生在作文中写出一个生动的句子或者一个有趣的情节时，我会及时给予表扬："这个句子写得真好，把人物的动作描写得活灵活现！""这个情节构思很巧妙，让人意想不到！"让学生感受到自己的进步和成长。

二、注重仪式感

增加学生成就感。课前我安排学生读优秀段落，把学生的优秀作文张贴在教室的习作园地中，供大家欣赏，让学生感受到自己写作的价值，激发他们继续努力的动力。

三、正视差距，因人而异

对基础不同的学生，我提出不同的写作要求，让每个学生都能在自己的能力范围内取得进步，感受到成功的喜悦。对于写作基础较弱的学生，从简单的词语运用、句子表达开始训练，逐步提高要求；对于写作能力较强的学生，则鼓励他们尝试一些复杂的文章结构,运用更多的修辞手法和文学技巧。

四、创设情境,鼓励创新

通过组织户外活动、角色扮演等方式,我让学生在真实或想象的生活情境中体验生活、感受情感,从而激发写作灵感。在教学《记一次游戏》这篇作文时,我组织学生在课上做了传话游戏。游戏结束后,学生意犹未尽,我趁机引导他们回忆游戏过程中的点点滴滴,从游戏前的激动、好奇,到游戏中的紧张,再到游戏后的开怀大笑,让学生在情境中找到写作的素材和灵感。此外,我还鼓励他们在写作中尝试新的表达方式,避免千篇一律,要写出自己的独特想法,打破常规,让自己的作文焕发出新的活力。

五、开展写作活动

通过比赛和展示,让学生体验到写作的乐趣和成就感。在写作俱乐部中,学生可以相互交流、相互学习,共同提高写作能力。我还邀请一些写作高手或者作家来给学生做讲座,分享写作经验和技巧,拓宽学生的写作视野。

六、培养阅读习惯

鼓励学生广泛阅读,积累词汇和素材。我会定期向学生推荐一些优秀的文学作品,让学生在阅读中感受文字的魅力,积累优美的词句和生动的情节。同时,我还会组织读书分享会,让学生分享自己的阅读收获和感悟,激发他们阅读的兴趣和热情。

七、自由写作

减少对写作的束缚,鼓励学生自由表达。我尝试开放式命题,让学生根据自己的兴趣和经验来选择写作主题,充分发挥自己的想象力和创造力,写出了一篇篇精彩纷呈的作文。

八、及时反馈与鼓励

我及时批改学生的作文并给予有建设性的反馈,同时注重正面评价和鼓励,让他们在写作过程中经常得到我的支持和肯定,从而激发写作兴趣。

通过这些策略的综合运用,我看到了学生从提不起兴趣,到主动地记录自己的生活和感受;从无从下笔,到写出一篇篇有思想、有情感、有文采的作文。这让我深刻地认识到,激发学生的写作热情需要我们用心去引导、用爱去鼓励,只有这样,才能促使学生写出更多的好文章。

62. 帮助学生克服写作障碍,导师可提供哪些具体的方法?

游澄君

小李是一个成绩优秀的学生,但是在近期我发现他遇到了写作瓶颈,表达受限,有时没有写作的动力。他的爸爸妈妈非常着急,老师也经常说起,这孩子挺机灵的,怎么在写作方面就如此吃力呢?如何突破这一困境,帮助他重拾写作的乐趣与效率呢?

其实,小李的困惑,也是五年级学生在语文学习上遇到的,具有普遍性。克服写作障碍,应当是有方法和策略的。

一、拓宽视野,激发兴趣

作文教学的一个关键是拓宽知识视野,激发学生兴趣。学生如果对作文产生了兴趣,课堂就会活跃起来,学习的积极性和主动性就会调动起来,能产生强烈的学习动机和求知的欲望,会学得轻松快乐,写得精彩有味。

为此,在作文教学过程中,我尝试以课本为基础,让小李在闲暇时间多阅读名家名篇,然后摘录出最优美的语句段,每周的习作指导课上,我都会让小李畅所欲言,自主分享自己的阅读感悟,虽然有时他说得结结巴巴,有点肤浅,但通过自主阅读,拓宽了他的视野,丰富并充实了他的文化底蕴,为后期的写作积累了丰富的素材。

对于小李的进步,我不但当场口头表扬,还给予适当的物质奖励。这样一来,小李的阅读兴趣越来越浓,上台分享的积极性特别高。

二、积累素材,有的放矢

语言运用是语文学科核心素养体系中的一个重要内容,而写作属于语言实践活动的一个重要形式。

通过家访,我了解到小李的爷爷奶奶虽然在江苏南通,但他和爷爷奶奶的情感很深厚。在教学"推荐一个好地方"这一课时,我让小李通过询问爷爷奶奶,搜集家乡的名胜古迹、乡风民俗、地名传说等,将自己的所闻所得分享给其他同学,然后我现场进行点评和指导,再给大家留出时间,构思后完成习作。

学生的写作妙笔生花,灵动、生动,小李也在习作过程中有词可用、有素材可写、有想要表达的欲望。

三、学以致用，以用促学

俗话说"好记性不如烂笔头"。说得好，记得多，不代表就能运用到写作中去。只有学以致用、多加练习才能不断提高写作能力。在平时学生习作的练习过程中，我积极鼓励学生合理运用积累的词语、佳句，使文辞优美。

在批改习作《推荐一本书》时，我看到小李选择了一本经典著作，但是推荐的理由并不充分。于是，我主动和他一起推敲。小李非常感动，他结合课文中的古诗文阅读，大胆提出了自己的想法，有的古诗运用可以说是点睛之笔，达到了学以致用的效果。

著名儿童文学家冰心在《忆读书》中提到，少年儿童要"多读书、好读书、读好书"。学生写作能力的提高不是一朝一夕的事，需要我们长期不懈的培养和引导，更需要学生日常生活中多读多看多思，只有拓宽了知识面，多积累广泛的素材，掌握基本的写作技巧，才能写出好的作文。我手写我心，帮助小李克服写作障碍的同时，我发现习作能让学生不动声色地长大，然后光芒万丈地出发！

63. 学生在语文阅读理解方面遇到困难或进步停滞时，导师可采取什么措施？

钟 音

小周是一名小学四年级的学生，在语文学习方面，阅读能力一直较弱，这成为他语文成绩提升的瓶颈。在平时的课堂学习中，当老师进行阅读分析时，小周常常跟不上节奏，对于文章中一些较复杂的语句理解存在困难，不能准确把握文章的主旨和作者的情感。在完成课后阅读作业时，他花费的时间比其他同学长很多，但答题的准确率却很低。

从阅读理解测试的表现来看，小周在概括主要内容、理解关键语句含义以及体会文章情感等题目上失分严重。例如在一次阅读测试中，文章讲述了一位老人坚持多年在荒山上植树，为保护环境做出贡献的故事。其中有一道题要求概括文章主要内容，小周的回答只是简单罗列了文中提到的一些零散事件，没有抓住关键信息进行整合，导致答案不准确。对于理解文中描写老人植树时艰辛场景语句的含义这类题目，小周往往也只能理解表面意思，无法深入挖掘其背后所体现的老人坚韧不拔的精神。

在课外阅读方面，小周也缺乏积极性。他觉得阅读书籍是一件枯燥的事情，很少主动去阅读课外书籍，即使在老师和家长的督促下进行阅读，也只是走马观花，没有真正投入其中。

如何改变这种情形呢？

一是阅读兴趣激发。——故事引导：导师了解到小周喜欢听故事，于是每次辅导时，先给小周讲一个有趣的小故事，故事内容与后续要阅读的文章主题相关。比如在引导小周阅读一篇关于动物的科普文章前，导师先给他讲了一个动物之间互帮互助的小故事，引发小周对动物世界的好奇，然后自然地引出要阅读的科普文章。通过这种方式，让小周对阅读内容产生期待，从而更愿意主动去阅读。——多样化阅读材料选择：根据小周的兴趣爱好，导师挑选了多种类型的阅读材料，除了传统的文学作品，还包括漫画书、绘本、科普杂志等。例如发现小周对宇宙探索感兴趣，导师找来一些关于宇宙的科普漫画和简单的科普读物，这些图文并茂、生动有趣的材料让小周眼前一亮，阅读的积极性明显提高。随着阅读兴趣的提升，逐渐增加文字量较多、难度稍高的阅读材料，引导小周逐步适应不同类型的阅读。

二是阅读技巧指导。——精读训练：以一篇简单的记叙文为例，导师指导小周进行精读。首先，让小周通读全文，了解文章的大致内容。然后，逐句分析文章中的重点语句，比如文章中描写人物外貌的句子"他有着一头乌黑茂密的头发，深邃的眼睛里透着坚定的光芒"，导师引导小周思考这些描写对刻画人物形象有什么作用。对于文中的一些关键词，如动词、形容词，让小周体会其在表达情感和增强文章感染力方面的效果。在分析文章结构时，帮助小周理清记叙文的六要素（时间、地点、人物、事件起因、经过、结果），并通过绘制简单的思维导图来呈现文章的脉络，使小周对文章的整体架构有更清晰的认识。——泛读训练：为了提高小周的阅读速度和信息提取能力，导师安排了泛读训练。选择一些篇幅适中、难度略低于精读材料的文章，要求小周在规定时间内快速阅读，然后回答一些关于文章主要内容的简单问题，如"文章讲了谁的什么事""文章提到了哪些主要观点"等。通过多次泛读训练，小周逐渐学会快速浏览文章，抓住关键信息，阅读速度有了明显提升。

三是阅读习惯培养。——制订阅读计划：导师和小周一起制订了详细的阅读计划。每天安排固定的阅读时间，例如晚上7点到8点为阅读时间。周一到周五,阅读30分钟的课外书籍,周末则适当延长阅读时间至1～2小时。阅读计划中明确规定了每周要阅读的书籍类型和数量,比如每周阅读一本童话故事书和两篇科普文章。同时,设立阅读打卡制度,每完成一次阅读任务,小周就在打卡表上做标记,完成一周的阅读任务后可以获得一个小奖励,如一本喜欢的漫画书或去一次游乐园,以此激励小周坚持阅读。——阅读笔记习惯养成:教导小周在阅读过程中做笔记,记录下自己喜欢的词语、句子、段落,以及阅读后的感受和疑问。例如在阅读《小王子》时,小周摘抄了"星星发亮是为了让每一个人有一天都能找到属于自己的星星"这句话,并写下自己的感受:"这句话让我觉得每个人都有自己独特的闪光点,就像星星一样,要相信自己。"通过做阅读笔记,不仅加深了小周对阅读内容的理解,还培养了他独立思考的能力。

　　四是阅读环境营造。——家庭阅读环境营造:与小周的家长沟通,建议家长在家中为小周营造良好的阅读环境。比如专门为小周设置一个安静、舒适的阅读角落,摆放书架和书桌,书架上摆满适合小周阅读的书籍。家长也以身作则,减少看电视、玩手机的时间,增加阅读时间,与小周一起阅读,分享阅读心得。例如周末晚上,家长和小周一起坐在阅读角落,各自阅读喜欢的书籍,读完后互相交流书中有趣的内容和自己的感悟,这让小周感受到阅读是一件快乐的事情,也增进了亲子关系。——学校阅读氛围营造:在班级中开展多样化的阅读活动。如每周设立"阅读分享日",让同学们分享自己最近阅读的好书,讲述书中精彩的内容和自己的阅读收获;组织阅读小组,让同学们分组阅读同一本书,然后进行小组讨论,共同分析文章的内容和主题。在班级中设立图书角,鼓励同学们互相交换书籍阅读,丰富阅读资源。这些活动的开展,让小周在浓厚的阅读氛围中受到感染,更加积极地参与到阅读活动中。

　　五是反馈与激励。——定期评估与反馈:导师每周对小周的阅读情况进行评估,检查他的阅读计划完成情况、阅读笔记的质量以及阅读理解能力的提升情况。根据评估结果,及时给予小周反馈,肯定他的进步,同时指出存在的问题,并提出改进的建议。例如在一次评估中,发现小周在概括文章主要内容方面有了进步,能够抓住关键信息进行总结,导师及时给予表扬,同时指出他在分析文章情感方面还需要进一步加强,引导他从文章的细节描写和作者的用词等方面去体会情感。——激励机制:除了阅读计划中的小奖励,导师还采取了一些其他的激励措施。比如当小周在阅读测试中取得进步时,奖励他一本他一直想要的书籍;在阅读分享活动中,如果小周的分享表现出色,给予他"阅读小明星"的称号,并在班级中进行表扬。通过这些激励措施,不断增强小周的阅读自信心,激发他继续努力提升阅读能力的动力。

经过一段时间的努力,小周在语文阅读方面取得了显著的进步。他的阅读兴趣明显提高,他也不再觉得阅读是一件枯燥的事情,而是主动寻找书籍阅读。他的阅读理解能力也有了很大提升,在课堂上能够积极参与阅读讨论,回答问题的准确率大大提高。在阅读测试中,成绩也有了明显的上升,在概括主要内容、理解关键语句含义和体会文章情感等方面失分明显减少。这一系列的变化表明,通过有针对性的解决方式,有效地帮助小周突破了语文阅读的瓶颈。

64 学生理解抽象概念有困难,导师如何帮助?

汪静妮

在当今教育格局下,小学数学导师肩负着启蒙学生数学思维、培养数学素养的重任。面对新时代教育理念的革新与学生多元发展需求,小学数学导师须与时俱进,以科学、高效、富有创意的方式开展教学工作,为学生数学学习之路奠定坚实基石。

在小学数学教育体系中,三年级是一个关键阶段,学生开始接触众多抽象概念,而这些概念对于三年级学生的认知水平而言,具有一定的挑战性,他们往往在理解抽象概念这一过程中存在一定的困难。比如我在教授学生"两位数乘除"这一单元的内容时,学生对除法竖式中每一部分代表含义的理解容易混淆,又或是在教授学生面积这一知识点时,学生不理解面积的意义,以及不同面积单位的大小。面对这一情况,作为导师在教授这些内容的时候要讲究方法、策略来引导学生跨越这一难关。

首先,要善用直观教具进行教学演示。小学生的思维以直观形象为主,抽象逻辑思维尚处于发展阶段。对于三年级学生难以理解的数学抽象概念,直观教具能够将抽象的知识具象化,使其更易于被学生接受。例如我在引导学生认识平方米、平方分米和平方厘米这些面积单位时,先丈量身体:大拇指指甲盖的面积大约是1平方厘米;手掌的大小大约是1平方分米;四个小朋友手拉手形成的四边形面积大约是1平方米。再向学生展示1平方米的教具,让学生充分感知1平方米有多大,以及与1平方分米和1平方厘米的大小比较和换算。在讲解长方形和正方形的周长与面积时,利用彩色纸条围绕图形一周来演示周长,用单位面积的小正方形铺满图形来展示面积,让学生通过观察和触摸,真切地感知周长与面积的概念区别。通过这些直观教具的操作,学生能够建立起清晰的表象,为抽象概念的理解搭建稳固的桥梁。

其次,运用多样化的教学方法。单一的教学方法难以满足三年级学生多样化的学习需求,因此,教师应综合运用多种教学方法,以适应不同学生的学习风格和节奏。对于抽象概念的讲解,可以采用启发式教学,通过提问、引导、讨论等方式,激发学生的思维活力。例如在教授"轴对称图形"时,教师先出示图片,让学生观察图片的特点,再问学生如何辨别图形是轴对称的,当学生回答将图形对折后,教师再进一步提问:"那如果将图形旋转或移动呢?"引导学生思考并引入轴对称图形是否对称与图形的位置无关的概念,然后组织学生讨论生活中还有哪些物体或者图形、图案等也是轴对称的,加深学生对轴对称图形的理解。同时,结合多媒体教学手段,利用动画、视频等资源,将抽象的数学概念以生动形象的方式呈现给学生。比如通过动画演示图形的对折重合过程,让学生更直观地理解轴对称的概念和特点,提高教学效果。

总之,面对学生在理解数学抽象概念时遇到的困难,作为导师应该运用多样的教学策略,因材施教,激发学生的学习兴趣和潜能,帮助他们逐步突破抽象概念的理解障碍,为后续的数学学习奠定坚实的基础,引领学生在数学知识的海洋中稳步前行,探索数学世界的无穷奥秘。

65 学生做计算题经常粗心,导师可以怎么做?

施佳怡

在我教三年级数学的这段时间里,学生在计算时粗心大意的问题十分突出。比如有同学在做108-92时,由于粗心,把个位上的8-2做成8÷2。因为这样一个小疏忽,丢失了宝贵的分数。

> 应用部分
> 1、学校买来花皮球92只，又买来6盒白皮球，每盒18只，花皮球比白皮球少几只
>
> 18×6-92
> = 108-92
> = 14(只) 答：花皮球比白皮球少14只。

还有在递等式中，学生想要凑整，但没有注意到十位上已经是1和9了，答案并非1000，而是1010。

> 5227-615-395
> = 5227-(615+395)
> = 5227-1020
> = 4227

在日常作业批改中，诸如横式抄错答案、进退位错误等类似的情况也是频繁出现，这让我十分关注并下决心要解决这个问题。

学生在这类计算题上出错的原因有哪些？

在平时做完周练，分析错误原因时，许多学生都会说自己做错的原因是粗心。而我觉得粗心其实是结果，不是原因，尤其是那些成绩忽上忽下的学生，他们经常会出现这样的情况。家长也会说孩子其实题都会就是不认真，这么一粗心就都错了。但这也就导致了孩子错过分析真实原因的机会，也就很难得到有针对性的训练和提升。

粗心其实是结果的呈现，不是因为他粗心做错了，而是因为他在别的地方出现了问题导致了他的粗心，经过训练，他粗心的问题是可以大幅改善的。粗心的原因具体有这么五种：不用心、不上心、不细心、不认真、不执行；也可以大致分为以下五种类型：习惯型、态度忽视型、考场因素型、学习能力型、注意力型。

有哪些方法可以解决学生的粗心问题？

针对这些问题，我认为可以通过三点来改进。

第一，审题习惯的改进。做数学题时，学生一定要用指尖或者笔尖，指着

一个字儿一个字儿地读。因为一些不起眼的字,比如"了、和、或、除",大部分都会被学生忽略,而这些恰巧又是重点字词。把审题的速度降下来,并且读题的时候必须是"眼嘴脑手"四个器官合一。但凡有一个器官走神儿了,那么这个题他一定就走神儿了,因为他的大脑会控制他的眼睛和嘴巴,自主把这个题给理解成他平时理解的样子。

第二,圈画重点字。有些学生看一道题觉得平时做过,那么后面就不认真读题了。殊不知,一字之差就导致对题目意思的理解相差十万八千里。所以,学生一定得养成一边读一边圈画的习惯,并且圈画重点字词,有助于梳理他做题的逻辑性。当一些题孩子读完两遍还没思路的时候,圈出重点字词,想想字词提供给你的信息,可能就有思路了。所以说,圈画可以帮助孩子在理顺题目的时候提高效率。

第三,慢读题之后快答题。每道题读两遍,第一遍通读,第二遍圈重点字词。读完这两遍之后,那么学生答题的时候就要迅速地把这个题的思路马上给写出来。此外,尤其是考试的时候,切忌灵机一动。有时,学生会把一道题思考得过于复杂,教师们一定得提醒学生就按照原来想的一步一步写出来,迅速地写,不要停留。因为一旦停留,学生的思绪就乱了,就跟着跑了。

经过努力,学生在计算题上的失分率有所降低,很多学生都能认真仔细地完成题目,并且养成了做完检查的好习惯。看到学生的进步,我由衷地感到欣慰,也更加坚定了继续帮助学生克服学习难题的决心。

66 学生跨学科学习遇到困惑,导师如何帮助?

何 晓

在一年级科学的学习中,学生遇到了一项充满趣味与挑战的任务——为校园里的植物设计标志牌。小孙同学对这个任务兴致勃勃,可真到动手的时候,她却陷入了迷茫。她擅长绘画,满心想着把标志牌设计得精美独特,可一旦涉及植物的具体信息,比如植物的学名、习性等,她就没了头绪。她实在不明白,画画和这些复杂的植物知识之间能有什么联系?小孙同学的困惑,正是众多学生在跨学科学习中常常遭遇的难题——难以察觉不同学科之间的内在联系。

小学生的认知发展尚处于从具体形象思维向抽象逻辑思维逐步过渡的关键阶段。对于他们而言，理解抽象的学科联系并非易事。以设计植物标志牌为例，标志牌上要准确书写植物的学名、科属等信息，这需要严谨的科学知识；标志牌的整体布局和文字排版，要考虑到视觉的平衡与美感，这涉及美术方面的构图原理；而在确定标志牌的尺寸大小时，又离不开数学中的测量与比例知识。如此繁杂的学科联系，对于小学生来说，宛如一团错综复杂的乱麻，让他们不知该从何处理清头绪。

面对小孙同学的求助，我是这样对她进行指导的。首先，我引导她对任务进行细致拆解。以设计植物标志牌为例，我与学生一同将任务细分为几个具体的小问题：植物信息的收集与整理（主要关联科学知识）、标志牌的外观设计（涉及美术知识）、文字排版与尺寸规划（与数学知识相关）。通过这样的拆解，学生能够清晰地看到每个小问题背后所涉及的不同学科知识，从而更有针对性地运用所学知识来解决问题。

除此之外，我引导学生进行小组合作。将在不同学科领域各有所长的学生组合成小组，共同完成设计植物标志牌的任务。比如让对科学知识有深入了解的学生负责收集和整理植物的详细信息，擅长美术设计的学生负责标志牌的整体外观设计，数学基础扎实的学生负责确定标志牌的尺寸大小以及文字排版的比例。在小组合作过程中，学生相互交流、分享各自学科的知识与见解，在思维的碰撞中，逐渐发现学科之间的紧密联系。

在我的悉心指导下，小孙同学所在的小组重新投入到植物标志牌的设计工作中。负责科学知识的同学认真查阅资料，准确地收集了各种植物的学名、科属、生长习性等信息。小孙同学充分发挥自己的美术特长，设计出了多款风格各异的标志牌草图，经过小组讨论后，确定了最终的设计方案。而擅长数学的同学则根据标志牌的内容和美观需求，合理规划文字排版，精确计算出标志牌的尺寸大小，确保既能够清晰展示植物信息，又具有良好的视觉效果。经过小组同学的共同努力，他们设计的植物标志牌不仅信息准确、科学，而且外观精美、富有创意，得到了老师和同学们的一致好评。

通过这样的方式，学生在跨学科学习过程中逐渐掌握了识别不同学科联系的方法，不仅提升了解决实际问题的能力，还培养了跨学科思维意识，为他们今后的学习和生活奠定了坚实的基础。相信在未来面对各种复杂问题时，他们能够灵活运用跨学科知识，轻松应对，展现出更为出色的综合素质。

67. 帮助学生更好理解多学科知识的应用，导师如何出招？

刘 鑫

阳光透过窗户，洒在我们四年级科学教室的每一个角落，我正站在讲台上，准备开始今天的课程——"自然界里的水循环"。正当我在黑板上绘制水循环的示意图时，小明——一个总是充满好奇心的学生，突然举手提问："老师，水为什么会蒸发？是不是因为太阳给了它热量？那热量又是怎么让水变成水蒸气的呢？"这个问题如同一颗石子投入平静的湖面，激起了层层涟漪，也引发了我对小学科学教育的新思考。

小明的提问触及了物理学和化学的交叉领域，让我意识到，小学科学教育不应仅仅局限于单一学科的知识传授，而应鼓励学生进行跨学科探索，以更全面、深入地理解自然现象。作为"全员导师制"下的一名小学科学导师，我深感责任重大，不仅要传授知识，更要激发学生的探索欲，引导他们将所学知识应用于实际问题解决中。

"全员导师制"强调导师与学生之间的紧密联系，旨在通过个性化的指导和支持，促进学生的全面发展。在这一框架下，我意识到，通过整合式项目和跨学科讨论，可以有效打破学科壁垒，帮助学生构建更加完整的知识体系，提升他们的综合素养。

然而，实施跨学科整合并非易事。小学科学教育面对的是一群认知能力尚在发展中的学生，如何让他们既能理解跨学科的基本概念，又能激发他们的探索兴趣，成为摆在我面前的一大挑战。此外，如何协调不同学科教师之间的合作，确保项目的科学性和可行性，也是我需要考虑的问题。

面对这些挑战，我开始思考如何设计一个既符合小学生认知水平，又能体现跨学科整合特点的项目。经过一番筹备，我决定以"水循环的秘密"为主题，开展一个整合物理学、化学、地理学和环境科学等多学科知识的探索项目。

1. 设计整合式项目框架。我首先制定了项目的整体框架，包括四个阶段：观察与记录（观察自然现象，记录数据）、理论学习（学习水循环的物理学原理、水的化学性质等）、实验探究（设计并实施实验，验证理论）、成果展示（制作海报，撰写报告，分享学习成果）。跨学科知识融合：例如在理论学习阶段，讲解热量传递的物理原理,介绍水的分子结构和化学性质,并讲述水循环在全球气候系统中的作用。

2. 组织跨学科讨论:我定期组织跨学科讨论会,鼓励学生提出自己的疑问和想法,引导他们从不同的角度思考问题。在讨论中,我会引导学生将所学知识应用于解决实际问题,如设计一个简单的实验来模拟水蒸发的过程,或者讨论如何减少人类活动对水循环的影响。

3. 利用信息技术辅助学习:我利用数字化工具和在线资源,如科普视频、虚拟实验室等,帮助学生更直观地理解跨学科知识。此外,我还创建了一个在线协作平台,供学生分享观察记录、讨论实验设计,增强了学习的互动性和参与感。

作为导师,我密切关注每位学生的学习进展和兴趣点,提供个性化的指导和反馈。对于像小明这样对特定领域表现出浓厚兴趣的学生,我会推荐额外的阅读材料、视频课程或实验活动,鼓励他们深入探索。

通过这些策略的实施,学生不仅加深了对水循环这一自然现象的理解,更重要的是,他们学会了如何运用多学科知识解决实际问题,培养了跨学科思维和团队协作能力。小明在项目的最后阶段,甚至自己设计了一个小型的水循环实验模型,向全班同学展示了学习成果。

这次整合式项目的实施,让我深刻体会到跨学科整合在小学科学教育中的重要作用。它不仅帮助学生更好地理解多学科知识的应用,更在他们心中种下了探索未知、勇于创新的种子。

第三节 心理疏导

> 本节提示

心理疏导,是"全员导师制"的必备,也是为学生健康身心提供支撑的立柱。

在当今教育环境中,小学生的心理健康问题日益凸显,成为教育工作者和家长关注的焦点。"全员导师制"作为一种创新的教育模式,为小学生的心理疏导提供了全方位的支持和帮助。本节围绕导师在学生心理辅导方面所起到的作用,探讨"全员导师制"在促进小学生心理健康方面的重要意义。

"全员导师制"的核心在于导师与学生之间建立一种尊重平等、相互了解、亦师亦友的和谐师生关系。导师通过日常的互动和交流,如定期的谈心谈话、共同参与课外活动等,让学生感受到被关注和理解,从而建立起信任关系。这种信任关系为学生提供了一个安全的情感港湾,使他们在遇到心理困扰时愿意主动向导师倾诉,而不是将问题压抑在心底。通过开展"每星期一次谈心谈话"等活动,导师与学生在轻松的氛围中交流,导师可以及时发现并解决学生的心理问题。这种定期的沟通机制,不仅让学生感受到导师的关心,也为导师提供了深入了解学生内心世界的机会,有助于及时发现潜在的心理问题。

导师在与学生的密切接触中,能够敏锐地察觉到学生情绪和行为上的细微变化,及时发现潜在的心理问题。一旦发现学生出现焦虑、抑郁、情绪波动等异常情况,导师可以迅速采取措施进行早期干预。通过一对一的辅导,导师帮助学生分析问题的根源,提供专业的建议和指导,引导学生以积极的态度面对和解决问题。

每一个小学生的心理特点和需求都各不相同,"全员导师制"能够为学生提供个性化的心理辅导。对于性格内向、不善于表达的学生,导师可以用亲切的姿态、智慧的方法鼓励他们表达自己的内心想法。对于学习压力大、对成绩比较焦虑的学生,导师可以帮助他们制订合理的学习计划,调整学习方法,缓解学习压力。对于家庭环境特殊、心理承受能力较弱的学生,导师可以给予更多关心和陪伴,提供心理支持和生活指导。这些个性化的辅导方式,充分考虑了学生的个体差异,能够更有效地满足不同学生的需求,帮助他们克服心理障碍,促进心理健康成长。

"全员导师制"对小学生心理疏导的作用是多方面的。它通过建立信任关系、及时发现和干预心理问题、提供个性化辅导、营造积极校园文化等多途径,为小学生的心理健康保驾护航,促进他们身心全面和谐发展。

68 新结对的导师,如何走进学生的内心?

姚幸炜

新学期伊始,我作为新接手班级的班主任和新结对的导师,走进了小钱同学所在的三年级教室。教室里充满了学生的欢声笑语,但小钱却独自坐在教室的角落里,头低着,手里摆弄着一支铅笔。他的眼神中流露出一丝迷茫和孤独,似乎与周围的热闹氛围格格不入。后来,我注意到,他在课堂上总是心不在焉,作业也常常拖拖拉拉,甚至有时会偷偷地在桌下画一些简单的图案,似乎在用这种方式来逃避现实。

课后,我主动走到小钱的身边,微笑着对他说:"小钱,我们聊聊吧,最近怎么样?"然而,他只是微微抬起头,看了我一眼,又迅速低下头,继续摆弄手中的铅笔,一言不发。我意识到,要帮助小钱,首先需要走进他的内心,了解他的心理状况,才能找到合适的方法来支持他。

小钱的情绪表现是由什么原因造成的呢?具体分析可归纳为这样几种:

一是缺乏安全感:小钱的家庭环境可能不太稳定,父母忙于工作,缺乏与他的沟通和陪伴,使他感到孤独和不被理解。这种缺乏安全感的心理状态让他在与人交往时更加谨慎和封闭。

二是学业压力:随着年级的升高,学习任务逐渐加重,小钱可能在某些学科上遇到了困难,但又不知道如何寻求帮助,导致他对学习产生了抵触情绪,进而影响了课堂表现和作业完成情况。

三是社交障碍:小钱可能在与同学相处的过程中,缺乏有效的沟通技巧和社交能力,导致他在集体活动中被边缘化,进一步加剧了他的孤独感和内心的焦虑。

那么,如何走进小钱的内心呢?

第一,建立信任关系:我通过定期与小钱进行一对一的交流,倾听他的想法和困惑,给予他足够的关注和支持。在交流过程中,我保持耐心和同理心,避免批评和指责,让小钱感受到被理解和接纳,从而逐渐建立起师生之间的信任关系。

第二,提供学业辅导:针对小钱在学业上的困难,我为他制订个性化的学习计划,帮助他梳理知识结构,讲解难点和疑点。同时,我鼓励小钱在遇到问题时主动向老师和同学请教,培养他自主学习和解决问题的能力,缓解他的学业压力。

三是组织社交活动:我组织一些有趣的小组活动,如团队合作游戏、主题讨论等,引导小钱积极参与其中。在活动中,我鼓励他主动与同学交流和合作,锻炼他的社交技巧,帮助他融入集体,增强归属感和自信心。

四是家校合作:我还与小钱的家长进行沟通,了解家庭环境和教育方式,建议家长多花时间陪伴孩子,关注他的情感需求,给予他更多的关心和支持。同时,我指导家长如何与孩子进行有效沟通,帮助他们建立良好的亲子关系,为小钱提供一个更加温暖和稳定的家庭环境。

通过以上方法,我逐渐走进了小钱的内心,了解了他的心理状况,并采取了相应的措施帮助他。一个学期下来,小钱变得更加开朗和自信,学习成绩也有了显著的提高,与同学的关系也变得更加融洽。这充分说明,作为新结对的导师,在走进学生内心、了解学生心理状况的过程中,需要付出耐心和努力,运用多种方法,才能有效地帮助学生健康成长。

69 让学生更加信任,愿意敞开心扉,导师可以做些什么?

陈 蕾

教育是一场心灵的对话,教师与学生之间的互动充满了情感与智慧的碰撞。在教育的舞台上,教师的爱如同一束光,照亮学生前行的道路。正如我所感受到的,讲台是我创造奇迹的乐园,学生是我醉心的世界。这种爱的力量,胜过千言万语,尤其在学生纯真的爱面前,显得更加珍贵。

  Jerry 刚进校时,高高瘦瘦,调皮捣蛋,常惹麻烦。他的行为让我头疼,但我也从他身上看到了不一样的光芒。Jerry 将"西塞山前白鹭飞"念成 Rap,让人又好气又好笑;他上课不听讲,扰乱纪律,但有领导能力,能将男孩子统领成"军"。我没有放弃 Jerry,而是用爱和鼓励去引导他。

  一天下课,我无意中听到中队长批评 Jerry 欺负人,Jerry 却不在乎。午间活动时,我与 Jerry 跳绳比赛,故意输给他,鼓励他参加编队改选。在我的再三鼓舞下,Jerry 终于壮足了胆,走上了讲台,讲出了他的愿望和心里话。在大家的支持下,他当上了小队长。此后,Jerry 上课认真听讲,积极参与课间活动,还主动帮助我打扫办公室。他的变化让我感到无比欣慰。

  马斯洛认为,人的需求从低到高分为生理需求、安全需求、社交需求、尊重需求和自我实现需求。在 Jerry 的故事中,我通过鼓励和信任,满足了 Jerry 的尊重需求,使他获得了自我价值的认同。这种认同感激发了 Jerry 的自我实现需求,促使他积极向上,努力成长。

  维果茨基提出,学生的发展存在两种水平:现有水平和潜在水平。教师的任务是通过适当的引导,帮助学生从现有水平向潜在水平发展。在 Jerry 的故事中,我通过跳绳比赛和编队改选,为 Jerry 提供了适当的挑战,帮助他从调皮捣蛋的学生转变为积极向上的小队长。

  罗森塔尔效应指的是教师的期望和态度会对学生产生深远的影响。在 Jerry 的故事中,我通过鼓励和信任,使 Jerry 相信自己有能力胜任小队长的职责。这种积极的期望激发了 Jerry 的潜力,使他表现得更加出色。

  要使学生对导师产生信任感,可以从几个方面着手:

  第一,建立信任关系。我通过日常的互动,与学生建立信任关系。例如我通过跳绳比赛和编队改选,与 Jerry 建立了信任。这种信任关系使学生愿意接受我的引导和帮助。

  具体做法:我多与学生进行一对一的交流,了解他们的兴趣和需求,给予他们更多的关注和支持。

  第二,提供适当的挑战。我根据学生的现有水平,设计合适的挑战,帮助他们逐步提升。例如我通过跳绳比赛和编队改选,为 Jerry 提供了适当的挑战,帮助他从调皮捣蛋的学生转变为积极向上的小队长。

具体做法:我设计分层次的教学活动,根据学生的不同水平,提供不同的任务和挑战,帮助他们逐步提升。

第三,给予积极的反馈与鼓励。我通过积极的反馈和鼓励,帮助学生建立自信心。例如我通过表扬和鼓励,使 Jerry 相信自己有能力胜任小队长的职责。这种积极的反馈激发了 Jerry 的潜力,使他表现得更加出色。

具体做法:多使用正面的语言,表扬学生的进步和努力,避免过多的批评和指责。同时,我设立一些小奖励,激励学生积极向上。

第四,关注学生的情感需求。我关注学生的情感需求,给予他们更多的关爱和支持。例如我通过与 Jerry 的互动,捕捉到了他纯真的爱,这种情感的交流使 Jerry 更加愿意接受我的引导。

具体做法:多组织一些班级活动,增强学生的集体归属感。同时,多关心学生的生活,了解他们的家庭背景和情感需求,给予他们更多的关爱和支持。

教师的爱是教育过程中不可或缺的动力源泉。通过与 Jerry 的互动,我用爱和鼓励激发了 Jerry 的潜能,帮助他实现了自我成长。教育理论如马斯洛的需求层次理论、维果茨基的最近发展区理论和罗森塔尔效应,为我的教育实践提供了有力的支撑。我通过建立信任关系、提供适当的挑战、给予积极的反馈与鼓励以及关注学生的情感需求,帮助学生发掘潜力,实现全面发展。只有这样,教育才能真正成为创造奇迹的乐园,学生的成长之路才能充满阳光和希望。

70 学生比赛失利、竞选落选非常沮丧,导师如何帮助调整?

商喆茗

学校举行大队委的选举,届时班级里将会有大队长、中队长以及小队长产生。竞选之前,我们班级里一位学生 A,说得上是班级"璀璨之星",各位老师都对她寄予厚望。但经过近三小时的选举,学生 A 从一开始的自信满满的大队长候选人,到中队长,再到差点连小队长都没选上。这样的结果着实令我们震惊。平日里乐观开朗的她,似乎也接受不了这样的结果,选举后趴在桌上大哭了一场。

后续在与其母亲的聊天中得知,虽然经过在学校里的安抚,但她回家后还是情绪崩溃了好几次。

作为教师,同样作为导师的我有必要帮助她走出这样的一场"失利",最终面对现实。

根据她平日状况以及和其父母沟通过后,我发现出现这样的问题可能有以下几个方面的原因:

一是别看同学 A 平日里乐观开朗,但在骨子里还是有争强好胜的本性,希望自己能够评选上,自己也在评选中说希望为班级、为老师做更多的事情。

二是在先前的学习过程中,同学 A 总是班级同学的榜样、"别人家的孩子",一路顺风顺水,没有经历过什么大的挫折。

三是平常老师也对她寄予厚望,在此次评选后,可能怀疑自己的能力和平日里的表现。

通过以上三点,我认为同学 A 在评选后才出现了情绪起伏较大的问题。

出现这样的问题,首先在学校当日就应该先行安抚情绪,通过以下几步,初步解决这一问题:

第一,当学生 A 竞选失败时,教师的安抚就像黑暗中的一盏明灯,照亮学生前行的道路。用语言安慰她,鼓励她重新振作起来,勇敢地面对这一次挫折。

第二,作为导师,也需要耐心倾听学生的感受,化"堵"为"疏"也是一个良策。我也让学生 A 尽情地倾诉自己的失落、沮丧,认真聆听她讲述竞选的过程、自己的努力以及对失败的困惑。在倾诉的过程中,不打断,只是默默地陪伴,让她把情绪完全释放出来。

第三,帮助同学 A 正确看待竞选失败。我和同学 A 一起分析竞选失败的原因,但要注意方式方法。我们最终分析出,某种意义上,作为"老师小助手"的她"人缘"可能有点差,但也这恰恰说明了她能够帮助老师管理班级,抓住这一点使劲表扬。但也要引导同学 A 认识到失败是生活中的一部分,每个人都会经历失败,关键是要从失败中吸取教训,不断成长。

第四,用自己的经历让学生能够真实代入,激励他们。我也分享了自己小时候失败的经历以及自己是如何面对的,让学生明白失败并不可怕,只要有勇气面对,就一定能够战胜困难。

虽然我初步在学校中稳定了她的情绪,但在晚上和其母亲交流的过程中,也得知了她并不能轻易地迈过这道"坎",她觉得愧对各位老师对她的支持。

在电话中,我也与她讲了这样几句话:无论是什么队长都可以为班级做贡献,小队长做的贡献不一定比大队长差;评选结果并不会影响各科老师对你的看法。经过这次沟通之后,学生 A 的情绪有了明显的好转。

这个案例说明教育不仅是传授知识,更是培养孩子的品格和价值观,塑造他们坚强的内心。用耐心和智慧,温暖每一个失落的心灵吧!

71. 学生胆子比较小,不敢上课发言,导师如何加以鼓励?

唐蓓箐

小华是一名小学二年级的学生,性格内向,平时在班级中很少与人交流,学习成绩处于中等偏下水平,尤其是数学成绩很不理想。通过观察,我发现在数学课上,小华几乎从不主动发言,即使被老师点名提问,也常常因为紧张而回答不上来或者声音非常小,导致老师和同学们难以听清他的回答。长此以往,小华的数学成绩一落千丈,这还影响了他在班级里的社交,很少有同伴愿意主动和他玩。

作为小华的导师,我发现了小华的问题,主要原因还是在于课堂效率差。根据观察,小华之所以在课堂上有这样的表现,我分析主要有以下几个原因:

一是自卑心理。小华因为成绩不理想,产生了自卑心理,害怕在课堂上发言会因为回答错误而遭到同学的嘲笑。这种心理压力使得他更加不敢在课堂上发言。

二是畏惧心理。小华对于课堂发言有一种畏惧心理,担心自己的发言不够好或者错误,会受到老师的批评或者同学们的负面评价。

三是课堂氛围。班级学生数学成绩落后,对数学存在"畏难心理",所以课堂上发言的学生相对少,主要是几个爱表现的学生发言。班级课堂的氛围沉闷,举手发言的学生寥寥无几,这使得小华更加不愿意发言,担心自己的发言会打破这种"沉默的平衡"。缺乏足够的练习和表现机会,所以在需要发言时感到更加困难和不自信。

为了帮助小华克服不敢发言的问题,帮助像小华这一类不敢上课发言的学生建立信心,我采取了以下措施:

第一,班集体教育,改善课堂氛围。我与任课老师沟通,告知老师学生的问题与困难,建议老师在平日教学中能够创设积极互动的学习环境,采取扶放有度的教学模式,以问题为导向实现由浅入深的学习进阶。除此以外,作为班主任,我也鼓励班级全体学生养成良好学习习惯,鼓励每位学生积极表现自我,让每个学生都愿意在课堂上分享自己的想法,形成积极主动向上的班级氛围。这样,学生既可以在学中玩又可以在玩中学,进而促进每一个学生的课堂参与,形成良好的学习氛围。

第二,个别教育,小妙招激发自信。作为导师,我在平时多多鼓励小华,经常给予他正面的反馈和鼓励,即使是小小的进步也要表扬,以增强他的自信心。除了鼓励外,我还通过一系列小妙招激发小华产生自我表现的欲望。比如为他量身定做"小步骤挑战",让小华从回答简单的问题开始,逐渐增加难度,这样他可以在成功中建立信心。我还教小华"自我暗示",鼓励他在镜子前大声说"我能做到"或"我会说得很好"。这种自我肯定的练习有助于增强他的自我价值感,提升课堂发言的勇气。另外,"逐步引导法"也非常有效,让小华从小组讨论开始,逐渐增加他在全班发言的机会。这种方法可以减轻小华的心理负担,帮助他逐渐扩大自己的舒适区。

第三,家校共育,使教育更有效。除了与孩子单向沟通外,我还特地联系了小华的家长,告诉他们课堂上孩子的问题,给予他们家庭教育的指导意见,鼓励他们在家庭环境中创造支持性的氛围,比如家长可以与孩子一起练习发言,观察孩子何时会紧张胆小,在家庭活动中提供表达的机会……向家长及时反映问题以后,家长积极与我反馈孩子在家的表现,这也让我发现了孩子的另一面。根据这些反馈再调整教育策略,使教育更为有效。

通过这一系列举措,小华的课堂表现有了很大改变。在课堂小组讨论中,小华开始更加积极地发表自己的想法,而在课堂上,他开始多多举手,即使不是每次都被叫到发言。同时,孩子的回答也变得更加清晰和自信,甚至有时他会在课堂上提出问题,表达自己的观点和想法。

其实,对于这一类在课堂上不敢举手回答问题、内向胆小的学生而言,更需要导师一对一地关注与关心。通过观察、寻因、引导、教育,从而帮助学生实现自信的蜕变。这些学生如静水般深沉而有力地成长,从最初的羞涩,到现在能够自信地表达自己,这一旅程充满了挑战,但也充满了收获。每一步,他们都证明了自己的力量和潜力,每一次尝试,都是他们自信之花绽放的开始。静水流深,他们的故事还在继续,而我们导师,将一直在这里,为他们加油,为他们喝彩。

72 学生说自己很努力但学习成绩还是不理想情绪低落,导师如何疏导?

马雪倩

课间,我像往常一样在教室里批改作业,无意间看到小L同学眼眶红红地坐在座位上。他是班上勤奋的"小蜗牛"。课堂上,他认真听讲。课余时间,他也总在做作业或订正。可几次考试下来,成绩却不尽如人意。看着不如他努力却成绩优异的同学,他情绪很是低落,学习积极性也减弱了。我走到他身边,他低着头,双手不安地揪着试卷,小声说道:"老师,有的同学轻松就能考得很好,而我……为什么不行呢?是不是努力也没什么用呀?"

面对学生的困惑,作为导师该如何疏导,帮他重拾信心,取得进步呢?

小L同学并非个例,很多学生努力上进,但却不能换来理想的成绩,看到他人轻松取得好成绩时,内心的挫败感便油然而生,影响其自信心、学习状态、学习动力及对自我价值的判断。

这种情况的出现,主要有以下几方面原因:

一是学习方法存在缺陷。很多学生看似认真,但多在死记硬背或机械性地练习,缺乏理解思考与归纳总结,未针对学科制定合适的学习策略。因此,脑海中知识零散,在考试时无法灵活运用。

二是心理认知出现偏差。小学生喜欢比较,期望付出努力后立马看到成绩提高。一旦成绩不理想,看到其他同学轻松取得好成绩时,易产生挫败感。但他们忽略了每个人的学习节奏与方式不同,那些看似轻松的同学,背后也有自己的学习付出和努力过程。

三是外界期望加重心理负担。小学生在乎老师和父母对自己的看法,害怕让他们失望,这种外界期望也会加重心理负担,造成学生情绪的低落,从而影响其学习动力。

如何让学生从失落的情绪中走出来?在这里试举几招:

第一,转思维视角。我微笑着对小L说:"看,这尺子能准确地量出物体的长度。但如果用它去量水的多少,可以吗?"小L摇摇头。我接着说:"学习也是这样,每个人都有自己的'学习尺子',衡量成绩的方式不只是考试分数。你努力学习的过程,学到了知识,锻炼了思考能力,这都是更宝贵的收获,只是暂时还没体现在分数上。"引导小L明白学习收获是多方面的,不能仅以考试成绩论成败。

第二,绘成长小树。随后,我和小L同学共绘成长小树,告诉他考试成绩只是成长树的一部分,树干是他努力学习的决心,树枝是他坚持学习的行动,而每片叶子都代表他的进步,如今天做对了一道总做错的题,就可在树上画片叶子。"我们把这棵树贴在书桌前,每天就都能看到自己的成长了,当它长到一定高度时,还可以兑换你喜欢的礼物呢!"

第三,开学习魔盒。接着,我拿出一个装饰精美的盒子,说道:"盒子里有各种学习的小魔法,你可以每天从里面抽取不同的学习魔法,它们会让学习变得更轻松有趣哦!"以趣味化的方式激发他探索学习方法的兴趣,找到更适合的学习方式,提高学习效率。

第四,组伙伴联盟。为更好地帮助小L,我挑选了几个学习能力和性格互补的同学,与小L成立学习伙伴联盟,定期在课间或放学后共同讨论学习问题,互相鼓励。如此,他在与伙伴们相互学习的同时,也感受到了团队的温暖,重新找回学习的乐趣和动力。

经过一段时间努力,小L不断尝试新方法,学习充满干劲。后来的考试中,他取得了显著的进步,又重新绽放自信的笑容,学习上也更积极了。同时,他也明白了努力的意义不仅在于成绩,更在于自身的成长和进步。

73 学生被批评后,非常伤心,导师如何安抚?

孙雅文

在面对学生不符合规范的行为时,我们常常会采用批评的教育方式,但有些学生被批评后会情绪低落,这个时候就需要教师进行合适的安抚。

在那次语文课讲解重要课文时,同学们积极参与,可小李却低着头、眼神闪躲,对我的提问毫无回应。我多次轻声提醒,期望他能集中精力回答,毕竟课堂互动节奏不能被打乱,但他仍无反应,为保障教学顺利推进,让其他同学能继续学习后续内容,我只好先让他坐下,打算课后再探寻究竟。

下课后,我把小李叫到办公室,他起初支支吾吾。我先让他放松,给他倒了杯水,然后温和且耐心地说:"小李,老师明白每个人都会受一些事影响,这很正常,别担心被批评,老师只想帮你。"如此慢慢消除了他的顾虑,他才小声道出是前一晚玩游戏太晚,致使上课没精神且未预习,所以不敢回答。

我非常严厉地批评了他,他低着头不再说话,泪水大颗大颗地往下掉。我意识到批评过重,立刻调整方式。轻拍他肩膀让其坐在旁边椅子上,用充满关心的语气说:"小李,老师批评你,是因你一直潜力巨大,老师对你期望颇高,实在不愿见你因贪玩耽误学业。你能勇敢认错,很棒,老师相信你定能改正,对不对?"他微微点头,情绪有所缓和。

接着我和他深入剖析玩游戏时间过长的危害,举例说,有的同学沉迷游戏后成绩大幅下滑,晚上睡不好、白天没精神,身体和学习都受重创。随后,我们一起在纸上制定时间规划表,建议他放学后先完成作业,复习1小时,之后可适当玩游戏,但限时1小时内。同时,利用课余时间在教室给他单独辅导课文,辅导中不断鼓励他积极思考,帮他找回自信,并激励他后续在课堂上要主动互动。

为了确保小李能持续保持良好的学习状态,我主动联系小李家长,约好时间通过电话详述小李在校情况,包括课堂表现、事件经过及近期学习状态变化等。向家长提议加强监督,如规定完成作业后才能用电子设备,设置固定上网时长,引导小李合理安排学习娱乐时间。家长积极配合,表示会照做,共同助力小李成长。

通过这次事件,我充分意识到:首先,课堂上教师要时刻留意学生细微表现,发现异常课后及时处理。批评学生后,务必关注其情绪变化,像我看到小李难过就迅速调整态度,用温和、尊重的方式交流,缓解他的紧张情绪。其次,要让学生明晰老师批评旨在助其成长而非指责。我向小李强调期望,使其明白自身价值,正确看待批评,增强改正动力。最后,提供切实有效的帮助支持极为关键。学业辅导、时间管理指导及家校紧密合作形成合力,全方位的关怀能让学生感受到老师和家长的关心,更有信心克服困难、健康成长。在今后工作中,我会持续提升教育教学能力,始终用爱与理解守护学生心灵,让他们在学校既能收获知识,又能体会温暖关怀,助力学生在成长道路上稳步前行,塑造积极向上的学习态度和健康的心理品质,为他们的未来发展奠定坚实基础。

74. 学生融不进集体，伙伴不喜欢和他玩，导师可以做什么？

陈 洁

新学期伊始，同学们或多或少都有成长的收获，喜悦之情洋溢在可爱的脸庞上。但学生小李却有些不同，引起了我的注意：他上课认真听讲，课后作业认真完成，但是课间很少和同学们一起玩耍，也几乎从不找老师答疑，平时上下学，走路也是急匆匆的，和其他同学相比，小李有些"特立独行"。

经过和小李沟通，他说感觉自己融不进集体中，同学们不喜欢和他玩，后又通过和小李同桌沟通，了解到小李"特立独行"的原因在于他将自己封闭起来，不愿意和同学交流，渐渐地，同学们也就和他疏远了。问题的症结就在于小李陷入了迷茫，不知道如何摆正心态，不知道如何融入集体中。

为此，我通过"观察—合作—带动—融入"的步骤，循序渐进地引导小李敞开心扉，融入集体生活中。

首先，做一个"见贤思齐"的约定。我与小李约定每周需要发现班里其他同学的优点，并在周五放学前汇报成果，将同学的闪光点变成对小李的吸引力，积累小李敞开心扉的原动力。几周下来，小李发现了班级同学的很多闪光点，也渐渐学会了从学习、品德、性格等多方面去了解同学，从观察开始，迈出融入集体的第一步。

其次，安排一次"推心置腹"的家访。与小李母亲的谈话后我得知，母亲对他的学习十分严格，但日常却忽视了小李身心的健康成长。谈话中交流了小李目前在校无法融入集体的问题，提出需要家校合作，转变教育理念，以培养心智健全的孩子为共同目标，创造良好的家庭环境，做到"多表扬，少批评，多鼓励，少压制"。鼓励孩子积极主动沟通交流，家校联动培养孩子良好的社交能力，共同促进孩子好性格养成。

再次，创造一个"氛围融洽"的环境。发动班级里外向的同学带动小李一起"亲密无间"地互动；安排性格开朗的同学与小李做同桌，在课间带小李与其他同学进行交流；组织"闪亮的他"主题班会，鼓励同学们相互说出对方的优点，并在小李说完后，请同学们也说说小李身上的闪光点，将日常观察到的小李作业认真、主动维护班级卫生等情况进行公开表扬，帮小李树立信心，同时触发其他同学想要和小李做朋友的兴趣。

最后,组织一场"量身定制"的秋游。开展集体活动可以逐步引导学生树立集体责任感与荣誉感,结交积极向上的朋友。结合小李的特长——自然,通过组织户外秋游,让小李发挥特长,带领大家一起去探索自然。在轻松欢乐的氛围中让小伙伴们一起发现乐趣,小李也通过这次"量身定制"的秋游向同学们展示自己,感受分享的乐趣,加强与同学之间的联系,逐步适应并融入集体生活中。

当然,这个引导过程不是一蹴而就的,需要动态、持续地调整及实施。经过一学期的努力,我们营造了班级轻松融洽的交流氛围,小李的状态也发生了翻天覆地的变化,愿意和我分享心里话,也愿意和同学们共同探索,我们这个班集体的凝聚力也不断增强,全班一起心向一处,一往无前!

75 学生之间发生矛盾,难以控制情绪,导师如何缓解?

卜祥瑞

导师,在学生的成长道路上,肩负着引导他们妥善处理人际关系的重任。在班级,常常会遇到这样的情况:有些学生在与同学发生矛盾时,难以控制自己的情绪。这不仅影响他们与同学之间的关系,还可能对他们的学习和生活造成负面影响。我深知帮助他们提高沟通交流技巧、缓解冲突是多么重要。

记得有一次,体育课上的小李和小张因为一次小组活动的任务分工产生矛盾。我得知此事后,先将小李叫到了办公室,示意他坐下并轻声说道:"小李,老师知道你和小张之间因为小组练习的事儿闹得不太愉快,愿意和老师说说具体发生了什么吗?这里只有你和我,你不用有什么顾虑。"小李一开始还有些气愤,皱着眉头说:"老师,小组活动,小张非要把最难的部分分给我,他自己却选了个轻松的活儿,这太不公平了!"我耐心地听着,不时点头表示理解。等他说完,我又将小张也叫了过来,同样让他在轻松的氛围中讲述了自己的想法。小张委屈地说:"我觉得小李能力强,这部分虽然难,但他肯定能做好,而且我选的任务也不是那么轻松,只是看起来简单而已。"通过分别倾听他们的讲述,我清楚了冲突的根源,也让他们激动的情绪得到了初步的缓解。

了解完情况后,我决定先从情绪管理方面入手。我对他们说:"你们看,刚刚在讲述这件事的时候,是不是都能感觉到自己心里有一股气?这就是情绪在作祟啦。咱们得学会认识自己的情绪,就像愤怒的时候,可能会觉得身体发热,心跳也会加快。下次再遇到这种情况,要能马上意识到自己情绪上头了。"说着,我教他们深呼吸的方法:"来,咱们一起试试,闭上眼睛,慢慢地深吸气,数到4,然后屏气,数到7,最后缓缓呼气,数到8,多重复几次。是不是感觉心情平静了一些?"我还告诉他们,以后遇到类似情况,先让自己的情绪稳定下来,再去处理问题。

接下来,就是沟通技巧的培训了。我先对他们说:"倾听是沟通的第一步,当对方说话的时候,眼睛要看着对方,用眼神告诉对方你在认真听,时不时点点头,让对方知道你理解他的意思,但千万不要打断对方哦。"我给他们模拟了一个场景,让他们分别扮演角色进行练习。练习结束后,我让他们分享听到的关键信息和感受,帮助他们强化倾听能力。

对于清晰表达,我引导他们:"在表达自己想法的时候,要先整理好思路,尽量用'我'句式来表达,比如'我觉得这次小组配合不太合理,我希望我们能重新商量调整一下',这样说不会让对方觉得你是在指责他,也就不容易引发对方的防御心理。"我组织了一个小活动,让他们描述自己一次难忘的经历,锻炼他们清晰表达的能力。

我还强调了非言语沟通的重要性:"你们知道吗?有时候一个友好的微笑、一个放松的姿势,比说很多话都有用。就像你们刚刚进来的时候,眉头紧皱,身体也很紧绷,一看就是带着情绪的。如果能调整一下,给对方一个微笑,气氛马上就会不一样。"我通过播放一些视频片段,让他们观察不同的肢体语言和面部表情带来的不同效果,然后让他们进行角色扮演,亲身体验非言语沟通的作用。

在冲突解决策略方面,我引导他们寻找共同目标:"你们想想,这次小组作业的最终目的是什么?是为了让大家都能取得好成绩,为小组争光对不对?所以,我们要朝着这个共同目标去努力,而不是因为一点分歧就闹矛盾。"然后,我们一起探讨解决方案。我鼓励他们说出自己的想法,最后按照公平、互利的原则,根据他们各自的优势重新分配了任务。

矛盾解决后,我并没有就此松懈。我会定期找小李和小张聊天,问问他们最近相处得怎么样,有没有再遇到什么问题。我还组织了一些团队合作的活动,像小组接力比赛、知识竞赛等,让同学们在活动中进一步巩固所学的沟通技巧,增进彼此之间的关系。

通过这些方法,我希望能帮助每一个学生在面对矛盾时,都能学会控制情绪,用良好的沟通交流技巧去解决问题,让他们在和谐的校园环境中健康成长。

76. 拔除嫉妒的荆棘,导师如何引导学生成为更好的自己?

薛海清

步入高年级,学生仿佛踏入一片复杂多变的情绪丛林,"攀比"的荆棘肆意生长,不时刺痛他们稚嫩的心。

小昱一直是大家眼中品学兼优的学生,在期中考试中由于"失误",与数学"小达人"失之交臂。小昱知道后像一只受伤后躲进壳中的蜗牛,课堂上不再踊跃发言,学习主动性不强,情绪极度低落。好朋友心心却大放异彩,取得三科"小达人"的好成绩。看着心心越发优秀,小昱内心交织着羡慕与嫉妒的复杂情愫。往日充满欢声笑语、形影不离的两个小伙伴,交流越来越少。

高年级学生的自我意识正值快速发展,内心极度渴望得到外界认可。小昱长期努力,却在考试中没有收获预期成果,本就沮丧。而心心的出色表现,如同放大镜,将他心底的失落成倍放大,嫉妒心理由此滋生。在班级中成绩往往是评判学生优秀与否的重要标尺,这使得小昱不自觉地紧盯心心的成绩,进而陷入自我否定的困境,难以自拔。此时的小昱需要正确引导,驱散嫉妒的阴霾,重拾内心的阳光。

可采用这些办法:

第一,暖心肯定,开启心锁。当学生遭遇挫折、陷入负面情绪时,需要用真诚的爱拆除他们内心的障碍,找到打开心门的钥匙。察觉到小昱的异样后,我主动出击,用温和且肯定的话语告诉他:"小昱,这次没拿到数学'小达人'不代表你不优秀,你一直是大家心中的好榜样呢!"小昱长久积压的情绪瞬间爆发了。我拉着他的手一起走进心理室,"再跟老师讲讲心里话吧,我们一起想想办法。"小昱倾诉着内心的不甘与嫉妒,我静静聆听。

第二,认知重塑,点亮心灯。充分了解小昱内心后,我深知纠正他认知偏差的重要性。先是表达对其产生嫉妒情绪的理解:"小昱,这种心理太正常了,这恰恰说明你有上进心,渴望变得更出色,这是非常宝贵的品质!"随后我讲述起苏轼与佛印相互成就的故事,描述他们两人如何在彼此才华的映衬下,不断提升自我。"小昱,每个人都有自己的闪光点,心心取得优秀的成绩,不代表你失败了。要把目光转向自身提高上来,你的路会越走越宽。"小昱若有所思地点点头,情绪渐渐恢复平静,眼中泛起一丝光亮。

第三,优势挖掘,扬起风帆。为帮小昱重燃自信,我先是分析他失败的原因,同时也深度挖掘他数学逻辑思维上的优势,鼓励他担任数学学习组长,发挥组织才能。小昱起初比较畏缩,担心自己不够资格。我拍拍他的肩膀说:"只要专注努力,肯定能大放异彩!"小昱凭出色的解题与领导能力获得同学的赞赏。小昱的自信也慢慢回归了,整个人变得更有活力了。

第四,合作共进,重筑情谊。考虑到小昱与心心原本就是好朋友,我决定将他们组成学习小组。每次课堂讨论,我鼓励他们各抒己见,碰撞思维的火花;在探究活动中,要求他们携手攻克难题、共同研究。一开始,两人还有点拘谨,经过一次次默契配合,他们也渐渐重拾昔日的友谊。

一个月下来,小昱的心态逐渐发生了积极的变化,重新找回了自我。学习专注热情,充满活力,与心心互相扶持,共同进步。显然,老师要时刻关注学生心理状态,助力他们拔除嫉妒的荆棘,自信迈向未来,成为更好的自己。

77. 对多动症学生,导师有哪些有针对性的方法?

孙菊芳

班级里的多动症学生在情绪管理、组织计划管理、时间管理、自控力等方面面临着诸多挑战,他们的执行力不足,导致在学业、生活、社会交往等方面往往会出现不适应的情况。

9月入学的小周就是这样一个好动的新生:趁着老师板书时,从后门爬出教室;美术课上,用水笔在前桌同学的背上画画;大家在写字时,他在教室里四处闲逛……

小周的行为给我的教育教学工作带来了极大的挑战。但他也需要我采用得当的方法,引领他在知识的海洋里遨游,在成长的道路上稳步前行。

第一,学会听话,化抗为顺。多动的学生在对语言信息进行加工时,由于工作记忆能力和抗干扰能力差,难以在大脑内部复述和整合语言指令,从而表现出对语言指令不敏感。部分学生有对立违抗性障碍,表现为固执、爱顶嘴、逆反等,下意识反抗大人的要求。因此,和多动的学生交往,首先要教他们学会听话。

第一步,确保学生注意到我。我和小周说话前先让他看着我的眼睛,安静3~5秒,让他意识到老师要和他说话了。

第二步,每次只说"一件简单的事"。"一件",就是一次只让学生做一件事情。"简单",用词语或简短的语句告知,便于学生理解。"事","就事论事",直接告诉学生具体该干什么。不对他的行为做评价,避免给学生贴上负面标签,以免引起对抗情绪。如果事情复杂,分解成一个个步骤来。

第三步,重复要求。这样,学生理解起来更容易,服从性更高,也不容易忘记。

在和学生说话时,我语气温和友好、态度温柔而坚定,在传达平等善意的同时也让学生感受到师长的严格。

第二,开辟特区,化动为静。我将小周的座位换到最后一排,靠近班级图书角处。这样,他即使发出动静,也不会影响到太多的同学。另外,我和他约定上课时可以去图书角拿书看,但要轻手轻脚地,不能影响同学们上课。语文课上,他第一次想去图书角拿书看时,站起来,又忐忑地看着我。我朝他点点头,他松了一口气,轻轻地去拿了本书,安安静静地看了起来。图书角那块特区,慢慢收拢了小周好动的心思,上课时,小周渐渐静下来了。

第三,展示特长,化静为听。虽然小周表现不尽如人意,但他有一个明显的优点:爱看书,记性好,特别是科普之类的,看过后,犹如复印机一般,专业术语说得头头是道。因此,我努力创造各种机会,尽可能让大家看到小周的优点。在安排劳动岗位时,大家推荐他做"小书探",每两周向大家推荐一本好书。同学们也愿意和他聊聊看的书了,大家发现,小周知道许多他们所不了解的知识。慢慢地,小周融入了集体,回归了座位,进入了课堂,投入学习的时间越来越长。

第四,正向激励,化听为行。行规养成的传统做法是"树立目标—行为落实—强化训练",但在小周身上不起效。于是我反其道而行之,准备了一本日记本,起名为"快乐宝典",每天将小周主动表现出来的优点,记录在"快乐宝典"上。放学前,我会把记录一条条读给小周听,真诚地夸赞他一番。回到家,由妈妈记录他在家里表现好的地方,第二天来读给我听。

一次次肯定像雨露,滋润了小周孤独的心田;一条条记录像镜子,照射出小周纯真的童心;一个个优点像星星之火,点燃了小周向上的激情。

一个学期,厚厚的一本"快乐宝典",记载了小周点点滴滴的进步。小周在学校里有了明显的变化,不但能听进老师的话,还能将"要我做"变成了"我要做""我能行",并将这种变化带回了家里。

教育是一场温暖的修行。面对多动症学生,老师需要付出更多的耐心、爱心和智慧。用理解和包容为他们撑起一片天空,用科学的方法引导他们不断进步。相信在老师的悉心指导下,这些特殊的学生定能绽放属于自己的光彩,在成长的道路上越走越稳,收获美好的未来。

78 学生患有焦虑症、抑郁症,导师如何多加关心?

金婉玲

那是一个普通的周一上午,小华找到了我,他是一个成绩优秀的学生,但最近总显得心事重重。他低头站在办公室门口,双手紧握,声音颤抖地告诉我,他在医院被诊断为焦虑症和抑郁症。那一刻,我的心里五味杂陈,一方面为他的病情感到担忧,另一方面也意识到作为他的导师,我有责任帮助他渡过难关。我走过去,轻轻拍了拍他的肩膀:"小华,进来坐吧。不论发生了什么,我都会在这里支持你。"

小华的案例并非个案。据世界卫生组织统计,全球有3亿人患有抑郁症,而青少年和大学生中的焦虑和抑郁比例更是逐年上升。小华的焦虑和抑郁,一方面是由于长期学习压力太大和对未来产生不确定性,另一方面可能与家庭环境、人际关系等因素有关。心理学研究表明,长期的心理应激状态会损害学生的心理健康,而缺乏有效的应对机制则会使问题进一步恶化。

我了解到小华的家庭环境并不理想,父母工作繁忙,很少有时间陪伴他。在与他深入交流后,我发现他不仅在学业上感到压力,还因为与父母的矛盾和对未来的迷茫而备感焦虑。这些因素共同作用,导致了他产生情绪问题。作为老师,我深刻意识到,我们必须从多个角度来理解和支持这类学生,帮助他们找到合适的应对策略。

于是，我采用了这些方法：

第一，建立信任关系。首先，我与小华建立了信任关系，确保他感受到我的关心和支持。我告诉他："你出现这种情况不是你的错，我会在这里陪伴你，帮助你渡过难关。"我定期与他进行一对一的交谈，倾听他的困惑和感受，尽量为他提供一个安全的倾诉空间。通过多次交流，小华逐渐放下了戒备，开始在与我的相处中感受到温暖和理解。

第二，制订个性化学习计划。为了减轻小华的学业压力，我为他制订了一个个性化的学习计划。我们讨论了他的学习目标和当前的困难，然后共同做了一个合理的复习和作业安排。同时，我鼓励他在学习中采用分解法，将任务分解成小部分，逐步完成，避免一次性的压力过大。小华在遵循这个计划的过程中，逐渐找回了学习的节奏和信心。

第三，培养兴趣爱好。为了帮助小华从学习和生活的压力中解脱出来，我鼓励他培养兴趣爱好。了解到他对阅读和打乒乓球感兴趣后，我鼓励他积极参加班级的读书月活动和学校的乒乓球训练队。这些活动不仅让他有了一种新的情感宣泄方式，还帮助他结识了更多新朋友，找到了更多的自信。每个周末，小华都会和校乒乓球队的同学们一起训练，逐渐找回了生活的乐趣。

第四，提供专业心理支持。我多次与小华沟通，鼓励他继续寻求专业的心理辅导。同时，我与学校的心理老师合作，为他安排了定期的心理咨询。通过专业心理师的辅导，小华不仅学会了更多应对焦虑和抑郁的方法，还逐渐理解了自己的情绪问题，开始积极面对生活中的挑战。

第五，密切家校联动。我主动与小华的家长联系，告知他们小华的情况，并建议家长在日常生活中给予更多支持和理解。通过家校联动，小华的家长开始更多地关注他的心理健康，减少了不必要的压力和期望。家人的支持和理解，对小华的恢复起到了关键作用。

在整个过程中，我始终关注小华的进展，定期与他交流，了解他的心情变化。每当他取得一些进步时，我都会及时表扬和鼓励他，让他感受到自己的努力被认可。经过几个月的努力，小华的情绪明显改善，学会了如何管理自己的压力，成绩也有所回升。最重要的是，他重新找回了对生活的热情和信心。

通过这些方法和策略，我相信我们能够更好地关心和支持有焦虑、抑郁等情绪问题的学生,帮助他们重新找回生活的热情和自信。这不仅是一个教育过程,更是一个共同成长的过程。

79. 如何识别学生心理危机的信号?

汤欣雨

小A是一名五年级学生,最近一段时间情绪大变,常常独自坐在座位上发呆,对自己喜欢的篮球也提不起兴趣。对于同学的关心也十分抗拒,不愿意说话,经常一个人无缘无故哭泣。上课时注意力不集中,成绩大幅下滑,作业十分敷衍。并且对于自己的表现十分自责,认为"自己太差了",并流露出对世界的消极看法。我意识到小A可能正面临严重的心理危机。这一案例提醒我们,学生的情绪和行为变化往往是心理危机的早期信号。

那么,哪些事件可能引发小学生的心理危机呢?

一些事件可能成为小学生心理危机的触发因素。例如学生身体健康出现问题;家庭出现父母离异、再婚,重要的亲人生病或去世等重大变故;入学适应不良,人际关系紧张,缺乏周围人的关心和支持;考试成绩糟糕或在某次重要考试中或比赛中失利;自己或家人有心理疾病等。

作为导师需要时刻保持警惕,关注学生的生活和心理状态,学会敏锐捕捉那些隐藏在日常行为背后的心理危机信号,以便及时伸出援手。

据分析,小学生出现心理危机的表现有以下这些:

一、情绪变化明显。小学生和之前相比产生更多负面情绪,如焦虑、沮丧、易怒、烦躁、紧张、过分自责和敏感、持续担忧等,均属于心理危机的重要信号。对于小学生而言,焦虑是其中最常出现的,适当的焦虑能提高学生警觉性和适应环境的能力,如若焦虑过度则会降低其对环境改变的应对能力,对事件的情绪表达发生改变,具体表现为情绪低落出现无缘无故的哭泣,或是对以往感兴趣的事物失去兴趣等。

二、行为异常。当心理危机出现时,学生可能会表现出与以往截然不同的行为。——社交退缩或人际关系紧张:一些之前喜欢和同学打成一片的学生可能会突然变得孤僻、不合群,出现社交退缩或是难以融入集体,与同学、老师或家长关系紧张等,具体表现为逃学、离家出走、排斥他人、无法融入集体等。——行为退化：有些学生则会发生退化，对自己的日常学习和生活缺乏自信心，做事无主见，从而出现过度依赖家长、老师或是同学的外在表现。——攻击他人或自我伤害：当心理危机出现时，小学生对于情绪的控制能力减弱，会把消极情绪外化为攻击行为，容易怪罪他人，与人发生冲突，出现攻击他人或自我伤害等破坏性行为，严重的还会出现自杀倾向。——睡眠和饮食问题：心理危机还可能表现在小学生的睡眠和饮食上。睡眠上多表现为常做噩梦，难以入睡，从而导致白天精神不佳，昏昏沉沉；饮食上会出现没有食欲或暴饮暴食。

三、认知方面。存在心理危机的学生会出现注意力不集中，学习效率下降，并且更容易频繁否定自己，对自己和周围环境产生消极的评价，容易出现"我太脆弱不够坚强""活着没意思""这个世界很危险"等想法。

四、生理方面。心理危机出现时，小学生的生理方面会出现诸如肠胃不适、消化不良引发的胃痛、腹泻以及食欲下降；此外，也有学生会产生头晕、头痛，甚至呼吸不畅、肌肉抽搐等，这些症状并非由器质性病变引发。

五、学业成绩急剧下滑。如果学生的成绩突然出现大幅下降，且找不到具体的原因，这很可能是心理危机的信号，表现为考试成绩明显下滑、作业完成质量不高、对学习失去兴趣、注意力难以集中等。

80. 发现学生心理危机后，导师如何规范应对处理？

吴 苹

在一个平常的午后，作为导师的我在与班上的小王同学谈心谈话时，注意到他显得格外沉默和消沉。当我试图深入了解他的近况时，小王终于开口，透露出他最近一直感到极度无助，并承认自己有过几次尝试伤害自我的行为。更令人担忧的是，他的言辞中流露出对生活的绝望感，甚至透露了"不想活"的念头。这一情况让我意识到，小王正面临着严重的心理危机。

经进一步了解，我发现小王的家庭环境较为复杂，父母经常争吵，给小王带来了巨大的心理压力。此外，他在学业上也遇到了一些困难，感觉无法跟上同龄人的步伐，这让他陷入了深深的自卑之中。由于性格内向，小王缺乏有效的沟通渠道来表达自己的情感和困惑，导致负面情绪不断积累，最终产生了极端的想法。这种情况下,如果得不到及时的帮助和支持,可能会发生不可挽回的后果。在教育教学过程中,发现学生心理危机,导师可以采取以下步骤,确保能够有效帮助学生,并按照学校的相关规定向相关部门上报学生的情况。

第一,保障学生的安全。——保持冷静:如果遇到学生突发伤害性行为(如企图跳楼或自我伤害),导师首先要尽力保持冷静,以便能够清晰地思考并做出正确的判断,迅速采取行动确保学生的安全。——安全评估:迅速但谨慎地评估学生的状况和潜在的风险等级。通过温和的语言与学生进行沟通,"我知道你现在可能经历了一些非常艰难的事情,我很关心你,愿意倾听你的故事",设法了解其具体的想法和感受,同时评估是否存在直接的自伤或自杀风险。如果存在自伤或自杀风险,应立即寻求紧急帮助,如联系校医、保安或拨打急救电话,并通知学校的心理老师。——保护现场:确保周围环境的安全,避免任何可能加剧危机的动作或言语。疏散无关人员,减少对学生的情绪刺激,并为专业救援人员的到来做好准备。——尽快通知:尽快将学生的情况通报给学校的心理老师团队,以便进行专业的心理评估和后续治疗。同时,立即将学生的情况上报给校级分管领导,以启动校园心理危机干预机制,确保信息的透明性和各部门间的高效协作响应。

第二,配合班主任和心理老师,协助开展辅导。——定期谈话:安排定期的一对一谈话时间,为学生提供一个开放的空间,让其自由地分享自己的感受,了解并评估其最新的情绪状态和心理变化。——异常报告:一旦发现任何异常情况,立即通知学校心理室,并详细记录所观察到的现象及其背景信息。——支持与调整:根据学生的具体情况,提供个性化的支持措施,并在必要时调整现有的干预策略,以更好地满足学生的需求。——文档记录:每次评估和支持活动都应有详细的书面记录,包括沟通内容、采取的措施及结果等,确保工作的透明性和可追溯性。

第三,持续关注,提供支持性环境。——营造积极的班级氛围:创建一个包容和友爱的学习环境,鼓励班内的其他同学给予该生更多的理解和支持。可以通过组织团队建设活动等方式增强班级凝聚力,让学生感受到集体的温暖和力量。例如开展互助小组活动,促进同学之间的相互支持和理解。——培养个人兴趣:引导学生参与一些有益身心健康的活动,如体育运动、艺术创作等,帮助他们找到积极的情感宣泄渠道。这不仅能提升学生的自信心,还能促进其整体心理健康的发展。

81. 当出现心理危机的学生情况比较稳定、重返课堂后，导师如何跟进关心和辅导？

曹琳珠

前段时间，小王同学爆发情绪问题和心理危机，曾在学校出现想要伤害自己的语言和行为。后来，经过家校会谈，父母了解情况后，带他去医院进行了治疗，并在家里休息了一段时间。现在，小王同学的情况比较稳定，即将重返校园。作为导师，我应该如何跟进，更好地关心他和辅导他呢？

出现心理危机的学生，虽然经过治疗后情况暂时稳定，但心理状态的恢复是一个长期且复杂的过程，可能存在一些潜在的心理隐患尚未完全消除，在特定情境下可能会被重新触发。曾经经历过心理危机的学生，可能在面对挫折时更容易产生消极情绪和不良反应。而且，学生因心理危机在家休息和治疗期间，可能会错过一些课程内容，导致学习进度与班级整体存在差距。重返班级后，部分同学可能不知道如何与其相处，可能用不恰当的方式关心他，或者对他有误解或偏见，这可能导致其在班级中产生人际交往的困扰。

心理危机学生重返课堂后，仍然要面临很多困难，需要班主任和导师的持续关注、支持和及时引导。

当心理危机学生情况暂时稳定、重返课堂，导师可以这样做：

第一，遵守保密原则，做好积极准备。导师要配合班主任做好积极准备，以协助学生重新融入学校生活。务必遵守保密原则，不随意与其他老师讨论当事学生，不要责怪他。提醒班级同学，采用适当的方式去表达关心和接纳，不给其造成额外的心理压力。

第二，建立信任关系，提供心理支持。找一个安静、舒适的环境，主动与学生进行一对一的沟通，用温和、真诚的语气表达对他的关心，让他感受到你是真心希望帮助他，愿意倾听他的想法和感受。比如可以说："老师一直都很关心你，看到你回来上课真好，不知道你现在心里有什么想法，或者有什么困难，可以和老师说说吗？"对学生在治疗期间的勇气和努力表示肯定，鼓励他继续积极面对生活和学习中的困难，增强他的自信心和自尊心，比如可以说："你已经做得很好了，老师相信你一定能够克服这些困难，继续进步。"

第三，合理安排学习，提供同伴支持。根据学生的实际情况，适当调整学习任务的难度和量,帮助学生制订个性化的学习计划,提供有针对性的辅导,避免给他过大的压力,让其能在自己能力范围内,循序渐进地逐步适应学校的生活。安排学生参加一些小组合作的学习任务,鼓励同伴间互帮互助,让其感受到集体的温暖和归属感。可以安排一些性格开朗、学习成绩较好、有爱心的同学与其结对,给予更多的帮助和关心,但要注意方式方法,避免让学生产生被特殊对待的感觉。

第四,密切观察学生,及时反馈求助。在日常教育教学中,通过观察,留意学生学习状态是否良好,是否能正常与同学交流互动,有无被孤立或与同学发生冲突等现象,尤其要留意情绪是否稳定、有无行为异常等情况,及时发现情绪波动的苗头,采取措施加以引导和缓解。如发现学生情绪波动明显,或再次出现心理危机迹象,应立即通知班主任和学校心理危机工作小组,必要时安排学生接受心理老师的个别辅导,进一步解决心理问题。

第四节 生活指导

本节提示

生活指导，是"全员导师制"的暖心关怀，也是提升学生生活品质的重要抓手。

"全员导师制"在小学生的日常生活指导中发挥了多方面的重要作用。导师们通过提供日常生活的关怀与指导、培养学生的自理能力、增强学生的心理韧性等，为小学生的全面发展提供了坚实的支持，帮助他们健康成长，为未来的生活和学习打下坚实的基础。

导师通过日常的观察和交流，深入了解学生的饮食、睡眠、卫生等生活习惯。这种细致的关怀有助于学生养成良好的生活习惯，促进身体健康。在日常生活中，小学生可能会遇到各种问题，如与同学发生矛盾、丢失物品等。导师会根据实际情况提供具体的指导和建议，帮助学生学会如何处理这些问题。这种指导不仅帮助学生解决眼前的问题，还培养了他们的社交能力和解决问题的能力。

校园内，导师通过课堂教学，教授学生一些基本的生活技能，如整理书包、打扫卫生、做饭等。导师鼓励学生自主管理自己的生活，制订生活计划和目标，有助于学生在未来的生活中更好地适应社会，独立生活。

校园外，导师组织各种课外活动，丰富学生的课余生活。例如走进红色场馆开展研学活动，走进科技馆与班集体一同开展雏鹰假日小队活动等，让学生在课外时间参与科技体验、体育锻炼、阅读活动，既增强了体质，还培养了兴趣爱好，丰富了课余生活，激发了学生的兴趣和创造力。

生活指导方面,导师还发挥了"校家社"联动的功能,定期与家长进行沟通,反馈学生在校的生活和学习情况,了解学生在家的表现。例如导师每学年至少进行一次家访,全面了解学生成长的家庭环境,开展个性化的家庭教育指导。这种家校沟通有助于家长更好地了解孩子的学校生活,也使导师能够更全面地了解学生的家庭背景,共同为学生的成长提供支持。

通过"校家社"协同育人,导师和家长共同为学生营造一个良好的成长环境。例如导师可以与家长共同制订学生的成长计划,提供家庭教育指导,帮助家长掌握正确的教育方法。这种家校合作模式不仅增强了家长的教育意识,还形成了教育合力,共同促进学生的全面发展。

82. 转学生对新环境适应不良,导师可以怎么做?

汪秀花

新学期伊始,班上从外地转来了一位名叫晓儒的同学。她性格内向,课间休息总是独自坐在座位上,小组活动时也默默缩在角落,和同学们交流甚少。在学习上,尽管她非常努力认真,但和班级同学还存在较大的差距,这也更加加重了她融入班级集体的难度。晓儒的眼神中也时常透露出淡淡的忧伤,看得出来明显对新环境适应不良,一时融入不了集体生活。

如何看待这种现象呢?

这种情况其实并不罕见。转学生进入全新环境,原本的社交圈子、熟悉的校园布局全变了,跳出了原有的舒适圈,如果性格比较内向,就较难在短期内结交新的朋友,加之学业上的压力,心理上会产生强烈的焦虑与压力。就像以前我带过的转学生小宇,他从偏远县城转来大城市。之前学校活动少、同学关系单纯,到新班级后,面对同学们时髦的话题、丰富的课余爱好,他觉得自己格格不入,自卑心理油然而生,所以越发封闭自己,不愿融入集体。

那可以从哪些方面入手帮助转学生融入新集体呢?知晓原因后,我就想好对策对症下药。首先,要给予晓儒足够的关注与信任,拉近与她的距离,缓解她的陌生感。通过日常的观察,发现晓儒午餐时候吃得比较少,肉菜剩得很多,于是我找到一个轻松的课间,把晓儒叫到教室外安静的走廊,从午餐的小事入手,问她是不是吃不惯这里的口味。晓儒的眼神一亮,像是被看到一样,不好意思地笑了,说,在老家吃的口味偏重一些。我随即表示深有同感,我告诉她说,我是来上海才知道,西红柿炒鸡蛋是需要加糖的,她疯狂点头,然后我紧接着问她对新班级的最初印象,耐心倾听她的感受,让她知道老师留意到了她的不适应,并且很关心她。信任也极为关键,给她安排个小小的班级任务,像帮忙记录作业等,事后肯定她的认真负责,这能迅速提升她的自信与归属感。

其次,发动同学的力量。挑几个热情友善、人缘好的班干部,和他们私下沟通晓儒的情况,让他们主动邀请晓儒参与课间游戏、小组讨论。一开始,晓儒有些许抵触,班干部没有气馁,经过多次尝试,如带着她玩简单有趣的猜数字游戏等,终于慢慢打破了坚冰。

另外,为转学生创造展示自我的机会。组织一场"别样才艺秀"主题班会,提前鼓励晓儒准备擅长之事,不管是画一幅小画,还是讲一个小故事。在班会上,当她展示出独特的一面时,全班的掌声会如暖流般滋润她,让她意识到自己在新集体中有价值、受认可。经过这般努力,晓儒逐渐放下心中防备,课间能和同学打趣了,小组作业时也积极出谋划策,真正融入了集体生活,脸上绽放出自信而又灿烂的笑容,不再是初来乍到时那个孤单落寞的身影。

83 引导学生原谅犯错的同学,导师可以怎么做?

刘诗琦

午后,林同学急需一块橡皮,便向张同学借了一块。张同学慷慨地将橡皮借给了林同学,但林同学在使用过程中不慎将橡皮弄丢。之后,林同学向张同学道歉,但张同学因橡皮的丢失显得有些生气,认为林同学不够珍惜他的物品,甚至在班级中抱怨林同学不负责任。这一举动引发了班级其他同学的议论,班级氛围因此变得紧张。作为班主任,我意识到,这不仅是一个简单的物品借用问题,更是一次关于学生之间理解与宽容的教育契机。

深入了解事件后,我发现问题的核心在于双方对物品借用的责任认知和沟通方式存在差异。林同学因急于完成作业而忽略了对橡皮的保管,导致丢失,他对此感到内疚,认为自己并非故意。而张同学一向注重物品的使用和保管,橡皮的丢失让他感到失望和不满。然而,张同学公开抱怨过于情绪化,可能对班级氛围产生负面影响。

通过与林同学和张同学的一对一谈话，我了解到双方在沟通上存在不足。林同学未能及时告知橡皮丢失了，导致问题被扩大；张同学则缺乏冷静处理问题的能力，选择了公开抱怨，进一步激化了矛盾。此外，班级其他同学的议论也使得问题复杂化，形成了一个紧张的局面。这一事件反映出学生在处理人际关系和冲突时，缺乏有效的沟通技巧和情感管理能力，需要老师的指导和支持。

为了有效解决这一问题，并引导学生学会宽容与理解，我采取了一系列策略。

首先，我分别与林同学和张同学进行了单独谈话。与林同学交流时，我肯定了他的诚实和及时道歉的态度，并帮助他认识到在借用他人物品时需要更加小心。与张同学的谈话中，我理解了他的失望和不满，同时引导他认识到公开抱怨可能对班级氛围造成的不良影响。

随后，我组织了一次班会，让林同学和张同学在我的引导下进行面对面的交流。在班会上，我鼓励他们坦诚表达自己的感受，并倾听对方的解释和歉意。通过这种开放的交流，双方逐渐理解了彼此的立场，林同学也承诺会更加注意物品的保管，而张同学则表示愿意给予林同学一次改正的机会。之后通过角色扮演和小组讨论，大家学习了在冲突中控制情绪的方法，学会用友好的沟通方式解决问题。这不仅帮助了两位同学，同时也让所有同学都学习了理解和宽容的重要性。

同时，我引导全班学生认识到，借用物品时需要有责任心。我鼓励学生在借用物品前，明确使用时间和归还方式，培养他们的责任感和时间管理能力。

经过上述步骤，林同学和张同学在我的引导下，成功化解了误会，彼此之间的关系得到了改善。张同学意识到，情绪化的抱怨不仅无法解决问题，反而可能伤害到彼此的友谊，而林同学也增强了责任意识，学会了更好地管理自己的物品和时间。班级其他同学也从中学到了宝贵的沟通和情绪管理技巧，班级氛围因此变得更加和谐，学生之间的信任和合作也得到了提升。

通过这次事件，我深刻认识到，每一次冲突背后，都隐藏着教育的契机，只要我们能够抓住这些契机，引导学生正确面对和解决问题，就能帮助他们在情感和人际关系上取得长足的进步。

84. 面对表扬和批评都"油盐不进"的学生，导师可以怎么做？

殷 立

班上小明平时外表看上去很冷漠，对校内学习提不起兴趣，整天无精打采，人生缺乏明确目标、上进心、进取动力。当他犯错时，面对我的批评，他觉得无所谓，总是敷衍应付我一下；当他获得些许进步时，面对我的表扬或奖励，他也无动于衷，并没有感到高兴或者因此获得很大动力。

面对这样的学生，作为导师的我，首先经过全面深入的调查，了解他及其家庭等各方面情况，然后从建立师生感情入手，将建立师生彼此之间的信任作为切入点，最后再帮助他具体解决客观问题。

我通过多方调查，首先了解到小明的家庭相对特殊，父母长期分居，现阶段主要由外婆抚养，负责照顾其生活；妈妈白天工作很忙，平时晚上回家很晚，几乎没有多少时间教育孩子；双休日还会加班，即使双休日辅导孩子学习也仅是机械式布置简单重复的大量抄默作业，让他备感无趣和无助，失去了对课内学习、课外发展的兴趣和意义。其次，其他老师对其没有耐心，遇到其犯错都采取吼叫式批评指责，让学生对老师从内心情感上产生距离，甚至抗拒，认为老师并没有真正关心他、爱护他、帮助他，所以对于老师的批评或表扬都觉得无所谓。

基于上述各方面情况的调查了解，我决定首先和小明谈心互动，逐渐建立主观感情桥梁，因为只有亲其师，才能信其道。过程细节决定最终成败，在日常的上课、下课时间，我会主动关心小明：课上基于他已有的学习水平，提一些相对简单、能够激发其自信和动力的问题，比如他擅长朗读、课外知识丰富，所以每次遇到有关朗读、课外拓展的问题，我都会把机会给到他："小明，请你做做小老师，带领大家一起读读这段话。""小明，老师知道你在这个领域课外知识很丰富，你能够和大家分享一下吗？"每次遇到这样的机会，小明兴奋、自信的神情都展现在他的脸上，连说话的语气、语调都瞬间恢复了感情、活力，看得出他和我开始逐渐建立信任了。下课时间，我会主动来到小明身旁，关心他前一晚、双休日在家学习、生活情况，关心一些具体的生活细节，比如"你平时喜欢吃什么菜？""昨晚外婆烧了什么好吃的？""最近看了什么课外书？能和我聊聊吗？""通过影视了解到哪些新闻趣事？"等，他在我面前开始变得兴奋起来，"殷老师，你知道吗，我……"分享之声不绝于耳。

其次，当他遇到行规问题或学习困难时，我并没有直接采用吼叫式批评，而是换位思考，站在小明这一方想一想他的家庭、他的过去，一步步如何逐渐形成他今天在行规、学习方面的问题。我采用了鼓励正向引导式教育方法："你不用担心，殷老师来帮你，和你一起想办法解决。殷老师相信你，通过你的努力，一定可以把这个问题处理好。"让他感受到老师是在关心他帮助他，给予他信心和动力，激发他的潜力，让他重新认识自己，发现自己的兴趣、特长，相信自己通过努力可以变得更优秀。

最后，我会随时并及时提供积极反馈。仔细观察并发现他每天日常生活中一点一滴的进步，哪怕是很小的闪光点，我都会及时做出积极反馈："你今天进步很大，老师相信你明天可以做得更好！"虽然小明没有说什么，但是他的眼神、状态逐渐和以前的不以为意相比，有了明显的改变和进步。

果然，我通过花时间和小明逐步建立师生情感联系，经过一段时间的沟通和培养，逐渐让其感受到被老师真正理解。显然，当学生感受到老师真正关心他时，他才会真心愿意打开心扉，重新焕发活力，改进自己，提升自我。

85. 学生遭到同学非议，导师应该怎么做？

姜霄虹

最近，班级里掀起了一场不小的风波。班干部 B 和 C 原本正齐心协力筹备一场主题班会活动，目的就是希望可以增强班级凝聚力，丰富课余生活。可在活动筹备期间，毫无根据的谣言突然冒出来，B 和 C 谈恋爱的不实消息被快速散播，就像野火般在班级里迅速蔓延。B 和 C 都是认真负责的班干部，一心扑在主题班会的筹备上，却遭此无端诋毁。

学生拉小圈子非议同学，严重影响班级团结，作为导师该如何应对？

为了能有的放矢地解决问题，我私下找了不少同学了解情况。从他们的描述中，拼凑出了事情的全貌。A 和 B 在一次班级活动的安排中产生了不同意见，A 提出了自己的想法，由于 A 提出的方案不切实际，B 作为班干部，为了使活动能顺利进行，决定按照既定方案推进，A 却觉得自己的想法没被采纳，心里一直不痛快。这次看到 B 和 C 频繁交流班会事宜,便一时起了坏心思,编造谣言企图抹黑 B,却没想到也同时伤害了 C。而其他同学呢,青春期本就对这类"恋爱"话题充满好奇,再加上缺乏判断,便出于贪玩稀里糊涂地跟着传了起来。

找到根源后,我决定分三步走,第一步先从源头解决问题。我把 A 叫到了办公室,心平气和地跟他聊起最近班级里的种种传闻。A 一开始还装糊涂,可当我点明已经知道真相时,他一言不发,默默低下了头。我语重心长地对他说:"你想想,要是你被人无端造谣,每天被同学用异样的眼光打量,心里是什么滋味?这不仅伤害了同学,也破坏了咱们班级的团结。你觉得老师说得对吗?"A 的表情渐渐有了变化,我知道他听进去了。我接着问他:"你愿意当着全班同学的面,向 B 和 C 道歉,替他们澄清事实吗?"他点了点头,也信守了诺言,当然,B 和 C 也都大度地原谅了他。

为了杜绝类似事件再次发生,我组织了一场以"抵制谣言,共建和谐班级"为主题的班会。在班会上,我先分享了一些因谣言给当事人带来巨大伤害的新闻案例,有学生因不堪谣言的压力,成绩一落千丈,甚至患上心理疾病走上伤害自己的不归路。同学们听后,都露出了惊讶和懊悔的表情。随后,我组织大家分组讨论如何辨别谣言、面对谣言时又该怎么做。每个小组都讨论得热火朝天,纷纷发言分享自己的想法。

最后,为了让 B 和 C 不再受谣言的影响,在班会结束后,我又分别找到 B 和 C 谈心。我告诉他们,不要因为这次谣言事件就对工作产生抵触情绪,他们的付出大家都看在眼里,要继续为班级发光发热。同时,我重新调整了班会筹备的分工,让更多同学参与进来,让大家都有活可干,转移了同学们的注意力。

经过这一系列的处理,谣言渐渐平息,班级里又恢复了往日的和谐欢乐。B 和 C 也顺利完成了主题班会活动,这次活动十分成功,很好地拉近了同学们之间的距离,增强了班级的凝聚力。同学们也通过这次事件,学会了理智对待传闻,以及正确处理同学间的矛盾。

86. 帮助学生改掉"拖延症",导师可以怎么做?

印 瑛

我们班有一个学生豆豆,因为是家里唯一的孩子,父母又都毕业于复旦,外公外婆也对他寄予了厚望。由于三年级期末豆豆数学成绩不理想,导致家长心态焦灼,强迫他暑假期间每天都要完成数学练习,最终使得他患上了轻度抑郁症。四年级开始,也是"双减"的第一年,豆豆不愿在校完成数学作业,上数学课时也总游离在课堂外,埋头在草稿本上画画。

在一次大课间活动后,我将豆豆邀请到我的办公室,让他和我面对面坐下,轻声地对他说:"豆豆,你不喜欢印老师吗?"他小声说道:"没有,没有。"于是我接着对豆豆说:"那为什么不愿意认真听讲,在学校完成数学作业,总是拖延呢?"豆豆单纯善良,对我说起了真心话:"数学太难了,感觉努力了也没有用。"说到这里,豆豆的眼泪也跟着下来了,看着他流泪的样子,我也心痛不已,在给他递了纸巾之后,我对他说:"豆豆,我想告诉你,你是聪明听话的,老师相信你只要上课认真听讲,不会的及时来问我,一定可以有进步。"在和豆豆进行了深入的交谈之后,逐渐了解了他心里的想法。

在请教学校心理老师后,我意识到面对这样特殊的学生应该用特殊的教育方式,有针对性地在生活、学习和心理方面做出积极性的引导,帮助他克服畏难心理。为此,我从以下几个方面对豆豆实施有针对性的措施。

第一,帮助学生改掉"拖延症",形成教育"同心圆"。为使豆豆改掉"拖延症",作为数学老师的我,利用微信和电话,积极和家长沟通交流,在了解豆豆在家的生活状况后,与家长共同分析豆豆身上的优点和缺点,通过帮助他建立起时间观念,耐心指导家庭教育方式,建立奖惩制度,使家庭教育与学校教育形成"同心圆"。

第二,走进学生内心世界,缔造师生"情谊之圆"。魏书生曾说过这么一句话:"走入学生的心灵中去,你就会发现那是一个广阔而又迷人的新天地,许多百思不得其解的教育难题,我都会在那儿得到答案。"在与豆豆谈心的过程中,我真诚地告诉他身上有哪些优点,根据豆豆的情况,制订一对一的学习方案,将每天的校内任务拆解成一个个小目标,对其进行课程辅导和心理疏导,使其逐渐丢掉自暴自弃的帽子,让其在同学圈里建立自信心,得到更好发展。通过对他学习状态的观察发现,在一段时间内他学习水平不断提高,成绩由"须努力"达到了"及格",甚至在第一学期期末数学计算、应用部分达到优秀水平,他对学习也更加有兴趣,同学们也对他刮目相看,缔造起师生"情谊之圆"。

第三,帮助学生改掉"拖延症",激发学生的"自信之圆"。结合学校数学学科活动,充分肯定豆豆,让自信伴随他的日常生活。经过一个学期的培养,豆豆在第二学期开始养成了自觉良好的学习习惯。豆豆的改变有目共睹,他也经常受到班主任老师的表扬,我们也约定如果能一直保持下去,期末就授予他"学习进步奖",这也大大增强了豆豆的自信心。

87 帮助学生改掉不文明的口头禅,导师可以怎么做?

顾菁阳

　　随着与学生接触的增多,我在教室里注意到:有些学生在回答问题或日常交谈时,不经意间会带出几句不文明的口头禅。这些话语虽然可能只是他们无意间模仿或养成的习惯,但无疑给课堂和班级氛围带来了些许不和谐,也让我作为他们的导师感到担忧。

　　记得在一次语文课上,小泠在回答一个课文相关的问题时,无意间说了一句口头禅,当时引起了一部分同学的小声讨论,但她完全不以为意,还觉得自己懂得很多。还有一次在阅读分享会上,小徐在兴奋地讲述自己的阅读感受时,不经意间插入了几句不太文明的口头禅,这不仅打断了故事的流畅性,也让其他同学的注意力从故事本身转移到了这些不和谐的话语上,开始窃窃私语。那一刻,我意识到,这些看似不起眼的小习惯,如果不加以引导,可能会逐渐侵蚀学生的语言文明,影响他们的社交形象和心理健康。因此,我决定采取一系列措施,帮助学生改掉这些不文明的口头禅。

　　那么,想要解决问题,就要先了解问题形成的原因,对症下药。学生为什么会形成使用不文明口头禅的习惯呢?是哪些因素导致了这一现象的出现?

　　要回答这个问题,我们需要从多个角度来剖析。首先,家庭环境是一个不可忽视的因素。有些家长在日常生活中可能不太注意自己的言行举止,孩子在这样的环境中成长,很容易模仿并养成不良的语言习惯。其次,社会环境也起到了推波助澜的作用。如今,网络文化盛行,学生是非观念尚未定型,一些网络用语、流行语甚至是不文明的话语,都可能成为他们模仿的对象。最后,学生自身的心理需求也是原因之一。在某些情况下,他们会觉得使用这些口头禅能够让自己显得更"酷"、更"有个性",从而不自觉地养成了这种习惯。

　　以我们班的小徐为例,我通过课后与他的深入交流,了解到了他之所以频繁使用不文明口头禅的原因。一方面是因为在家里，家长工作忙压力很大，经常会听到父母在争吵时使用这些话语；在使用手机刷视频时，旁边没有家长进行引导，他觉得网络上的东西都是对的，看了网络上的东西，就意味着自己比别的孩子多懂了一些。另一方面是他作为班级里长得比较高大的孩子，在与同学相处时，觉得用这些话语能够让自己显得更"与众不同"，能树立威信，让大家很崇拜他。这种心理需求，加上缺乏正确的引导和纠正，最终导致了他的语言习惯出现了问题。

找到了问题的根源，作为导师，针对这一问题，我采取了以下几步策略：

第一，以身作则树榜样：作为导师，以身作则，确保自己的言行举止文明得体，为学生树立一个良好的榜样。在课堂上，我特别注意自己的语言使用，避免使用任何不文明或带有攻击性的词汇，以此引导学生认识到文明用语的重要性。

第二，专题教育促认知：作为班主任，我利用班会课的时间，组织了关于"文明用语"的专题教育。通过讲解文明用语的重要性、不文明口头禅的危害以及如何正确使用语言等方面的知识，结合学生年龄段的特点，选取合适的绘本进行观看、小组讨论、角色扮演，用不同形式引导学生认识到问题的严重性，并激发他们的内在动力去纠正。

第三，设立监督共进步：在班级"值日班长"的岗位职责中，我特意设立了一条"文明监督"，让每一位学生都轮流担任一天的文明监督员，负责在课间和课堂上监督同学们的语言使用情况，对于使用不文明口头禅的同学给予及时的提醒和纠正。多次提醒不改正的同学在必要情况下将联系家长。同时，我也鼓励同学们之间相互监督，共同营造一个文明、和谐的语言环境。

第四，个别辅导助成长：对于像小徐这样已经养成不文明语言习惯的学生，我采取了个别辅导的方式。通过多次课后谈话、家访等方式，深入了解了他的家庭环境和心理需求，制订了个性化的纠正计划。一下子要改正过来对他来说很有难度，因此要循序渐进，每改正好一点就及时给予正面鼓励。在计划执行过程中，我定期与家长进行反馈交流，鼓励他分享自己的进步和遇到的困难，及时给予指导和支持。

第五，家校沟通齐发力：不文明的语言习惯还会影响班级班风。我与班级家长保持密切沟通，共同关注孩子们的语言习惯问题。我通过家长会、家访等方式，向家长传达文明用语的重要性以及家庭环境对孩子语言习惯的影响，向他们剖析成因。同时，鼓励家长在家中为孩子创造文明、和谐的语言环境，与孩子共同学习、共同进步。

经过一段时间的努力和实践,我发现班级中使用不文明口头禅的现象明显减少。学生开始更加注重自己和同学们的语言文明,对不文明用语有了正确的是非观,课堂氛围也变得更加和谐、积极。特别是小徐同学,在我和家长的共同努力下,他已经逐渐改掉了使用不文明口头禅的习惯,变得更加自信、开朗,也更受大家的喜欢。他的变化也带动了他身边的同学,有的本来会模仿他的同学现在也受到了他的正面影响,用语文明,极少出现不文明语言。整个班级的语言文明水平得到了显著提升。

总而言之,帮助学生改掉不文明的口头禅是一项细致而长期的工作。作为教师,更作为他们的导师,我们需要从多个角度入手,采取有针对性的措施和方法,引导学生认识到问题的严重性并激发他们的内在动力去改正。同时,我们也需要与家长保持密切合作,共同为学生的健康成长营造一个良好的语言环境。

88 学生不愿意参加班级集体活动,导师可以怎么做?

朱鸣靖

在班级组织的"春日诗会"活动中,我注意到小华同学始终坐在角落里,眼神躲闪,当同学们热情地参与诗歌朗诵、故事分享等环节时,他却显得格格不入。活动结束后,我主动找到小华,轻声问道:"小华,今天的游戏和活动大家都玩得很开心,你为什么没有加入呢?"小华低着头,小声嘟囔:"我不会朗诵,上去会出丑,而且大家玩的那些游戏我都不太会……"看着他局促不安的样子,我意识到,作为导师,我需要采取一些措施来帮助他融入班级集体活动。

经过深入了解,我发现小华不愿意参加班级集体活动的原因主要有三个方面。首先,他性格内向,不善于在众人面前表现自己,害怕成为大家关注的焦点。其次,他缺乏一些基本的游戏技能和才艺展示能力,担心自己参与后会拖大家后腿。最后,他之前在集体活动中曾有过不愉快的经历,被同学嘲笑过,这让他对集体活动产生了抵触情绪。

为了帮助小华融入班级集体活动,我制定了以下策略。首先,我私下与小华进行了一次深入的谈话,用温和的语气鼓励他:"小华,老师知道你有很多优点，只是还没有找到合适的机会展示出来。集体活动是一个很好的平台，能让大家看到不一样的你。老师相信你一定可以做得很好，就算一开始有点小失误也没关系，大家都很友好，会支持你的。"通过这次谈话，我看到了小华眼中闪过的一丝期待。

接着，在接下来的班级活动中，我特意为小华安排了一些简单且适合他的任务。在班级"环保手工制作"的实践活动中，我让他负责分发材料，这个任务既简单又能让他参与到活动中来。当他顺利完成任务时，我及时给予他表扬："小华，你分发材料的速度又快又准确，真是个能干的好帮手！"这让他露出了难得的笑容。

为了增强小华的自信心，我还利用课余时间对他进行了一些简单的才艺培训。我发现他对绘画有些兴趣，于是教他画一些简单的卡通图案。经过几次练习，小华的绘画技巧有了明显进步。在下一次的班级"迎新"（元旦）活动中，我鼓励他展示自己的绘画作品。当他站在讲台上，向大家展示自己画的卡通小动物时，虽然声音还是有些颤抖，但眼神中已经多了一份坚定。同学们也给予了他热烈的掌声，这让他感受到了集体的温暖和鼓励。

此外，我还与班干部沟通，让他们在活动中多关注小华，主动邀请他参与。在学校运动会上，班干部拉着小华一起参加了男子接力赛。在比赛过程中，小华虽然一开始有些不协调，但在大家的鼓励和帮助下，他逐渐找到了节奏，和队友一起顺利完成了比赛。这次经历让他彻底放下了心中的包袱，开始主动融入班级集体活动。

通过这些努力，小华终于打破了沉默，在班级集体活动中变得活跃起来。他不仅积极参与各种活动，还主动帮助其他同学。这让我明白，每个学生都有自己的特点和需求，作为导师，我们需要用心去发现、用爱去引导，帮助他们克服困难，让他们在集体活动中找到属于自己的位置，感受成长的快乐。

89 学生之间有小团体，排挤某个学生，导师可以怎么做？

尹志强

在体育课的分组游戏环节，我常常被分组问题困扰。就拿上次篮球小组对抗赛来说，分组刚开始，几个运动能力较强的学生就像磁铁一样迅速凑到一起,从他们的眼神中,我能清晰地看到对胜利的急切渴望。而小明呢,因为平日里运动表现不太突出,只能孤零零地站在角落,仿佛被大家遗忘了。其他同学组队的时候,有意无意地都不把他纳入考虑范围。我甚至还听到有学生小声嘟囔:"他打球水平太差了,和他一组,这场比赛肯定赢不了。"

当时我心想,绝不能让小明就这么被孤立。于是,我一开始便强制将他们分在一组。本以为这样问题就能解决,可在比赛过程中,状况还是出现了。那几个学生对小明的嫌弃简直藏都藏不住,球在他们手里传来传去,却很少传给小明。这让小明在场上显得格外失落,原本就不太自信的他,变得更加沉默寡言。

我针对这个现象进行了深刻的反思,这一现象反映出体育课分组中存在的严重问题。学生仅仅依据运动能力,就简单地将同学划分成不同等级,对运动能力欠佳的同学肆意排挤。这对被排挤的学生而言,体育课不再是快乐的体验,自信心也遭受极大打击。从班级层面看,和谐的氛围被破坏,完全违背了体育促进学生全面发展的根本初衷。

导致这种状况的原因是多方面的。首先,学生对体育游戏的认知存在很大偏差。在他们眼中,游戏的胜负结果就是一切,错误地把运动能力和比赛输赢直接画等号,觉得只有和运动能力强的同学组成一组才有获胜的可能,却忽略了体育游戏本身的趣味性、团队协作性,以及参与过程中个人所能获得的成长。其次,班级里还没有形成良好的互助氛围。一些学生没有发现每个同学身上都有独特的闪光点,在体育活动里本应相互扶持、携手共进,可他们却没有意识到这一点。最后,反思我自己的教学,可能在之前的体育教学中,对团队合作和包容精神的培养力度不够,致使学生没有深刻领悟体育的真正内涵。

为了改变这一现状,我采取了一系列措施。首先,在后续的体育课上,专门增设了关于团队合作和体育精神的教育环节。我会给学生讲述体育界那些令人动容的故事,像残奥会上运动员相互鼓励、携手拼搏的事迹,让他们真切明白体育的意义远不止于追求胜利,更重要的是在比赛过程中展现出团结、友爱和永不放弃的精神。其次,我彻底改变了分组方式。不再任由学生自由分组,而是综合考量学生的运动能力、性格特点等因素,进行合理搭配,保证每个小组都涵盖不同层次的学生,让他们在合作过程中,发现彼此的优点。同时,我还精心设置了多样化的游戏目标和奖励机制,除了传统的胜负奖励,还增设了"最佳团队协作奖""最具进步奖"等。就拿接下来的足球分组比赛来说,我特意把运动能力强的学生和像小明那样运动能力较弱的学生分在一组,并鼓励他们一起商量、制定比赛策略。比赛的时候，我惊喜地看到，原本被排挤的小明在球场上积极参与防守，虽然他的技术还不够精湛，但他那股拼搏的劲头感染了小组里的其他同学。同学们也纷纷主动帮助他，耐心教他传球、跑位的技巧。最终，虽然他们小组没能赢得比赛，但获得了"最佳团队协作奖"，那一刻，大家脸上洋溢的开心笑容，让我觉得所有的努力都值了。

通过这些措施，班级里在体育课分组时排挤个别学生的现象得到了明显改善。学生慢慢明白了，体育课堂是一个充满爱与包容的地方，每个人都能在其中找到属于自己的位置，共同享受运动带来的快乐。作为体育教师，我也会继续努力，为学生营造一个积极、健康、和谐的体育学习环境。

90 帮助学生树立遵守规则的意识，导师可以怎么做？

周俊武

2024年，我有幸成为二(5)班11名学生的导师，在9月开学之初作为体育教师的我带领着这11位学生聚在一起开启了我们的第一次"茶话会"活动，以小A同学在体育课上不遵守游戏规则把其他同学撞倒为话题，展开"如何树立遵守规则的意识"的大讨论。

针对这个问题10名同学各抒己见，有的指责小A同学没有安全意识、没有规则意识，也有的说小A同学不懂得尊重同学，不懂得谦让，还有的说小A同学日常生活中就是这个样子，做事情总是毫无计划。针对同学们的发言我总结下来就是：小A同学在日常生活中没有树立遵守规则的意识。

作为一名体育教师，在改变小A的过程中，我立足体育学科教学的特点，以游戏为切入点，从课堂教学、课间活动、课后练习等不同角度进行引导。我知道个体的转变离不开集体，所以在关注他的同时始终坚持在集体的环境中开展活动，以集体的力量来促进其转变。

第一，巧设游戏规则，正确进行引导。从与小A的交流中，我发现他缺乏一种在集体生活环境下的安全感。为做好课内向课外的有效迁移，我在课间有意识地先和小A商量，让他选择自己擅长的一个游戏，做一次小老师，教大家玩。他先是很吃惊，随后点点头，于是我结合教学内容，让他在课堂教学中教大家，同时我再进行小组合作的练习安排，让他协助我一起巡视，在这个过程中,小A很自信,同学们玩得很开心。在每一次课前我与他交流中,他都会先问问:"老师,我这样行吗?这个动作这样做对吗?"我则给予他鼓励,还在他做动作时先给予指导、纠正。而当他在同学们面前展示或指导之后,我都会及时表扬他,渐渐地,同学们对他的赞许多了。经过一段时间,小A在体育课上能够遵守游戏的规则,上课的积极性也有了进步,养成了有序排队的良好习惯。

第二,与朋友合作,一起设计游戏。针对小A的想玩与会玩,我结合游戏单元教学的特点,先和他进行了一次聊天。聊天中我先抛出一个问题:让他和家人忆童年,去了解老游戏。回家和自己的家人聊一聊"老游戏",了解父母小时候都玩过哪些老游戏,这些游戏是怎么玩的,好玩在哪里。也可以和家人在家玩一玩,感受一下。根据他与家人的聊天,我把自己的难题抛给他:怎样把课本上的这些游戏玩起来呢?他挠挠头,说了自己的想法,同时最希望和同学们一起商量。我很开心,因为他想到了同学,想到了合作。学生以小组为单位,在查阅资料、请教家人、合作研究中,开发出了一个个有趣的游戏,同时也结合游戏特点设定了简单易操作的规则。

我觉得,在集体的环境中借助体育学科的特点进行育人,不仅使学生集体的荣誉感在提升,而且大家对小A的态度也在改变。在实践中,我通过观察、检查、考核、评比等方式,不仅使所教的年段班级的体育综合素质得到提升,学生之间的相处也变得融洽起来,更多像小A这样的学生变得自信、懂得在遵守规则中成长。

91. 帮助学生建立健康饮食的习惯,导师可以怎么做?

梅 骏

在小学工作的日子里,我曾遇到过这样一个情景:一天中午,班上的学生在教室内就餐时,有的选择了油炸食品和高糖饮料,而有的则吃了水果和蔬菜,差别明显。作为随班教师,我观察到一些学生因饮食不规律而容易感到疲劳,甚至出现了注意力不集中的问题。

一天,一位家长在家长会上向我反映:"我的孩子在学校经常挑食,不喜欢吃蔬菜和水果,平时也不爱喝水,每天回家都觉得身体不舒服。"我开始反思:作为一名导师,我能为学生选择健康饮食做些什么?如何帮助他们树立良好的饮食习惯，避免不健康的食物成为他们成长的隐患？

通过与家长和学生的交流，我逐渐意识到，学生在饮食习惯上的问题并非一朝一夕形成的。现代社会中，人们的生活节奏越来越快，很多家庭更注重方便和快捷，往往选择一些加工食品、外卖或者零食，忽视了饮食的营养搭配。而在学校，虽然我们提倡健康饮食，但学生对营养知识的了解并不深入，甚至对于什么是健康饮食也缺乏清晰的认知。

学生挑食、偏食现象普遍，部分学生过度依赖甜食、油炸食品等高热量食物，导致了体重超标、身体虚弱和精力不集中等问题。同时，快餐文化的兴起，使得一些学生吃饭不规律，甚至养成了暴饮暴食的习惯。此外，很多学生对食物的选择缺乏科学指导，往往受朋友、广告等外部因素的影响，忽略了食物的营养成分。

从教师的角度看，我们必须意识到：学生的健康饮食习惯不是一朝一夕能改变的，它需要长期教育引导，尤其是通过生活中的具体实践、知识普及和榜样作用来逐步培养学生的健康饮食观念。无论是家长的引导还是学校的教育，都需要形成合力，才能让孩子们逐步建立起科学、合理的饮食习惯。

那么，作为导师，如何帮助学生树立健康饮食的习惯呢？我认为可以从以下几个方面入手：

第一，增加健康饮食知识的普及。首先，我们要帮助学生了解什么是健康的饮食。可以通过课堂讲解、课外活动和互动游戏等方式，向学生普及饮食的基本常识。例如在健康教育课上，我会讲解五大类食物的作用，让学生知道每一类食物对身体的影响；让他们认识到，蔬菜水果富含维生素、矿物质，是保持身体健康的基础；蛋白质是身体成长的重要元素，碳水化合物则是能量的主要来源。此外，通过制作"营养食物金字塔"，帮助学生直观地了解合理的饮食结构。

第二，通过实践活动培养健康饮食习惯。理论学习虽然重要，但实践活动更能让学生理解并落实健康饮食的概念。我会组织学生参与一些以饮食为主题的实践活动，例如"我爱我的午餐"比赛，让学生自己动手准备一顿均衡的午餐，并展示给同学们。通过这样的活动，学生不仅能学到如何搭配健康食物，还能感受到自己动手做饭的成就感，从而增强他们对健康饮食的兴趣。

另外，学校可以定期组织"营养早餐日"，鼓励学生每天都吃营养丰富的早餐，特别是水果、全麦面包、鸡蛋等营养价值高的食物。通过集体活动，让学生们形成健康饮食的共同意识，培养他们对营养搭配的兴趣。

第三，培养规律的饮食习惯。健康饮食不仅仅是吃什么，还包括何时吃、如何吃。许多学生存在不规律的饮食习惯，例如不按时吃饭、吃得过快、吃得过饱等。为了帮助学生形成规律的饮食习惯，我会在每天的班会课上提醒学生按时用餐，避免暴饮暴食。同时，我也会鼓励学生吃饭时慢慢咀嚼，细嚼慢咽既有助于消化，也能培养孩子们吃饭时的专注力。

第四，建立健康饮食榜样，引导学生践行。作为导师，我们要做学生健康饮食的榜样。首先，在平时的教学中，我会注重自己饮食的选择，尽量避免在学生面前吃零食或者不健康的食物，通过自己的行为潜移默化地影响孩子们。另外，我还会鼓励学生设立"健康饮食之星"，通过记录学生一周内健康饮食的表现，选出表现突出的学生并给予奖励。通过榜样引导，学生会意识到健康饮食不仅仅是个人习惯的体现，更是学校集体文化的一部分。

第五，与家长合作，形成合力。健康饮食的习惯培养不仅仅是学校的责任，家长在其中的作用也不容忽视。因此，我会定期与家长沟通，分享学生在学校的饮食表现，提出一些健康饮食的建议。例如通过家长会或微信群，我向家长们普及如何准备一份营养均衡的家庭餐，并鼓励家长和孩子一起参与到健康饮食的建设中来。家长的支持和合作，能够帮助学生在学校和家庭之间形成一致的饮食观念，从而更好地培养健康饮食的习惯。

在帮助学生培养健康饮食习惯的过程中，我们不仅要关注知识的普及，更要注重实际操作。通过引导学生了解饮食的基本知识、培养他们的健康饮食习惯、提供实践机会，并与家长形成合力，我们可以逐步帮助学生树立正确的饮食观念，让他们在健康的饮食习惯中茁壮成长。作为一名导师，我深知，健康的饮食习惯是学生走向健康未来的重要基石，只有从小培养，他们才能在将来的生活中受益终身。

92. 指导学生平衡校外活动与校内学习时间，导师可以怎么做？

黄 帅

作为一位三年级的音乐老师兼副班主任，我见证了班上小李同学对音乐无尽的热爱。他频繁参与校内外的钢琴比赛和排练，每次活动结束后，那份满足与喜悦总是溢于言表。然而,随着校外音乐活动的增多,小李的英语成绩却出现了明显的下滑。这让我深感忧虑,我意识到过度投入校外活动可能干扰了正常的校内学习。

在与小李的深入交谈中,我了解到他为了准备音乐比赛和排练,经常牺牲做作业和复习的时间。小李既不想放弃热爱的音乐,又担心学习成绩受到影响,陷入了深深的焦虑之中。这一案例并非个例,许多对音乐有热情的学生都面临着如何平衡校外活动与校内学习时间的挑战。

针对小李的情况,我提出了以下几点建议,旨在帮助他找到学习与兴趣之间的平衡点:

一、规划时间表。首先,我们共同制定了一个详细的时间表。在校期间,小李需要保证在英语课上全神贯注,掌握课堂知识。放学后,他首先花 1 小时左右复习英语课堂上的新知识,包括单词、句型和语法点,通过朗读、默写和简单对话练习来巩固。晚餐前后是休息和亲子互动时间,晚上 7 点到 8 点则全身心投入钢琴练习。练习结束后,小李再用 10 分钟快速回顾当天学的英语内容,可以通过听英文歌曲、看英文动画片等方式来放松和提升。

二、制定奖励机制。为了激发小李的英语学习热情,我与英语老师沟通后,共同设定了"英语坚持达人"奖励制度。小李每天进行打卡、阅读、朗读等活动,坚持七天即可获得一枚星星,集满四枚星星即可升级为"英语坚持达人",并获得全班表扬和礼品奖励。此外,我们还设置了英语学习小组,每周结束时,成员间互相评估英语学习表现,给予正面反馈和建议,以此激励学生共同进步。这些奖励机制不仅增强了小李的学习动力,还在互动中提升了他的英语实际运用能力。

三、提供心理支持。作为导师,我专门抽时间与小李进行沟通,耐心倾听他的感受和困惑,给予无条件的理解和鼓励。通过正面语言强化他的自我价值,如"每个人都有遇到困难的时候,你一定能克服"。同时,我鼓励他参与班级的英语童话剧排演,这是一次与他擅长的音乐跨学科的活动,让他在排演的过程中提升英语能力。

经过一学期的指导与帮助,小李的英语考试成绩稳定在优秀水平,老师与伙伴们都给予了他正面的反馈。他欣喜地告诉我,结合了英语与音乐特长,他在班级英语童话剧中扮演了一位富有才华的音乐家。空闲时间,他都会积极撰写英语台词、对白,并反复排练。我为小李的成长感到由衷的高兴,并非常期待这部英语童话剧的演出。

通过小李的案例,我深刻体会到作为一名导师的重要性。我们不仅是知识的传授者,更是学生成长的规划者、激励者和倾听者。通过合理的时间安排、奖励机制和心理支持,我们可以帮助学生跨越焦虑之谷,让他们在兴趣与学业间自由翱翔,实现个性与知识的双重绽放。让梦想与现实和谐共生,绽放童年最绚烂的光彩!

93 提高学生的安全自护意识,导师可以怎么做?

盛晓菁

学校经常开展一些安全教育活动,包括火灾逃生、课间文明活动、教室用电安全、交通事故、不与陌生人搭讪等。一旦发生了事故不仅给受害者及其家庭带来巨大的痛苦,也会给学生的身心健康带来严重威胁。因此,提高学生的安全自护意识,已成为学校教育的重要任务之一。

如何把这些安全教育活动落到实处,提高学生的安全自护意识?作为导师,我们需要探索更为有效和深入的教育策略,将安全知识内化为学生的自觉行为。

尽管学校定期开展这些安全教育活动,但实际效果有时并不尽如人意。学生在面对突发事件时,往往因缺乏足够的应对能力和心理素质而陷入恐慌和混乱。出现这种现象的原因是多方面的:教育内容过于理论化,缺乏实践性和针对性;教育方式比较单一,难以激发学生的学习兴趣和参与热情;缺乏一些持续性的教育跟进,导致学生容易遗忘所学内容。因此,如何创新安全教育方法,切实提高学生的安全自护意识,成为摆在我们面前的一项紧迫任务。

为此,可采用这些引导策略与实践:

第一,构建情境化教育模式。——模拟演练:通过模拟火灾等突发事件,让学生在真实或接近真实的情境中学习逃生技巧和自救方法。例如演练前,向学生说明火灾发生时烟雾的危害以及为什么要用湿毛巾捂住口鼻、弯腰前行能更好地避开烟雾等知识。演练结束后,组织学生进行总结反思,不断强化学生的安全自护技能。——角色扮演:利用角色扮演的方式(如消防员、交警、陌生人等),利用好十分钟队会,通过互动体验来加深对安全知识的理解。

这种方法能够增强学生的代入感和参与感,使他们在轻松愉快的氛围中学习安全知识。

第二,引入游戏化教学手段。——安全知识竞赛:定期举办安全知识竞赛,通过抢答、必答等形式,激发学生的学习兴趣和竞争意识。——安全教育游戏:开发或引进一些安全教育游戏,让学生在游戏中学习安全知识,吸引学生的注意力,提高学习效果。

第三,强化家校合作与社区联动。——家长课堂:定期邀请家长参加安全教育课堂,让他们了解学校安全教育的内容和要求,参与到安全教育中来,共同提高学生的安全自护意识。——社区资源:邀请专业人员到学校进行安全知识讲座和演练,组织学生参观消防站、交警队等场所,让他们亲身体验和学习安全知识。

第四,建立持续性教育机制。——定期开展安全主题班会。每次聚焦一个特定的安全主题,如"教室用电安全""课间活动安全"等。在班会上,教师通过播放相关教育视频、展示事故图片等直观资料,让学生深刻认识到安全事故的严重性。组织讨论,分析事故原因,提出预防措施。——设置安全知识互动角。在教室一角设立安全知识互动角,定期更新互动角的内容,包括安全知识海报、问答卡片等。例如制作"交通安全知识知多少"问答卡片,上面列出问题,让学生在课余时间自行抽取卡片回答问题,设置安全知识留言板,学生可以在上面写下自己知道的安全小贴士或者对某个安全问题的疑问,形成良好的互动交流氛围。

在实施了一系列安全教育策略后,学生的安全自护意识得到了显著提升。他们开始更加关注身边的安全隐患,学会在日常生活中识别潜在的危险,并能够采取相应的预防措施。例如在遇到陌生人搭讪时,学生能够保持警惕,不轻易相信陌生人,并及时向家长或老师报告。

通过情境化教育模式、游戏化教学手段以及家校合作与社区联动等策略的实施,学生的安全知识和技能得到了巩固和提升。他们不仅掌握了基本的安全知识和技能,还能够在实践中灵活运用。

提高学生的安全自护意识是学校教育的重要任务之一。作为导师,我们需要不断创新安全教育方法,构建情境化教育模式、引入游戏化教学手段、强化家校合作与社区联动以及建立持续性教育机制。通过这些策略的实施,我们能够切实提高学生的安全自护意识,为他们的健康成长和未来发展提供有力保障。未来,我们将继续探索和实践更为有效的安全教育方法,为构建安全和谐的校园环境贡献智慧和力量。

94 鼓励害羞腼腆的学生与同学有更多的交往,导师可以怎么做?

钱 锦

有一位心理学家说过,人类本质中最殷切的需要是被赏识。赏识可以发现学生的优点和长处,激发学生的内在动力。尊重、理解和信任每一个学生,多为他们着想,让他们打开心房,大胆地和同学们开心地交流,让每个学生绽放光芒。

班上有这样一个男孩名叫小王,他天生内向,不愿开口说话,总是一个人独处,三年了,从没看到过他和同学们聊天玩耍。每次和他爸爸联系,他爸爸总说他天生胆小,在家动不动就哭。每天我找着各种机会和他聊天:"小王,早上好呀!今天感觉怎么样啊?有没有在来学校的路上发现什么不一样的地方?""小王,你课余时间喜欢做什么呢?我知道好多有趣的绘本,你平时会看绘本吗?""小王,周末在家有没有和爸爸妈妈一起出去玩呀?去了什么好玩的地方?""小王,学校组织的社团,你喜欢参加吗?"可是每次的对话,都是我一个人的独角戏,他性格太内向,不愿意开口,哪怕回答,也只有一个字"嗯",然后飞一样地跑开了。

对于帮助小王这样极度内向胆小的学生,需要老师、家长和同学多方面共同努力,营造一个全方位充满爱与包容的环境,从多个维度逐步引导他走出自己的舒适区,建立自信,学会与他人交流和互动。作为班主任和英语老师的我该怎么做呢?

一是个性化关怀与沟通:持续采用温和、耐心的方式与小王交流,注意眼神交流和亲切的语气。除日常问候外,还可根据小王的兴趣,准备相关话题,每次交流时间不宜过长,以免给他压力。

二是课堂引导与鼓励:在课堂上,设计一些适合小王回答的简单问题,当他有回应或进步时,哪怕只是微小的反应,都及时给予肯定。同时,安排小组活动时,特意将小王与友善、有耐心的同学分在一组,并鼓励小组成员积极带动他参与。

三是班级文化建设：在班级中开展"友善待人"主题班会，通过故事分享、角色扮演等方式，让同学们明白包容和帮助他人的重要性。定期评选"友爱之星"，鼓励同学们互相帮助，营造温暖有爱的班级氛围，让小王在这样的环境中逐渐放松并融入集体。

在老师、家长和同学们齐心协力的帮助下，小王宛如一颗被精心呵护的种子，在温暖的环境中慢慢发芽、茁壮成长，发生了令人惊喜的变化。曾经在课堂上默默无声的小王，如今开始勇敢地参与其中。他不再低头躲避老师的目光，而是能认真地看着黑板积极地记笔记，当老师提出问题时，他会微微抬起头，眼神中闪烁着思考的光芒。有一次英语课上，讲到 different seasons，老师让同学们描述春天的景象，小王在座位上小声却坚定地说出："Spring is colorful, we can see birds flying in the sky."虽然声音不大，但这一开口，让全班同学都为之一振。同学们瞪大了眼睛，全班响起雷鸣般的掌声，"小王，你太棒了，我们真为你高兴"。从那以后，小王回答问题的次数逐渐增多，自信的笑容也时常挂在他的脸上。

老师是传播爱的天使，对于这种特殊的学生，老师需要付出十分的耐心，像春风，像暖阳慢慢融化他那个封闭的心灵，以心换心，待花开放。

95 帮助嫉妒心太强的学生学会欣赏他人优点，导师可以怎么做？

胡颖颖

在学生的成长过程中，嫉妒是一种常见的情绪反应，尤其是在课堂竞争环境中。嫉妒不仅影响学生的心理健康，还可能影响班级的和谐氛围。如何帮助那些嫉妒心较强的学生转变心态，学会欣赏他人的优点，成为教育工作者面临的一大挑战。

欢欢是一个三年级的学生，性格活泼，学习成绩中等，但他对同学的优点表现出强烈的嫉妒心理。每当班上有同学受到表扬时，欢欢的情绪就会出现波动，甚至会出现对表扬对象的不满和冷嘲热讽。这样的行为不仅影响了他与同学之间的关系，也逐渐使他在班级中变得形单影只。看到欢欢受到嫉妒困扰的样子，我决定采取行动，帮助他转变这种负面情绪。

首先，在日常活动中，我对欢欢进行了一段时间的深入观察，发现他的嫉妒心源于对自身价值的不确定以及对竞争的不适应。在班级活动中，欢欢往往比较关注他人的优点，而忽视了自身的长处。这可能源于他对同伴竞争关系的误解，也可能是因为他缺乏对他人优点的欣赏能力，他不知如何应对他人的成功，于是选择通过贬低他人来保护自己的自尊心。

对于学生的心理问题，原生家庭也是不可忽视的重要原因之一。作为独生子女，父母对欢欢的期望很高，而当欢欢无法达到这些期望时，他会感到失落和沮丧，对其他同学的成功则更加敏感。因此，我需要帮助欢欢认识到自己的价值，提升其自信心，以及培养他欣赏他人的能力。

针对欢欢的情况，我开展了一系列活动来帮助他转变嫉妒心理：

一是开展同伴表扬活动：我在班上引入了"每周之星"评选活动，要求同学们在分享彼此优点时强调具体事例，鼓励欢欢参与，以此来帮助他感受到同学之间的相互支持和鼓励。最终，他在活动中积极推荐其他同学，也开始学习欣赏他人的优点。

二是个别谈心与辅导：定期与欢欢进行一对一的谈心，帮助他识别出自己的长处。我们一起列出了他认为自己擅长的事情，并逐步树立他的自信心，引导他聚焦自身成长。同时，通过情感教育，引导欢欢学会表达嫉妒背后的情感，帮助他理解嫉妒其实是一种不安的表现，学习用积极的方式面对同学的成功。

三是组织团队协作活动：通过小组合作活动，让欢欢在团队中承担特定角色，体验团队成功带来的快乐。作为音乐老师的我，在音乐课堂上组织小组合作展演，让欢欢当小组长，统筹小组的表演。这种方式不仅培养了同学之间的合作精神，也减少了竞争带来的压力。

经过一学期的努力，欢欢在心理和社交方面都有了显著的改变。在班级活动中，他变得更加积极主动，愿意和同学分享他的看法，并能够欣赏他人的努力与成果。每当有同学获得表扬时，欢欢也能用真诚的祝贺表达对同学的欣赏，而不是以往的嫉妒和不满。

这一案例让我深刻意识到，教育不止于知识的传授，更在于情感与心理的引导。我们作为教育者，应该关注每一个学生独特的心理需求，尤其是有嫉妒心理的学生，要给予他们足够的关心和支持。在处理嫉妒心理时，既要帮助学生认识并接受自己的情感,也要引导他们学会欣赏他人,进行积极的人际互动。

96. 帮助学生发现自己擅长的领域并展现长处,导师可以怎么做?

缪 莹

我的学生小李,文静懂事。平时她除了认真完成课内作业,还参加艺术、体育类的活动,如民乐、排球的课程,课余生活很充实,但在家访时我了解到有些是家长给她安排的活动,并非她内心喜欢的,还有些项目她看似都学了一些,但仅仅停留在表面的技能学习与初步体验,一段时间后就没了下文,没有继续学下去。久而久之,她感到疲累与乏味。

我认为帮助学生发现自己擅长的领域并展现长处,是教育过程中非常重要的一环。帮助学生找到擅长的领域,也是帮助学生找到内心深处的"自我"的开始,这个开始,需要导师用心发现和体悟。

我通过以下几种方式来帮助学生发现自己擅长的领域。

一是个性化指导:了解学生的兴趣、优势和弱点,提供个性化的建议和支持。这需要我花时间与学生一对一交流,了解情况。

二是提供多样化的学习体验:鼓励学生体验多样化的课程和活动,让学生有机会尝试不同的学科和技能,帮助学生发现他们之前未曾发现的兴趣或才能。

三是鼓励自我探索:鼓励学生思考自己真正感兴趣的是什么,在哪些方面表现得最好——可以通过导师互动笔记、评估问卷等方式促进学生的自我探索。

四是提供反馈:及时给予学生正面的反馈,特别是当学生展现出自己的长处时,同时指出能够改进的空间,反馈是以建设性的方式提出的。

五是支持学生参与项目和竞赛活动:鼓励学生参加与他们兴趣相关的项目或竞赛。这些活动不仅能够锻炼学生的技能,还能增强他们的自信心。

六是培养团队合作能力:通过小组项目等形式,让学生在团队中发挥自己的长处,同时也学习如何与他人协作。这有助于学生在实践中发现自己的优势,并学会如何在团队中贡献自己的力量。

七是心理支持和辅导:有时学生因为缺乏自信而难以发现自己的长处,因此要及时提供心理支持,适时鼓励学生。

我在课堂中有意识地观察每个学生的表现,包括小李。通过阶段性观察,我发现在美术课上她的画作很有创意。她表示自己平时喜爱看动画片,喜欢的作品会观赏多次;在二年级的动画课程体验中,她尝试拍摄了一次定格动画,我发现她用彩泥制作的角色很精美,在拍摄过程中很有耐心,愿意静下心来观察探究。耐心、细致是她的优点——要拍好动画,是需要把心"沉"下来的,沉浸式地投入创作中。综合来看,我觉得定格动画制作可能是她能驾驭、值得探索的一个领域。

那么我要通过哪些方式来帮助她展现长处呢?小李在美术课上的表现和对动画的兴趣表明她在视觉艺术和创意表达方面有较强的天赋。为了帮助她展现长处,我给她推荐一些适合初学者的在线动画制作课程及创作工具,这些工具可以帮助她更好地进行创作。同时,建议小李定期练习制作定格动画,可以每周练习一次小项目,逐步提高她的技能;我鼓励她尝试参加今年的动漫画大赛的定格动画比赛,并在选题、背景板设计、角色制作等方面提供指导和建议。在此基础上,组织一些小组活动,让小李与其他对动画感兴趣的学生一起合作,互相学习和鼓励,肯定小李的努力和进步。我定期和她进行一对一的交流,了解她的感受和困惑。在学校"云美展"中,展示小李和其他学生的定格动画作品,加强她的自信心。此外,与家长的沟通也很重要,尝试让他们了解小李在动画方面的潜力和兴趣,争取他们的支持。家长可以在家里提供一个安静的创作环境,鼓励小李多尝试和实践。通过努力,小李在区动漫画大赛中取得了一等奖的佳绩。

97 学生相处不愉快,导师可以怎么做?

孙宇恒

四年级的小李同学第一次上羽毛球课时,用一种"老领导"巡查的目光审视着全班同学,眼睛里有满满的不屑,估计内心想着"羽毛球我擅长,谁都不是我的对手"。点名结束后,我把学生分成两个层次:基础组和技能加强组。而小李同学被分到基础组，学习过半年的小李同学很嘚瑟，认为自己对于基础已经非常熟悉了，不满我的安排；对组别内其他同学冷嘲热讽，直接导致场面失控，争吵不断。

我第一时间制止了双方争吵，并将双方分开，分别安置在两处较远的场地；紧接着我首先来问小李："你们为什么起争执？"他不屑地回答我："他们太弱了，没意思。"我继续问："我知道你有羽毛球基础，不过我看过你的接发球，发挥不稳定，你需要巩固基本功。"他继续说："我已经很厉害了，完全可以进技能加强组。"我回复他："可以，你打赢技能加强组的小王就可以进。"激烈的比赛过后，小李毫无悬念地输了，他低着头不敢看我。我摸摸他的头继续说："输赢固然重要，但过程更重要，这次输了，下次努力赢回来。作为这次你输了比赛的惩罚，接下来你来担任基础组其他同学的'小老师'。我要来验收'成果'。"听完后，小李动力十足，十分耐心地帮助其他同学。几周后，基础组的学生进步显著，小李功不可没！

导师碰到学生与同伴相处不愉快的情况该怎么做？我总结为以下两点：

一是以宽阔的胸襟去欣赏学生。导师是一个各方面都需要很细心的工作，我所认为的小学教育更应该是与学生心与心的交流，想让学生认真听我的教导，首先应该让学生喜欢我，喜欢上我的课，期待上我的课。曾有位老师说过这样一句话："孩子就是孩子，不犯错就不是孩子了。作为老师，我们应该允许孩子犯错，然后从他们的角度去帮助他们认识到错误，并改正错误。"

二是以公正的态度去欣赏学生。学生的世界很简单，他们只是希望有人去关注他们，认可他们，认可他们的努力和成长；而导师是最适合做那个欣赏他们的人，导师的一次点头、一个微笑、一句表扬就如同一场知时节的好雨，赋予幼苗向上的信心和生长的力量。

如果教师把欣赏的目光、成功的机会只给到个别学生，那么，作为"陪衬品"的其他学生的自尊心和自信心必然会受到重创，对老师对班级的情感也会随之淡化。因此，这就要求我们教师要以公正的态度对待每一个学生，给每个学生以发展的机会。因此，小李虽然并非打球打得最好的，但是，我也愿意给他机会去做基础组的"小老师"，能力可以慢慢培养，作为老师对学生的爱应该都是一样的。

学生的成长是需要过程的，俗话说，孩子是祖国的花朵，那我们老师就是那花园里的园丁,陪伴他们成长,不需要去刻意"揠苗助长",只要每天浇点水,一点一滴地滋润着,早晚他们会开出最美丽的花朵。

98 学生间发生冲突,导师可以怎么做?

周亚民

在阳光洒满操场的体育课上,同学们如同欢快的小鹿,正进行着一场激烈的接力赛跑。赛道旁加油声此起彼伏,像是一首激昂的交响曲。

忽然,在有序的赛场上我看到两个小男孩推搡在一起,周围的空气仿佛都凝固了,欢乐的体育课瞬间被阴霾笼罩。

我一直关注着同学们的动态,见状立刻飞奔而至,神色严肃,大声喝止:"都住手!在体育课上怎么能这样!"声如洪钟,瞬间让两个学生停下了动作。我赶忙站到两人中间,隔开他们,眼神中满是关切与焦急,仔细查看他们是否受伤,确认无大碍后,微微松了口气。我平静地说道:"都先冷静一下继续上课,下课后我们一起处理这件事情。"我恰巧是这个班级的导师,这件事给了我充分教育的机会。

下课后,我带着小明和小刚来到操场边的一棵老槐树下,斑驳的树影洒在他们身上,营造出一种宁静而平和的氛围。我轻抚着树干,语重心长地说:"咱们先冷静一下,这里很安静,你们把心里的想法都跟老师说说。小明,你先开始吧,慢慢讲,把事情的经过说清楚。"

小明眼眶微红,带着一丝哽咽说道:"老师,我真的特别紧张,我也很想为我们组争光,可不知道怎么就没拿稳接力棒。小刚他一下子就骂我,我当时脑袋一热,就……"小刚在一旁听着,脸上的怒气渐渐退去,取而代之的是一丝懊悔。

待小明说完,我看向小刚,目光中带着一丝责备:"小刚,你说说你的想法。"小刚挠了挠头,小声说:"老师,我就是太想赢了,看到因为小明掉棒要输了,心里着急,就没控制住自己的脾气。"我微微点头,语重心长地说:"你们看这棵老槐树,它经历了无数风雨,却依然稳稳地扎根在这里。在生活中,我们也会遇到像今天这样的'风雨',但重要的是怎么去面对。小刚,你想赢的心是好的,但不能因为一时的失败就去责怪同学,每个人都有失误的时候。小明，虽然不是故意的，但也要反思自己的失误给团队带来的影响。你们俩是一个小组，就像这树上的枝叶，相互依存，只有团结一心，才能共同成长。"

听了我的话，小明和小刚都低下了头。片刻后，小明抬起头，眼中闪烁着真诚的光芒，向小刚伸出了手："小刚，对不起，我以后会更加努力，不会再犯这样的错误了。"小刚的脸上也露出了灿烂的笑容，他紧紧握住小明的手："我也不对，不该那么冲动，我们还是好队友！"

三年级学生乐于竞争，胜负欲强，情绪不稳定，易指责他人，在体育课上经常出现同伴间的小冲突。面对这些情况作为老师要及时处理，作为导师不仅要处理冲突，更应该认识到事情本身的深层影响，将冲突的解决变为学生成长的契机。

在这些冲突的处理上，导师应该做到以下几点：

及时介入与情绪安抚，避免冲突可能带来的身体伤害风险。在冲突初期，老师的迅速介入能及时为冲突降温，防止情绪的过度发酵和矛盾的升级，为后续的理性沟通创造相对平和的环境。

营造安全沟通空间，环境的转换有助于当事人放松紧绷的神经，从激烈的情绪对抗状态中脱离出来，从而更容易进入理性思考和坦诚交流的状态，为双方表达真实想法提供了心理上的支持和安全感。

引导双方倾诉与倾听，采用公平且温和的方式，给予双方表达自我、宣泄情绪的机会，使他们感受到被尊重和平等对待。而且在倾听的过程中，双方能够更加全面、客观地了解事情的全貌以及对方的立场和感受，有助于消除误解，缓解因信息不对称导致的矛盾激化，为后续的和解奠定情感和认知基础。

启发式教育与价值传递，以老槐树历经风雨仍屹立不倒的形象类比生活中的困难与挑战，我向小明和小刚传达了深刻的人生哲理和团队合作价值观。这种启发式的教育方式，避免了单纯的说教和指责，而是以一种生动、形象且富有感染力的方式引导学生进行自我反思，让他们深刻认识到团队成员之间相互依存、团结一心的重要性，以及在面对失误和挫折时应保持冷静、理解和包容的态度，从而在内心深处引发情感共鸣和价值认同，激发他们主动改变和成长的意愿。

作为导师，从冲突到和解、从教训到成长的转化，要求我们在冲突处理时不仅仅是解决当下的问题，更是要促进学生人际关系的修复和团队精神的升华，为其未来的合作与发展创造有利条件。

99. 学生与科任老师产生正面冲突，导师可以怎么做？

徐永奕

科任老师与学生发生冲突，导师倘若不管不问，会助长学生"不知节制、目无尊长"的恶习，与教书育人的目的背道而驰。这时，身为导师该怎么办？

陌陌是班上一个比较懂事但自制力较差的学生，平时很少说闲话，但喜欢游离在课堂之外。忽然有一天，她和教飞镖的刘老师发生了激烈争吵，刘老师说陌陌说闲话了，并且不听指挥，陌陌则坚持说自己没说，并有周围同学做证。刘老师十分生气地说："明明说了闲话还撒谎，你给我出去，别上我的课。"陌陌就是不出去，最后刘老师说："好！你不出去，我走……"

看到这样的情况，我马上拉住刘老师，先安抚其情绪让他继续上课。下课后问大家："刚才的情况同学们都看见了，是不是？"同学们都说："是。""我刚刚也了解了一下，就是陌陌可能真的没有说闲话，被老师冤枉了。但她跑到前面捡掉落的飞镖，很危险，刘老师在制止她。"我继续说。

"是……"有的同学点头，有的同学已经不说话了。

"但为什么刘老师那么生气呢？"我疑惑地问。

"我觉得当时没有必要和老师争，因为老师也是为我们好。"

"那么多人，老师看不清，就以为陌陌没听课，这也正常，可以课下再和老师解释。"另一个同学说道。

这时，我看了陌陌一眼，发现她低着头不吭声。"但是陌陌确实被冤枉了，所以才那么生气的嘛！"替陌陌说话后，我转身问陌陌："你觉得呢？"解铃还需系铃人。

"我刚才就是没有说闲话，我是和旁边的同学说别射飞镖了，我捡一下地上的飞镖，刘老师非说我说闲话了。我觉得老师冤枉我。"陌陌意识到自己闯祸了，低沉地说。"也就是说，刘老师叫到你的时候，你并没有完全在认真听课？"陌陌不说话。看到她沉默的表现，我知道这是一次好机会，不能一味严厉地批评，容易激起她的逆反心理。于是耐心地引导她，"你现在再审视一下你刚才的行为,你觉得自己的表现怎么样?"我试探着柔声问道。

"我也觉得我刚才有点过分了,我就是一时冲动,并不是故意和刘老师作对的。"她这回真诚地说。

"你说下一步怎么办呢?是你不上飞镖课了,还是换一位新的老师?"我故意问道。

"不,我去找刘老师道歉,请他原谅,他教得挺好的,我也喜欢上他的课。"

"好,那你下课后和刘老师道歉。"我说。

老师毕竟是老师,学生也是善良的,愿意沟通,矛盾就此化解。

有时候,学生和老师发生矛盾,可能是学生犯了什么错误,或者学生以为老师误会了。这个时候,作为导师要学会"察言观色",以真诚关怀的口吻疏导,尤其是对心理承受能力或者理解能力较差的学生,他们容易冲动,过于偏激,老师要先让一步,再动之以情、晓之以理,把理说透,把情留够,一步步引导,走弓背而不走弓弦,才能有效解决矛盾。当学生认识到了自己做事欠妥后,再去找科任老师道歉,科任老师一定会谅解他,学生也就在经历这些事情的过程中,逐步成长起来。

100. 学生出现群体性的偶像崇拜,导师可以怎么做?

文江莲

一天中午,我作为四(6)班副班主任来到教室管理午餐。忽然注意到学生三五成群地聚在一起,兴奋地讨论着偶像明星。等吃好饭休息的时候,走近一听,他们居然还在讨论偶像的话题。这一现象引起了我的深思,于是我决定利用午休时间,与他们共同探讨这个话题。我轻轻拍了拍讲台,示意大家安静下来。

"谁能告诉我,为什么喜欢你的偶像明星?"我说。一个平时沉默寡言的小男生举起了手,羞涩地说:"我喜欢他们是因为他们唱歌好听,跳舞也帅,每次看他们表演我都觉得很激动。""那你们觉得,偶像崇拜对你们的学习和生活有什么影响吗?"我的话音刚落,教室里顿时热闹起来。学生A说:"偶像给了我们动力,让我们想要变得更优秀。"学生B说:"有时候我会因为追星而熬夜看偶像的节目,导致第二天上课没精神。"

对此，我说："崇拜偶像不是坏事，有些偶像代表了积极正面的价值观或精神力量，他们的成功和努力可以激励我们追求梦想、努力奋斗。但是我们不能盲目崇拜，对偶像的过度美化往往忽视了偶像的缺点和不足，只关注其光鲜亮丽的一面。我曾经教过一个学生 AH。他非常崇拜一位偶像歌手，每天放学后都会花大量时间在网上看偶像的视频、参与粉丝活动。渐渐地，他的学习成绩开始下滑，与同学的交往也减少了。他的父母非常着急。经过沟通发现，学生 AH 之所以如此沉迷，是因为他觉得在现实生活中缺乏成就感，而在偶像的世界里，他找到了归属感和认同感。"

"但如果过度沉迷，就可能影响到我们的学习和生活。该如何正确地看待偶像崇拜呢？"学生开始热烈讨论。学生 C 答："可以设定一个固定的时间来看偶像的节目，避免过度沉迷。"学生 D 答："可以把对偶像的喜欢转化为学习的动力，比如学习偶像的勤奋和坚持。"

我说："大家说的没错，可以有自己崇拜的偶像，但盲目崇拜偶像可能会产生负面影响，导致过度关注偶像的私生活，忽视了自己的学业和人际交往；还会产生不切实际的幻想。"

最后大家共同讨论，达成了共识：

学生方面。——理性追星：设定合理的追星时间，避免过度沉迷。每周设定固定时间，和志同道合的朋友一起分享偶像的动态，确保不影响学习和休息。培养其他兴趣爱好：如阅读、运动、绘画等。丰富生活，建立更广泛的社交圈。

老师方面。——引导正面影响：引导学生关注偶像的积极品质，将这些品质转化为成长的动力。可以组织主题班会，学生互相交流。——加强家校沟通：与家长保持密切联系，共同关注孩子的追星行为。如限制上网时间、鼓励参与家务，帮助孩子形成健康的生活习惯。——开展心理健康教育：定期开展心理健康教育活动，树立正确的价值观、人生观和世界观。

经过一段时间的努力，大家的追星行为变得更加理性了，他们学会了合理安排时间，将追星与学习和生活有机结合。我深刻体会到作为导师的责任和使命，不仅要关注学生的学业成绩，更要关注他们的心理健康和全面发展。以开放包容的心态去理解他们，以科学有效的方法去引导他们，就一定能够帮助他们树立正确的价值观和人生观，成长为社会的有用之才。

101 低年级学生丢三落四，导师怎样引导？

陈冰珺

第一次见到小吴，是她入学的第一天。小姑娘梳着两个小辫，眨巴着一双灵动的大眼睛，穿着一条紫色的碎花连衣裙，背着一个浅粉色 Hello Kitty 的书包，蹦蹦跳跳地走进教室，声音清脆悦耳："老师好！"真是个聪明的孩子！我在心里暗暗给她竖起了大拇指。

可没过两周，小姑娘就露出了"真面目"——学习用品经常是找不到的，小橱的物品摆放乱七八糟，书包永远是全班理得最慢的，甚至于一周上学五天，几乎没有一天是不忘带东西的，作业、课本、餐桌布、水杯、笔袋、垫板……真让我大跌眼镜！

作为导师，我只有先深入了解学生丢三落四背后的具体缘由，才能有针对性地制定解决办法。我留意关注她的行为，细细分析她的表现。一方面，小吴是低年级学生，记忆力正处于发展阶段，还不能很好地记住繁多的物品和要做的事情。比如可能一转眼就忘了老师交代的下课要把作业本收进书包里这件事。另一方面，她的自我管理能力较弱，不清楚如何有条理地整理物品，常常把文具、书本等随意放置，到用时就找不到了。像小吴这样的学生可能还缺乏责任心，觉得丢了东西也没关系，没有重视起来。

找到原因后，我采取了一些有针对性的措施帮助小吴改正丢三落四的毛病。

首先，也是最重要的，是培养她的整理习惯。我利用劳动课专门安排了整理书包、整理小橱等一系列课程，详细示范如何分类整理学习用品，书本按大小摆放，作业本单独放一个文件袋，文具放进笔袋等。在教室设置"整理小能手"评比栏，每天检查学生书包整理情况，整理得好的学生可以得到整理章，一周内获得整理章最多的学生当选"整理小能手"，给予小奖品鼓励。经过一段时间训练，小吴逐渐掌握整理方法，整理速度和质量都有提高。

其次，强化记忆训练。我教小吴使用记忆小窍门，比如编口诀。在整理书包时，让她一边整理一边念口诀："课本作业分类放，文具装进小口袋，水杯纸巾别忘掉。"每天放学前，引导小吴回顾当天所学课程，明确第二天所需书本和文具，强化记忆。利用课堂时间进行简单的记忆游戏，如让她快速记忆一组词语或数字,逐步提高她的记忆力。

除此以外,我还安排同桌和小组内成员提醒小吴。比如下课了,同桌之间互相提醒收好上节课的书本和文具,准备好下节课要用的东西。同时,还在教室里张贴一些温馨提示语,像"离开座位看一看,东西是否都带全"等,时刻提醒学生注意检查自己的物品。

经过一段时间的努力,小吴丢三落四的情况有了明显改善,从经常忘带作业和书本,到能有条不紊地准备好学习用品,学习状态也变得稳定起来,逐步养成了良好的学习习惯。

102. 指导学生学会帮助他人,导师可以怎么做?

蔡真佳

那天,阳光透过窗户洒在课桌上,数学课上我们正在探讨一道较为复杂的几何题。小明眉头紧锁,手中紧握着笔,不停地在草稿纸上划拉着,似乎被这道题目难住了。我注意到他的同桌小华已经完成了解答,正悠闲地翻看着课本。这时,小明转头看向小华,眼神中充满期待,希望得到帮助。然而,小华只是轻轻瞥了一眼小明,淡淡地说了一句"我也不会",便继续低头做自己的事。小明听后,脸上闪过一丝失望和无奈,只能继续独自努力。课后,我找到小华了解情况,他显得有些沮丧,表示自己其实知道答案,但不知道该如何表达,担心误导小明,而且他认为每个人都应该独立解决问题。

对此,导师该如何引导呢?

一是培养互助意识。课后,我组织了一次班级讨论,让学生分享自己在解题过程中遇到的困难以及得到他人帮助时的感受。通过讨论,学生逐渐认识到,在他人遇到困难时伸出援手,不仅能帮助他人解决问题,还能增进彼此之间的友谊和信任。

二是教授助人技巧。我利用课余时间,为学生开展了一次"如何有效帮助他人解题"的讲座。在讲座中,我强调了以下几点:第一,耐心倾听。要耐心倾听对方的困惑和疑问,确保自己完全理解对方的问题。第二,逐步引导。不要直接给出答案,而是要通过提问和引导的方式,让对方自己发现问题所在,并逐步找到解决方法。第三,鼓励尝试。鼓励对方勇于尝试不同的解题思路和方法,即使失败了也不要气馁。第四,总结反馈。在帮助对方解决问题后,要一起总结解题过程,提炼出经验教训,以便未来更好地应对类似问题。

三是成立互助小组。为了将助人技巧付诸实践,我组织学生成立了数学互助小组。每个小组由几名数学成绩较好的学生和几名需要帮助的学生组成。在小组内,学生可以相互讨论、分享解题思路和方法,共同进步。同时,我也鼓励学生在课外社交媒体平台,继续交流和讨论数学问题。

四是设立"助人之星"奖励制度。为了激励学生积极参与助人活动,我设立了"助人之星"奖励制度。每月评选出在助人方面表现突出的学生,并给予一定的奖励和表彰。这一举措极大地激发了学生的助人热情。

经过一段时间的努力,我发现学生在数学课堂上的助人行为明显增多。他们开始主动询问同学是否需要帮助,愿意分享自己的解题方法和思路。小明也感受到了来自同学的温暖和支持,他的学习积极性得到了提高。小华也变得更加自信和开朗,他学会了如何有效地帮助他人,并从中获得了成就感和满足感。

然而,我也意识到,培养学生的"助人之乐"是一个长期的过程,需要持续的努力和关注。在未来的教学中,我将继续加强对学生品德教育和团队合作的培养,引导他们成为有爱心、有责任感、有能力的人。同时,我也将不断探索和尝试新的教学方法和策略,以更好地促进学生的全面发展。

103. 鼓励学生主动做力所能及的事,导师可以怎么做?

胡嘉懿

当一年级学生的学习生活渐渐步入了正轨,紧张而有序地进行时,班级里一些小角落里发生了各种变化:一些公共物品,比如小橱柜上的图书总是凌乱地堆放着;又比如窗台上学校给大家添置的绿植,常常因为缺乏照顾而显得枯萎、杂乱。很多学生都会跑过来和老师抱怨这样的情况,却不主动出击,解决问题。

那这种现象产生的原因可能是什么呢?让我们通过一个简单的案例来了解一下吧!

一(11)班的学生经常对身边的小事视而不见,看到一张纸屑,也只是皱皱眉头走开了,而不会主动捡起。看到了这样的情况,老师向周围小朋友们询问其中的缘由。

"地上有一张纸屑,你们为什么不帮忙捡起来呀?"我说。学生 A 说:"老师,我怕弄脏手,而且我觉得会有值日生打扫的。"学生 B 说:"这不是我丢的。我害怕自己捡起来会被误认为是我弄脏的地面!"学生 C 说:"老师,我怕捡纸屑的时候被同学笑话我多管闲事。"

经过以上的对话,我逐渐了解了学生在面对任务时不愿主动承担这一现象背后的问题。从教育模式的层面来讲,学生由于自身认知缺乏,经常会被家长或者老师告知"应该做什么",而很少去思考"我可以做什么",处于被动接受的状态,极少有机会去主动探索知识、自主思考问题。从心理因素角度来看,学生正处于心理较为敏感的阶段,且玩心比较重,他们生怕自己做不好被同学或者老师责备。这种心理负担使得他们在面对任务时,往往下意识地选择逃避,以避免可能出现的失败或者过重的责任压力。

那作为导师,我们该怎么鼓励学生主动承担力所能及的事呢?

"同学们,我们都生活在这个教室里,教室的整洁需要大家共同努力维护。就像之前地上有纸屑,大家有各种原因没捡起来。但如果每个人都这样,教室会变成什么样呢?"我提出问题。一位学生答道:"会又脏又乱,没法好好学习了。"

"教室是我们共同的家,不管是谁扔的,看到垃圾都有责任清理。就像在家里,看到地上有垃圾,你也会帮忙捡起来,对不对?"我继续说道。"可别小看这一张纸屑,要是每个人都扔一张,那教室很快就成垃圾场了。干净整洁的环境能让我们学习更有劲儿,大家一起努力,让教室一直美美的,好不好?"面对我的提议,学生齐声说:"好。"

导师通过引导学生思考、理解责任、打消顾虑等方式,鼓励学生主动承担力所能及的事。教师先抛出问题,让学生思考如果人人都对垃圾视而不见,教室会变成什么样,促使学生意识到共同维护环境的重要性,引发学生对自身行为的反思。接着,针对学生提出怕弄脏手的顾虑,教师给出具体方法,帮助学生克服实际困难,让他们没有借口逃避责任。与此同时,培养学生的集体责任感和归属感。面对学生怕被嘲笑的担忧,教师明确指出主动捡垃圾是爱护环境、有责任心的正面行为,会得到大家认可,从正面引导学生树立正确的价值观,鼓励他们积极行动。并且要让学生明白个人行为对集体环境的影响力,进而增强他们主动维护环境的意识。

　　自从那次与老师的对话后,班上学生发生了很大的变化。在教室里看到地上有纸屑,他们都不再犹豫,会立刻走过去,用纸巾包着捡起来扔进垃圾桶。不仅如此,课间休息时,还有学生主动充当"班级卫生员"检查同学们的座位周围有没有垃圾,提醒大家保持整洁。学生不再觉得维护班级卫生是别人的事,而是真切地把班级当成了自己的家,意识到自己的一举一动都关乎着班级的环境和形象。

第五节 实践向导

🎯 **本节提示**

实践向导,是"全员导师制"的责任所在,也是培养学生各方面能力的重要指向。

"全员导师制"在小学教育中的实施,为小学生的实践能力培养和综合素质提升提供了全方位的支持。导师通过组织丰富多样的课外活动,如体育锻炼、阅读和游戏等,不仅丰富了学生的课余生活,还增强了他们的体质和兴趣爱好。此外,导师带领学生参与职业体验和社会实践活动,如走进地铁站、社区、法院等场所,让学生在实践中了解不同职业,增强社会责任感和职业意识,同时将课堂知识应用于实际,培养解决问题的能力。

一、提供个性化的实践指导

导师能够充分关注学生的个性差异,为每位学生量身定制培养方案。根据学生的兴趣、特长、能力等因素,有针对性地进行指导,使学生在全面发展的基础上,实现个性化成长。例如对于对科学实验感兴趣的学生,导师可以提供更多的实验材料和指导,鼓励他们进行自主探索和实践。

导师主动带领学生参与实践活动,为学生提供必要的技能和知识支持。通过悉心指导,帮助学生掌握更多的实践技巧和方法,提升解决实际问题的能力。此外,导师还会鼓励学生参与各种实践活动,如科学实验、手工制作、社会调查等,以丰富学生的实践经验和提升实践能力。

二、丰富实践活动内容

导师以课堂为阵地,融入多元化元素、跨学科项目等,不仅丰富了学生的课余生活,还增强了他们的体质和兴趣爱好。导师还会积极为学生拓展实践资源,提供丰富的实践机会。这些资源可能包括学校内部的实验室、图书馆、艺术教室等,也可能包括学校外部的社区、企业、科研机构等。通过参与这些实践活动,学生可以接触到更多的实践场景和实际问题,从而丰富自己的实践经验和提升实践能力。

三、培养探究精神,提高创新能力

导师制鼓励学生进行探究性学习,培养学生的探究精神和创新能力。导师会引导学生发现问题、提出问题、解决问题,并在这个过程中锻炼学生的思维能力、创新能力和实践能力。通过参与实践活动,学生可以学会如何运用所学知识解决实际问题,从而在实践中不断提升自己的创新能力。

"全员导师制"为小学生的全面发展提供了坚实的支持,帮助他们健康成长,为未来的生活和学习打下坚实的基础。在未来的教育实践中,我们还将深挖"全员导师制"的实践内容,充分发挥其在小学生实践活动能力提升中的积极作用,为培养新时代小学生而不懈努力。

104 导师在实践活动中扮演的角色需要哪些转变以适应需求?

吴 杰

"各小组的组员,你们对今天的活动满意吗?"

"各位小组长,你们的组员都按要求完成任务了吗?"

这是在实践活动中,我以契约调解员的身份对学生的提问。

在之前的分组实践活动中,我经常听到小组内有不和谐的声音,通过观察发现学生在活动中存在规则意识薄弱、组织合作能力不足、参与感缺乏、情绪控制较差等情况。

基于以上情况,我决定采用契约教学法来解决实践活动中的这些问题。契约教学法是以契约为载体的教学方法,通过师生共同制定规则和协议,让学生参与到规则的制定过程中,懂得自己的权利和义务,导师作为调解员来引导学生自我管理,帮助他们树立正确的规则意识,培养契约精神。

在"我来当队长"的篮球主题活动中,作为契约调解员,我先和所有学生一起制定规则,其中最重要的规则就是队长负责制,一切听从队长安排。每一次比赛都由队长来负责,队长负责选人、规则制定和解释、裁判等工作。同时队长和队员要约定好:一起努力,积极进取,认真履行约定,不可抱怨或中途退出。

小赵是我带教的学生,各方面表现都很好,积极参与各项活动,我一直认为他就是一位"标准"的好学生,但在一次篮球活动中,我发现他一直在抱怨队友,总觉得自己的队友"不给力",还和对手发生争执,总说对方犯规、耍赖等。

针对小赵同学的表现,我就有意让小赵同学当一次队长,让他全面负责一次篮球比赛,队友自己选定,同时引导他要感谢队友的支持和参与,不可以抱怨他们,比赛规则由他来制定和判决,其他同学遵守规则。在我的调解和帮助下,他顺利组织了一次篮球比赛,坦然对待比赛的胜负,胜不骄,败不馁。在之后的篮球活动中,他既当过队长,也被别人选中当过队员,在不同角色的转换中,都能看到他积极参与,多了享受比赛的快乐,少了抱怨,也和同学建立了良好的友谊。

通过近一学期"全员导师制"的实施,作为调解员,我能很好地与学生沟通,形成了亦师亦友的关系。以篮球活动为载体,让学生懂得了遵守规则和履行约定的重要性,在比赛中也培养了学生正确的胜负观和团队意识。

我觉得,在与学生的交流沟通中,一定要提前"备课",寻找恰当的切入点。做到水到渠成,切入点的选择非常关键。在前期的准备中,我重点关注学生的兴趣爱好,提前"备课",创设情境,有了共同的话题,就能拉近师生的距离,有效建立亦师亦友的师生关系,为今后的交流和辅导建立良好的基础。

导师要与时俱进,不断提升自身修养。导师必须品德高尚、学识渊博、言行端正,做到身正为范、学高为师,在指导学生的工作中必须不断提升和充实自己,真正做到言传身教。学生敬佩、喜欢你,才会亲其师、信其道,导师的指导效果才会更好。总之,学生成长不是一蹴而就的,需要时间来滋养,功到自然成,静待花开!

105. 导师在实践活动中应扮演什么角色?

颜 辉

小余同学的速度爆发力和弹跳力在同龄人中是很拔尖的,但是他学习技术动作非常慢。在一次体育课上,他因为一个失误而遭受到了同伴的嘲笑,便心态失衡,抱头痛哭。虽然当时我即刻制止了同学起哄嘲笑的行为,但我发现小余在体育课上练习少了,态度不积极了。这引起了我的重视,我特意把他招到足球社团。

一是我来做"队友"提升他的自信。训练开始,我就有意把小余同学编入我这一小队,我成为他的队友。有了"队友"间初步的信任,在后续的足球训练中小余同学的学练兴趣和专注度有了很大的提升。

在某次一对一对抗训练中,我有意"放水"让他展示自己的进步,面对防守,他不仅展示了自己出色的脚下技术,还利用速度不断突破;慢慢地,我发现他找回了自信,哪怕是有时候一个突破摔倒在地,他也快速爬起来继续训练,每一堂训练课他都像开足马力的小汽车,有了拼搏和顽强的品质加持。

二是我来做"舵手"跟踪他的发展。当我的干预使小余同学真正收获了自信和永不放弃的态度的时候,他自然而然就对其他体育活动产生兴趣,并尝试各种运动,哪怕是难度比较大的运动项目,他也能够勇敢尝试,不再担心失败。

而此时作为"舵手"的我更加时刻关注他后续的发展,为他的运动和学习保驾护航。我通过设立小岗位,如器材管理员、训练小帮手等,让他从需要别人关心转变为学会关怀帮助其他同伴,他成为一名小助手、小领导,这样的转型是成功的,也让他沉下了心,明白努力方可始终的道理。

三是我来做"导师"一同成长。通过小余同学的发展故事,我收获了打开他心灵之窗的金钥匙,也让我这个青年教师明白了:学生的世界其实很简单,他们只是希望有人去关注他们,认可他们的努力和成长;如果不会切换角度,只关注那些天赋优秀的学生,就会忽略那些默默无闻厚积薄发的学生,这是不对的。

学生的自尊心和自信心很容易受到外界因素的干扰而受到创伤,不仅仅是运动参与,心理方面和人际关系方面,他们对老师、对班级、对同伴的情感也会随之淡化。这个时候,教师在各方面都需要很细心地干预,尤其是当下提倡全员导师并重视与学生心与心交流的背景下,想让学生认真听我的指导,首先应该让他们喜欢我,喜欢上我的课,期待上我的课。

作为导师,我应该从学生的角度去帮助他们认识到问题的所在并改正。发现学生的成长是需要过程的。一些学生赢在了起跑线却输在了冲刺上。而一些学生出发比较晚,但是却一直在努力。这些祖国的花朵都是需要我们老师一点一滴地关注和关怀。

106. 导师如何发现并培养学生的独特天赋和兴趣？

王 晶

在学生的成长过程中，兴趣培养是至关重要的一环。成功的兴趣培养不仅能够丰富学生的生活，还能为他们的未来发展打下坚实的基础。每个学生都有自己独特的天赋和兴趣，作为艺术老师的我也想要拿起手里的"校园放大镜"来挖掘培养学生的天赋和兴趣。

记得在一个阳光明媚的下午，我正在赶往音乐教室的路上，经过学校大厅的展示区域时，遇到了我教的一个一年级男孩小伟。他正一个人默默专注地坐在钢琴凳上，用右手在琴键上不停地摸索着，于是我好奇地走了上去，询问道："你很喜欢钢琴吗？"他激动地说道："我好喜欢音乐，而且最喜欢钢琴，每次在商场里听到好听的音乐我都会跟着节奏摇摆身体，哼着曲子，但爸爸妈妈平时工作太忙了，也没有时间陪我，更别说教我学钢琴了。"说着说着他的眼里充满了失落。

我被小伟对音乐的热爱所打动，同时也感受到了他的孤独和对陪伴的渴望。我决定采取行动帮助小伟发展他的音乐兴趣，并给予他更多的关注和支持。我和他约定了在每周的音乐课后，他都可以留下来，我利用下课的时间来教他一些钢琴的基础知识。于是每周下课后，我总能见到小伟激动快乐的模样，就这样一周、一学期、一年……通过每周的钢琴学习，我也逐渐看到了小伟对音乐的热爱以及他在音乐上的潜力，在课堂上我也很关注小伟的表现，鼓励他多参与音乐活动，比如让他在班级前表演钢琴，帮助他提高技巧，同时也让他感受到老师的关心和支持，增强他的自信心。

通过这一系列的努力，我不仅帮助小伟培养了音乐兴趣，还让他感受到了来自学校的爱与支持。我相信，这些经历将会成为他成长道路上宝贵的财富，为他的未来开启无限可能。随着时间的推移，小伟的钢琴水平有了很大提高，从不熟悉音符直到可以完整弹奏一首又一首歌曲，在学校的文艺演出中，他的精彩表演也赢得了同学们的阵阵掌声。如今，小明已经成为学校里的音乐小明星，对音乐的热爱也越来越深。他说，音乐是他生活中不可或缺的一部分，他会一直坚持下去。

在教育过程中，导师发现并培养学生的独特天赋和兴趣是非常重要的。

这不仅能够帮助学生在特定领域内获得成就感,还能激发他们的学习热情和创造力。

那么,培养学生的独特天赋和兴趣的具体策略有哪些呢?

一是敏锐的观察力。——课堂观察:在课堂上,仔细观察学生的反应和表现。注意哪些学生在特定活动中表现出特别的兴趣或天赋。例如小伟在钢琴凳上摸索琴键,表现出对音乐的热爱。——课外活动:关注学生在课外活动中的表现。有些学生可能在课堂上表现平平,但在课外活动中却能展现出惊人的才能。例如参加学校的艺术社团、体育俱乐部或科技小组等。——作业完成情况:通过学生的作业,了解他们在不同领域的兴趣和能力。例如学生在音乐作业中表现出的创造力和热情。

二是积极的沟通与互动。——个别交流:与学生进行个别交流,了解他们的兴趣和梦想。例如在与小伟的对话中,他表达了对钢琴的热爱和对陪伴的渴望。——家长沟通:与家长保持密切沟通,了解学生在家庭环境中的表现和兴趣。家长可以提供很多有价值的信息,帮助导师更好地了解学生。——小组讨论:组织小组讨论,鼓励学生分享自己的兴趣和爱好。这种互动可以激发学生的灵感,帮助他们发现自己的潜力。

三是个性化的支持与指导。——制订学习计划:根据学生的兴趣和天赋,制订个性化的学习计划。例如为小伟安排每周的钢琴学习时间,教授他钢琴的基础知识。——提供资源:为学生提供丰富的学习资源,包括书籍、视频、在线课程等。例如为小伟提供钢琴学习的视频教程和乐谱。——鼓励参与活动:鼓励学生参与相关的课外活动和比赛,提供展示自己才能的平台。例如让小伟在班级前表演钢琴,参加学校的文艺演出。

四是持续的激励与反馈。——正面激励:及时给予学生正面的激励和表扬,增强他们的自信心。例如小伟在每次表演后都得到了老师的鼓励和同学们的掌声。——建设性反馈:提供建设性的反馈,帮助学生改进和提高。例如指出小伟在钢琴演奏中的不足之处,并给予具体的改进建议。——跟踪进展:定期跟踪学生的进展,记录他们的成长和进步。例如记录小伟每次钢琴学习的成果,展示他的进步轨迹。

五是创造支持性的环境。——班级氛围:营造一个支持性和包容性的班级氛围,鼓励学生探索和尝试新的事物。例如班级可以定期举办才艺展示活动,让每个学生都有机会展示自己的特长。——同伴支持:鼓励学生之间的相互支持和合作。例如组织学生进行小组学习,让有特长的学生帮助其他同学。——学校资源:利用学校的资源,如图书馆、艺术教室、体育馆等,为学生提供更多的学习和实践机会,如学校可以提供钢琴教室供学生练习。

107. 在实践活动中,确保每个学生获得个性化关注和指导的方法有哪些?

谭秋菊

在小学语文综合性学习活动"家乡文化探秘"中,学生的表现千差万别,小张在收集资料时得心应手,迅速找到大量资料;小王却因无从下手而焦虑。展示成果时,部分学生自信分享,有些学生却因表达能力不足而紧张失语。我发现学生个体差异对实践活动的影响很大,怎么办呢?看来实践活动需要个性化关注与指导。

首先,探究差异根源。在实践中,我发现学生表现差异源于多方面。一是学习基础与能力不同,语文综合性学习涵盖资料查阅、文本分析、口头表达等,学生在这些方面能力不一。二是,学生对家乡文化的了解和兴趣点各异,有的钟爱传统美食,有的好奇民俗活动,有的迷恋历史遗迹。三是,实践活动形式多样,从小组合作到个人展示,从书面报告到口头讲解,不同形式对学生要求不同,导致表现差异。

其次,实施个性化策略。为了确保每个学生在实践活动中都能获得个性化的关注和指导,我采取了以下几种方法:一是前期精准分组。活动前,通过问卷调查和个别访谈,了解学生对家乡文化的兴趣点和知识储备。据此分组,围绕"家乡的传统美食""家乡的民俗活动""家乡的历史遗迹"等具体主题探究。学生在兴趣领域学习探究,能更好发挥优势。二是过程分层指导。依据学生能力水平,给予分层指导。对资料收集能力强的学生,我鼓励他们拓宽资料来源,不仅要查阅书籍和网络资料,还可以通过采访家乡的老人、实地考察等方式获取第一手资料。小张同学在收集家乡传统美食资料时,我建议他去采访街边的美食摊主和老字号餐馆的厨师,了解美食的制作工艺和背后的故事,他还利用周末参观了当地的美食文化节,获得了大量生动鲜活的素材。对资料收集有困难的学生,我提供具体方法和途径,推荐适合书籍,教他们如何使用关键词在图书馆或网络上查找相关资料。小王一开始对资料收集毫无头绪,我给他推荐了《家乡风物志》《民俗文化大全》等书籍,并教他如何在图书馆的电子检索系统中输入关键词,如"家乡名称+传统美食""家乡名称+民俗活动"等,逐步引导他找到了一些有用的资料,他的焦虑情绪也得到了缓解。对理解能力较弱的学生,我重点教授基本分析方法,例如怎样抓住关键词句理解文章大意,如何结合图片和文字获取信息等。我以一篇介绍家乡历史遗迹的文章为例,先让学生找出文中的关键词,如"古建筑""历史年代""建筑风格"等,然后引导他们结合图片观察古建筑的特点,再对照文字描述,帮助他们逐步理解文章内容,掌握基本的文本分析技巧。三是助力表达提升。在小组讨论环节,我特别关注那些平时不太爱说话的学生。比如小李,我总是耐心地等待他发言,并在他表达观点时给予肯定和鼓励。刚开始,他只是简单地说几句,但随着时间的推移,他逐渐能够更流畅地表达自己的想法,并且还能主动向其他同学提问,他在小组内的互动也变得越来越活跃。

通过实践活动,我更加坚信个性化关注与指导的重要性。每个学生都是独一无二的个体,他们有着不同的学习风格、兴趣爱好和能力水平。在实践活动的设计和实施过程中,教师要充分考虑到这些差异,为每个学生提供适合他发展的机会和条件。

108. 设计和实施创新性实践活动,导师有什么方法?

陈 樱

小学阶段是学生科学学习启蒙的重要时期,深度学习可促进学生高级认知和高阶思维的发展。作为科学老师的我,在教学中,遵循渗透深度学习理念,设计和实施创新性实践活动,探索激发学生创造力和解决问题能力的方法,针对学生的实际学情开展教学,以激发学生的创造力,从而实现高效教学目的。

一是注重提供结构材料,提升学生科学思维。在课程教学的过程中,我注重对课程标准的把握。以课程标准为导向,立足课本,提升学生科学思维。例如在《各种各样的磁铁》的教学中,我会事先准备一些结构性的材料,供学生开展对应的探究活动。比起逐一讲授,我让学生通过亲身实践来认识磁铁的实际特性和使用方法,并对磁铁与哪些物质之间具有相互吸引进行探究。通过提供课内课外多种多样的结构性材料,使学生自己逐步总结出磁铁能够吸引铁类和镍类这一基本的特性。学生的科学思维及科学探究意识,通过本次教学得到较好的培养和锻炼。

二是衔接课堂内外,推动学生知识迁移。深度学习理念下的小学科学项目化学习,既要让学生对课内知识深度理解,更要着眼于学生的生活应用,促进学生学习迁移,体现全面育人目标。为了有效丰富学生的学习体验,引领学生对学科问题积极探索,在小学科学育人工作中,教师要有效打通知识壁垒,让学生的课堂学习向生活有效迁移,便于让学生以良好的生活经验为依托,实现科学问题的创新性解决,真正实现课堂内外有效贯通,促进学生知识迁移,感受科学世界的绚丽多姿。以"声音"这一知识点的学习为例,在项目学习过程中,为了让学生更好地明确学习目标,科学设计学习步骤,实现课堂内外有效关联,教师设计了"做一个传声筒"和"制作一个小乐器"两项项目化体验活动。立足课内,让学生尝试制作一个传声筒,通过项目实践过程,让学生有效反思如何制作传声筒,如何让传声筒的传声更加清晰,如何增加音高。通过具体的实践过程,让学生了解声音,学会有效控制声音,并合理使用声音来完成传递信息的目标。结合项目实践过程,开展科学评价,让学生大胆说出自己的认知,同学之间进行有效的交流感悟,让整个项目体验更加丰富。为了保证传声筒的声音清晰,学生发现传声筒之间的绳子要拉紧。还有的学生说,用粗的毛线传声更清晰,比用细线效果更好。还有的学生发现传声筒之间的线如果很长,那么会听到两次声音。这些真实的活动感悟,都反映了学生对科学知识的深刻认知,保证了深度学习目标的有效实现。教师要鼓励学生大胆尝试,可以让学生在课外制作一个简单的乐器。有的学生制作了简单的小鼓,对于鼓面的选择、鼓体的大小学生也进行了多元化的尝试。还有的学生选择制作排箫,但是在制作的过程中,学生发现有的小孔能够发出声音,有的小孔没有发出声音。结合学生制作中遇到的问题,他们进行了有效反思,推动实践中具体问题的有效解决,彰显了项目化学习成果的具体应用,也让学生感受到了科学的无限魅力。引导学生通过一些小小的问题,认识到在后续学习中要更加认真细心,这些都是项目化学习育人价值的真实体现。

三是灵活设计学习活动单,合理进行可视记录。在学习时,不同年龄、能力水平层次的学生会有不同的兴趣爱好、能力特点。基于学生的学情,依据课程内容的目标选择不同的记录形式。中低年级可以使用图文型学习活动单。例如在《物质的溶解》的教学中，我在设计学习活动单时，组织学生观察不同物体（白砂糖、盐、红糖、小石子等）放进水前的特点，再把不同物体分别放进水里，观察后再搅拌，把观察到的物体颗粒变化画下来，选填物体颗粒大小前后变化："大""小"还是"无"。图文型学习活动单中提供支架式的图片，主要用于观察、描述等活动，简化学生记录，使记录直观呈现。低年级学生年龄小，容易被图画所吸引，因此设计图文型学习活动单容易引起学生关注，从而激发学生完成深度学习的兴趣。而高年级学生则乐于接受挑战。我会选择使用留白型活动单。完成完整的任务更让他们具有成就感。利用气泡图、流程图等形式使学生记录关键词、信息，用于分析、梳理等活动。有针对性的学习活动单满足不同层次学生的深度化学习的任务需求。

四是扩展探索空间，推动深入研究。在教学过程中，我会根据各班学生的特点，为他们的学习任务、学习环境、学习活动等创造条件，使他们在学习中收获乐趣，激发创造性思维，从中积累丰富的经验。例如在《认识土壤》的教学中，我利用社团时间开展课外活动，引导学生通过收集不同类型的土壤，探究不同土壤的颗粒大小、渗水性和黏性等特征。学生通过课堂中教学视频、图片、实验报告等，已具备了基本的认识，不同土壤的特性是有差异的。在户外体验中，我发现学生可从现实生活中获取信息，再结合课堂所学知识，进行加工、整合和提炼，再通过思考、质疑，并运用所学的科学知识来处理实际问题，有的学生会发现土壤的各种特性与它们的颗粒大小存在联系，初步感受到自然界中结构决定性质的规律。在此活动中，不仅可加强学生的科学实践能力，还能提升学生的自主学习能力，使学生在真实、有意义的情境中开展深度学习。

109 如何激发一年级学生的创造力？

何　晓

在一个阳光明媚的下午，我走进了一年级的教室，准备开始今天的导师活动。学生的脸上洋溢着期待和好奇，他们已经习惯了每月的这一特别时刻。今天的活动主题是：如何利用废旧物品创造新玩具。

在平时上课和接触中，我发现学生在面对问题时往往缺乏主动探索和解决问题的能力。他们习惯于等待指令，而不是自己寻找解决方案。此外，学生的创造力也未能得到充分的发挥，他们往往局限于传统的思维模式，缺乏创新意识。以小金同学为例，上次科学课上，我们设计防风支架，她测试发现自己设计的支架不足以支撑小树枝时，没有继续寻求新的方法，而是沮丧地等待。通过交流，我了解到她习惯于接受老师给的答案，不敢尝试，害怕失败。这让我意识到，我们需要一种方法，既能增强学生的自信心，又能激发他们的创造力和解决问题的能力。

为了解决上述问题，我设计了这一次"旧物大变身"的活动，这是一个以团队合作为基础，鼓励创新和解决问题的实践活动，活动过程如下。活动前我和学生都带来了许多废旧物，活动时首先进行启发式引导，通过展示简单的发明案例，激发学生的兴趣和好奇心。然后进行创意碰撞，鼓励学生自由讨论，提出自己的想法，并在小组内达成共识。接下来开始动手实践，在我的指导下，学生开始动手制作，在此过程中鼓励他们尝试不同的解决方案。最后进行成果展示，让每个学生展示发明，并说一说自己的设计理念和制作过程。

在这次活动中，我认识到激发学生创造力和解决问题能力的关键在于创意碰撞，在这个环节中，我提出了开放式问题"这些旧物品可以怎样变身成新玩具呢"，并使用了一些启发性的提问如"你看它的外形像什么""有没有办法让它动起来"，引导学生进行发散联想。在头脑风暴之前，要让学生明确规则，比如不批评他人的想法、不打断别人说话，营造良好的氛围才会更有助于灵感的迸发。我准备了几张大白纸，让学生将想法及时画出来，这样可以让他们看到所有的想法，并激发更多的灵感。

通过这次活动，学生不仅尝试利用各种各样的废旧物创造新的玩具，还开始学习如何合作解决问题。他们的作品虽然简单，但每个作品背后都是学生团队合作和创新思维的结晶。这个活动不仅让学生在乐趣中学习，还帮助他们建立了自信心和培养了他们解决问题的能力，为他们未来的学习和生活打下了坚实的基础。

作为导师，我意识到创新性实践活动是激发学生创造力和解决问题能力的有效途径。通过实践，学生能够在动手操作中学习，这种学习方式比传统的讲授更能够提高他们的兴趣和参与度。未来，我将继续探索更多类似的实践活动，以促进学生全面发展。

110. 在各类实践活动中，导师支持学生的个性化发展有哪些策略？

顾珮文

在一次学校组织的"书香校园"阅读分享活动中，我看到了这样一幕：小明同学在台上分享他读《哈利·波特》系列书籍的感受，他滔滔不绝地讲述着书中魔法世界的奇妙，还模仿书中人物的语气和动作，把大家逗得哈哈大笑。然而，当轮到小红同学上台时，她却紧张得面红耳赤，拿着书本的手在颤抖，半天说不出一句话来。这让我陷入了沉思：同样是阅读分享活动，为什么学生的表现会有如此大的差异呢？这背后反映出的不正是学生个性化的差异吗？在小学语文实践活动中，我们该如何支持学生的个性化发展呢？

经过深入的观察和思考，我发现学生在实践活动中个性化差异的产生主要有以下几方面原因。首先，学生的兴趣爱好各不相同。像小明对奇幻类书籍情有独钟，所以在分享《哈利·波特》时能够侃侃而谈；而小红可能更喜欢安静地阅读一些文学类作品，对于在众人面前分享这种形式感到不适应。其次，学生的能力水平存在差异。有的学生语言表达能力强，能够清晰、流畅地表达自己的想法；有的学生则在表达上稍显笨拙，需要更多的引导和鼓励。最后，学生的性格特点也会影响他们在实践活动中的表现。外向的学生往往更愿意在集体活动中展现自己，而内向的学生则可能更倾向于在小范围内或者通过书面等方式表达自己的观点。

为了支持学生的个性化发展，我开始尝试一些新的方法策略。在阅读实践活动中，我根据学生的兴趣爱好为他们推荐个性化的阅读书目。喜欢冒险故事的学生，我会推荐《鲁滨孙漂流记》《汤姆·索亚历险记》等书籍；对历史感兴趣的学生，则推荐《上下五千年》《史记》等。同时，我还鼓励学生用自己喜欢的方式记录阅读笔记，有的学生用绘画记录书中的场景，有的学生用思维导图梳理书中的情节和人物关系，还有的学生写下自己的心得体会。在写作实践活动中，我让学生自主选择写作主题，从自己的生活经历、兴趣爱好出发，写自己最想写的内容。在写作过程中，我注重引导学生发现并保持自己的写作风格，对语言生动活泼的学生，鼓励他们多使用一些有趣的语言和修辞手法；对语言简洁明了的学生，则引导他们注重文章的逻辑性和条理性。在口语表达实践活动中,我根据学生的性格特点和表达能力,为他们创造合适的表达机会。对性格内向、表达能力稍弱的学生,我先让他们在小组内进行分享,等他们逐渐适应后,再鼓励他们尝试在全班面前表达。同时,我还教给学生一些口语表达的技巧,如如何运用肢体语言增强表达效果、如何组织语言使表达更加清晰流畅等。

通过这些方法的实施,我看到了学生在实践活动中的明显变化。小红同学在经过一段时间的鼓励和引导后,虽然仍然有些紧张,但已经能够比较完整地在全班面前分享自己的阅读感受了。其他学生在阅读、写作和口语表达等方面也都有了不同程度的提高。他们更加积极主动地参与到实践活动中,能够根据自己的特点选择适合自己的内容和方式,充分展现自己的个性。这让我深刻地认识到,在小学语文实践活动中支持学生的个性化发展是多么重要,它不仅能够激发学生的学习兴趣和积极性,还能帮助学生树立自信,培养他们的创新思维和综合素养。

111. 如何有效地整合和利用校园资源,丰富学生的实践学习体验?

金 蕾

一师附小的 50 名学生即将迎来一次特别的校外实践活动——参观上海美影厂博物馆。这个消息让他们都兴奋不已,他们都期待着这次能够亲身体验动画电影的魅力。然而,如何让这次参观不仅仅是一次简单的游玩,而是真正成为一次富有教育意义的实践学习之旅呢?这成为作为导师的我需要认真思考和精心策划的问题。

为了确保这次参观活动能够达到预期的教育效果,我决定从以下几个方面入手:前期准备、知识铺垫、任务布置、分组协作。——前期准备:查找交通路线、确定研学日期、统计人数。——知识铺垫:提前一周在课堂上为学生介绍了上海美影厂博物馆的概况,包括它的历史背景、丰富的馆藏以及独特的展览特色。通过展示精美的图片和播放相关的视频资料,让学生对博物馆有了初步的感性认识,激发了他们的好奇心和探索欲。——任务布置:为了引导学生有目的地参观,导师精心设计了一份"参观任务单",上面列出了几个与展览内容相关的问题,如"上海美影厂博物馆中有哪些经典的电影道具?""你能找到一部你最喜欢的动画电影的海报吗?""中国动画电影的制作历程是怎样的?"等。这些问题既简单又有趣,能够引导学生在参观过程中主动寻找答案,提高他们的参与度和专注力。——分组协作:将参加活动的学生分成若干个小组,每组5~6人,并为每个小组指派一名小组长。小组长负责组织组员完成任务单上的各项任务,并在参观过程中协调组员之间的合作。通过分组协作的方式,培养学生的团队合作精神和沟通能力。

根据前期的准备工作我确定了以下活动内容:一是参观电影博物馆;二是美影厂老师带领分组的同学开展动画研学;三是美术老师指导手绘动画基础体验;四是观看4D电影。

进行有序参观:到达博物馆后,我首先组织学生在入口处集合,强调参观的注意事项,如保持安静、爱护展品、遵守秩序等。按照事先规划好的路线,带领学生依次参观各个展厅。在参观过程中,要时刻关注学生的动态,及时纠正不当行为,确保参观活动顺利进行。

开展互动体验:上海美影厂博物馆不仅有丰富的展览,还设有多个互动体验区。在这些区域,学生可以亲自尝试电影拍摄、动画制作、配音表演等有趣的活动。我鼓励学生积极参与互动体验,让他们在实践中感受电影制作的乐趣和魅力。同时,我也会在旁边给予适当的指导和帮助,确保学生能够顺利完成体验项目。

现场讲解:对于一些重要的展品和展览内容,结合任务单上的问题,现场为学生进行讲解。如《大闹天宫》《哪吒闹海》等经典动画的原画设计稿,它们是怎么通过一幅幅画"动"起来的呢?通过生动形象的讲解,帮助学生更好地理解展品背后的故事和文化内涵,加深他们对电影知识的认识和理解。此外,导师还会引导学生主动向讲解员提问,培养他们的自主学习能力和问题意识。

参观后开展后续活动。小组分享:参观结束后,回到学校,我组织学生以小组为单位进行分享交流。每个小组选派一名代表,向全体同学谈谈他们在参观过程中的所见所闻、所思所想,以及完成任务单的情况。通过小组分享,让学生相互学习、相互启发,拓宽他们的视野和思维。

作品创作:为了进一步巩固和深化学生的学习成果,导师布置了一项创意作业——让学生以"我眼中的电影世界"为主题,创作一幅绘画作品或一篇短文。在创作过程中,学生可以充分发挥自己的想象力和创造力,将参观所学与个人感悟结合起来,用独特的方式表达对电影的理解和热爱。完成作品后,导师将组织一次班级展览,让学生互相欣赏、评价彼此的作品,增强他们的自信心和成就感。

总结反思:最后,我引导学生对整个参观活动进行总结反思。通过提问的方式,让学生思考这次活动给自己带来了哪些收获和启示,还有哪些地方可以做得更好。通过总结反思,帮助学生梳理知识、提升能力,为今后的学习和成长奠定坚实的基础。

通过以上策略和步骤,我们成功地将参观上海美影厂博物馆的活动转化为一次富有成效的实践学习之旅。在这次活动中,学生不仅增长了知识、拓宽了视野,还培养了团队合作、自主学习、创新思维等多种能力。而导师在整个过程中所发挥的引导作用至关重要,通过精心的策划和组织,巧妙地将校园资源与校外实践结合起来,为学生创造了一个丰富多彩的学习环境,真正实现了教育的多元化和实践性。

112. 如何利用校外实践教育机会,为学生提供沉浸式学习体验?

金 蕾

作为大队辅导员,我深知德育在学生全面发展中的重要性。通过将戏剧教育与德育有机结合,思考如何利用校外实践教育的机会,为学生提供沉浸式学习体验,培养他们的道德品质和社会责任感。以下是我以《猪八戒吃西瓜》这个剧本为例,结合上海市静安区曹家渡街道的送戏剧课程,分享的具体策略和方法。

一、前期准备。——选择剧本。我选择了《猪八戒吃西瓜》这个剧本,因为它情节简单、角色鲜明,适合小学生的理解和表演。这个剧本讲述了唐僧师徒四人在取经途中,猪八戒因贪吃而独吞西瓜,最终被孙悟空捉弄的故事。通过这个故事,可以引导学生思考贪吃、自私等不良行为的后果,培养他们的道德判断能力。——分配角色。我将班级学生分成几个小组,每个小组选择一个角色进行表演。角色包括唐僧、孙悟空、猪八戒和沙僧。通过角色分配,每个学生都能找到适合自己的角色,增强参与感和责任感。同时,我也鼓励学生自己设计角色的服装和道具,培养他们的创造力和动手能力。——了解背景。在正式排练前,我向学生介绍了《西游记》的背景知识,包括唐僧师徒四人的性格特点和取经的艰难历程。这不仅帮助学生更好地理解剧本内容,还激发了他们对经典文学作品的兴趣。

二、把社会资源请进来。与曹家渡街道社区读书节系列活动之"悦读越好听"舞台戏剧课程结合。——课程引入。在曹家渡街道的送戏剧课程中,我们邀请了专业的戏剧老师、形体老师来学校进行身、表、形、演的一系列指导。这些老师不仅带来了丰富的戏剧知识和表演技巧,还通过互动游戏和即兴表演,帮助学生快速进入角色。——专业指导。在排练过程中,戏剧老师通过"渐进式扮演策略",逐步引导学生进入角色状态。具体步骤包括:讲述故事——老师先抑扬顿挫地讲述《猪八戒吃西瓜》的故事,帮助学生理解故事情节和感受不同角色的声音状态。即兴讨论与沟通——学生分组讨论角色的性格特点和行为动机。墙上角色——学生在白板上画出自己设计的角色形象,增强角色认同感。焦点人物——每组选出一名学生进行角色扮演,其他学生提出建议。粗略表演——学生进行初步的表演,老师给予指导和反馈。排练——学生根据反馈进行多次排练,不断完善表演。关键点讨论——老师引导学生讨论表演中的关键点,如情感表达和动作细节。——沉浸式体验。通过"戏剧团课"的形式,我们营造了沉浸式的学习环境。学生在表演过程中完全投入情境,注意力专注,过滤掉所有不相关的知觉,进入沉浸状态。这种沉浸式体验不仅增强了学生的学习兴趣,还帮助他们在表演中自然地表达情感和思想。

三、德育的融入。——道德讨论。在排练和表演过程中,我引导学生讨论猪八戒的行为及其后果。通过讨论,学生认识到贪吃、自私等不良行为的负面影响,从而培养他们的道德判断能力和自我反思能力。——角色扮演。在表演中,学生通过扮演不同角色,体验不同人物的性格和行为。这种角色扮演不仅增强了学生的同理心,还帮助他们理解不同行为背后的动机和后果。——行动与反思。在表演结束后,组织学生进行反思讨论。学生分享自己在表演中的感受和收获,讨论如何在日常生活中避免类似不良行为。通过这种行动与反思,学生不仅在表演中得到了成长,还在生活中形成了积极的行为习惯。

表演结束后，学生以小组为单位进行分享交流。每个小组选派一名代表，向全班同学汇报他们在排练和表演过程中的所见所闻、所思所想。通过小组分享，让学生相互学习、相互启发，拓宽他们的视野和思维。

为了进一步巩固和深化学生的学习成果，我布置了一项创意作业——让学生以"我眼中的猪八戒"为主题，创作一幅绘画作品或一篇短文。在创作过程中，学生可以充分发挥自己的想象力和创造力，将表演所学与个人感悟融合在一起，用独特的方式表达对故事的理解和热爱。

最后，引导学生对整个活动进行总结反思。通过提问的方式，让学生思考这次活动给自己带来了哪些收获和启示，还有哪些地方可以做得更好。通过总结反思，帮助学生梳理知识、提升能力，为今后的学习和成长奠定坚实的基础。

通过以上策略和方法，成功地将《猪八戒吃西瓜》这个剧本与曹家渡街道的送戏剧课程结合起来，为学生提供了一次富有成效的沉浸式学习体验。在这次活动中，学生不仅增长了知识、拓宽了视野，还培养了团队合作、自主学习、创新思维等多种能力。

113. 在资源有限的情况下，设计实践活动的创新方法有哪些？

陈娟娟

在一次美术教学中，我发现班上的小张同学绘画工具不足、创作材料单一，作画状态不饱满，出现了"粗糙"完成、"马虎"应对的不良学习迹象。因此，作为美术老师的我开动脑筋，寻求一些身边可探寻的创新举措，激发他的绘画热情，提高他的审美创意和表现力。

我认为资源不足仅仅是现状，我们可以用发现美的眼睛去寻找身边熟悉的场景、资源以及可反复利用的材料，运用多样的场景和不同的作画材料，吸引学生"入画""学画""分享画"。社会就是一个大课堂，社会即学校，需要我们老师积极引导、善于发现、合理选择。

我通过以下几种方法开展了美术实践活动的创新举措。

一是合理利用自然环境资源：户外写生是开放式教学的一个创新方法，

利用学校周边的自然环境,如公园、建筑等,组织学生进行户外写生活动。这种活动不仅能让学生亲近自然,感受大自然的美,还能激发他们的创作灵感。找寻自然材料创作,引导学生收集自然材料,如身边的树叶、树枝、石头等,利用这些材料进行艺术创作,不仅可以培养学生的动手能力和创造力,同时让他们学会珍惜和利用自然资源。

二是结合乡土文化资源:挖掘乡土元素,结合当地的乡土文化资源,如传统手工艺、地方特色建筑等,引导学生进行创作。如开展"我画上海石库门""都市水墨——静安寺"等,这种方法可以增强学生的文化认同感和民族自豪感。同时,我们可以邀请民间艺人、非遗传承人等到学校进行技艺展示和教学,让学生了解和学习传统手工艺,如剪纸、蜡染、皮影戏等。这种活动可以拓宽学生的艺术视野,激发他们的学习兴趣。

三是跨学科融合教学:我们将美术与自然、科学等学科进行跨学科融合教学。例如在教授自然科学课时,可以让学生绘制海洋世界的相关绘画作品;在上体育课时,可以让学生观察同伴的运动姿势进行动态写生等。开展项目式学习,以项目为驱动,引导学生进行跨学科的学习和实践。例如在"爱心集市"义卖活动中,组织学生进行"环保主题海报设计"项目,让他们在设计过程中了解环保知识,提高环保意识,设计环保文创作品,进行宣传售卖等,将习得的美术技能化为一份爱的奉献。

四是利用数字技术和网络资源:利用在线创作平台,如在线绘画工具等,引导学生进行数字艺术创作。这种方法可以打破时间和空间的限制,让学生随时随地进行电脑绘画创作。同时借鉴在线课程、艺术作品库等,为学生提供丰富的学习材料和创作灵感。

五是注重实践体验:实地考察与写生,我们可以组织学生到美术馆、博物馆等地进行写生和展览,让他们近距离接触和感受艺术作品,提高审美能力和创作水平。积极参与社区艺术活动可以让学生将所学应用到实际生活中,增强他们的社会责任感和公民意识。

六是创新评价方式:教学中我会及时关注学生的创作过程,对学生的构思、草图、修改等环节进行评价,鼓励他们不断探索和发扬创新精神。

通过以上创新举措,我渐渐发现小张同学的艺术创作更加大胆、自信,在义卖活动中,他展示并售卖了自己创作的综合材料作品,大大激发了他美术学习的热情。他创作作品认真投入,表现材料多样且来源于自然,创意无限。在学校一年一度的"云美展"画展中分享了他的综合材料绘画,同时,他还积极参加了静安雕塑公园青少年绘画比赛,作品在雕塑公园美术馆中展出,社区联动,走进美术馆,小张收获了成功和喜悦。

114. 组织校外实践活动时,确保学生安全的措施有哪些?

金 峰

我在一师附小任教的几年间,多次参与校外实践活动。有一回组织学生去少年军校体验,活动安排看似周全,可第二天就有学生训练时滑倒,导致脚踝受伤,好在救治及时。经此一事,我深知校外实践活动教育意义重大,但忽视安全保障就容易出问题。作为导师,到底该如何在组织活动时保障学生安全呢?

校外实践活动是学校教育的重要部分,能帮助学生拓宽视野、增长知识、培养动手及团队合作能力。但因学生离开学校进入陌生环境,存在安全隐患。近年来,随着社会活动增多,校外实践活动中的安全问题成为教育工作的重要话题。

一方面,学生处于一个相对陌生的环境,可能会遇到不适应的地理环境、交通工具、饮食卫生等问题。加上学生年纪较小,可能缺乏对突发事件的应变能力,往往容易发生意外。而另一方面,一些导师和家长对校外活动的安全重视程度不足,导致没有事先做好充足的安全保障措施,甚至在突发情况下应对不及时。

确保学生校外实践活动安全,须在活动前充分准备、活动中持续关注并应对风险,构建安全保障体系既依赖导师高度负责,也离不开合理制度与预防措施。

针对校外实践活动中的安全保障,作为一名导师,我认为可以从以下几个方面入手:

第一,事前准备要做好充分的风险评估和规划。组织校外活动前,导师要全面评估风险、制订详尽计划:一是选适合学生身心状况的活动场地,高风险项目须评估安全性,配备安全设施与专业指导人员;二是提前规划交通、饮食、住宿,如确保交通工具、司机安全合规,选卫生达标餐厅;三是收集学生健康信息,做好活动中的预防与照顾。

第二,活动过程中要确保监督与沟通畅通。活动开始后,导师保障学生安全的要点如下：一是时刻警觉，每四位导师负责一个班级，分组管理，确保学生不脱离队伍与路线，防止单独行动；二是保证通信畅通，导师携带手机与家长保持联系，活动前向家长传达重要应急信息；三是关注户外活动的天气变化与环境突发情况，提前关注天气预报、制订应急预案，勘察并让学生远离潜在风险区域。

第三，活动后要及时评估和总结。活动结束后，导师一方面要及时组织学生进行安全检查，确保安全返校，途中留意学生精神和身体状况，对出现身体不适的学生及时联系家长并送医；另一方面要总结反思，评估安全措施，与同事、家长探讨分析安全管理经验，形成清单作为今后活动借鉴。

第四，要提高学生的安全意识。活动前，要向学生强调安全纪律，传授应对突发事件的方法，如遇险冷静、简单急救、避开危险等。通过讲解、演练和提醒，提升学生自护意识与应急反应能力，还能借安全教育活动培养其团队合作精神，使他们明白集体活动中相互关心、共担责任的重要性。

第五，要与家长保持沟通与协作。家长配合对保障学生安全至关重要。导师可提前向家长通知活动具体安排，如出行时间、地点、内容及注意事项等，要求家长签署安全同意书，同时让家长提前告知学生的特殊健康情况等，方便导师做好准备。

115 如何利用社区资源为学生提供实践学习机会？

华晨琳

在积极响应落实少先队 15 分钟幸福实践圈的号召下，如何为学生创造更多贴近生活的实践学习机会，让他们在真实情境中锻炼能力、增长见识，是我作为少先队工作者一直在思考的问题。学校所在的曹家渡街道各类资源丰富，可以为学生提供志愿服务、职业感知、文化体验等各方面的实践机会。经过一番探索，结合现有资源的有效整合，我先后带领学生在社区内开展了多次实践活动，让他们在活动中感受作为社区小主人的责任感，并提升社会参与感和自我认同感。

志愿服务是集中的社会资源。我组织学生参与社区的志愿服务项目，如环保宣传、关爱孤寡老人等。在环保宣传活动中，学生分成小组，深入社区各个角落，向居民发放环保宣传手册，讲解垃圾分类知识、节能减排的重要性等。通过与居民面对面交流，学生不仅传播了环保理念，还锻炼了沟通能力，增强了社会责任感。在关爱孤寡老人活动中，学生为老人打扫房间、陪老人聊天、表演节目，老人们脸上洋溢的笑容让学生感受到了温暖与快乐，也让他们学会了关爱他人、珍惜生活。

学校的"幸福集市"是引入的社区资源。我引入曹家渡街道的科技项目资源，在集市上作为摊位供学生参与，球幕电影揭秘宇宙奥秘，老字号摊位来摆摊，学生有的做销售，有的做导购，各司其职，在职业体验中感受劳动带来的快乐。通过集市这一载体，将社区职业融入的同时也将劳动教育整合起来，为学生带去了更加深层次的活动感受。

各类场馆是丰富的社区资源。社区是文化的聚集地，蕴含着丰富的文化资源。我带领学生参观社区内的文化场馆，如图书馆、博物馆、艺术展览馆等，让他们近距离感受文化的魅力。在图书馆，学生可以自由阅读各类书籍，拓宽知识面；在博物馆，他们通过参观文物展览，了解历史变迁、文化传承；在艺术展览馆，欣赏绘画、书法、雕塑等艺术作品，培养审美情趣。此外，我们还邀请社区内的民间艺人来学校传授传统技艺，如剪纸、糖画、面塑等，让学生在动手实践中传承和弘扬传统文化。

通过参与社区实践学习活动，学生综合素质得到了显著提升。他们将课堂所学与实际生活紧密结合，加深了对知识的理解和记忆；同时，他们的沟通能力、团队协作能力、研究能力、实践操作能力等都得到了锻炼和提高；在培养社会责任感的同时，促进了他们的全面发展。

社区资源为学生提供了广阔的实践学习天地，通过与社区建立紧密的合作关系，开展丰富多彩的实践活动，不仅可以促进学生综合素质的提升，还能推动学校与社区的共同发展。

116. 评估和选择适合小学生的实践基地或合作伙伴的标准是什么？

华晨琳

想为学生提供校外的活动空间，但是又苦于不知该如何筛选，这肯定是困扰过不少班主任老师的一个问题。只有做好准确的评估和判断,才能确保校外场所能够为学生提供安全、有趣且富有教育意义的实践学习机会。对于实践基地或合作伙伴的选择,主要可以参考以下标准和方法。

一、基础条件评估

首先,要关注实践基地的规模和设施是否适合小学生。根据教育部办公厅的相关规定,实践基地应成立并正常运营2年以上,每期能同时容纳200名学生开展活动。基地应有可供学生集中见学、体验、休整的场馆场地,功用齐全、布局科学合理。其次,实践基地的周边资源也是重要的评估因素。基地周边应有丰富的教育资源,如优秀传统文化、革命传统教育、国情教育、国防科工、自然生态等,能够满足学生不同的研学实践教育需求。最后,基地的交通便利性和安全性是评估的重要内容。基地应交通便利、安全性高,附近有医院,能够提供基本的医疗保障。

二、安全保障评估

实践基地应具备完善的安全设施,符合公共场所安全的基本要求。内部应有安全警示标志、专门的安全应急通道,主要通道和重点部位应有24小时无死角监控系统,影像资料回放保存至少90天。基地应具备基本的医疗保障条件,附近30公里范围内有可以随时施行急诊医疗的医院及救助资源。基地应制定严格的安全管理制度,有应急救援预案,各类安全设施设备运作良好。近3年来未发生过重大安全责任事故。

三、人员配备评估

实践基地应配备足够的指导教师和专业辅导人员,能够满足教学实习需要。师生比应小于1∶30,所有指导教师均应具有中级以上职称(或研究生以上学历)。基地应有专业讲解人员,能够为学生提供详细的讲解和指导。讲解人员应熟悉基地的教育资源和教育目标,能够有效地引导学生进行学习和实践。

按照以上评估和选择的标准,我们为五年级的军校之行选择了合适的活动基地。在为期两天的活动中,实践基地提供的食宿都保障了学生在军校生活的有序和安全,由专业的军人担任教官,指导五年级毕业班的学生充分感受军营生活,体验紧张而充实的军校生活,在训练场上感受训练的艰苦,遵守森严的纪律。活动之后,回到校园,我们明显感受到了学生在队风队纪方面的转变,他们学会了坚韧和自律。

在开展活动前,结合一定的标准为学生选择适合的实践基地,是保障活动有效开展的基础。安全、有趣且富有教育意义,始终是需要关注的方面,如此才能为学生的成长和发展提供有力的支持。

117. 如何为学生提供及时反馈,帮助他们在实践活动中取得进步?

朱明亮

小晨性格内向,一是在参与实践活动的过程中不善表达,实践活动中的学习状况容易被老师所忽略,二是不善于与同学合作,参与实践活动时往往心神不定,收效甚微。有这样的一个真实的典型实践活动案例《校园井盖设计》,小晨在测量环节中,没有与同学组队合作,而是在活动中漫无目的地游荡,在操作时心不在焉,一次活动下来,没有学到应学的知识。我通过仔细观察发现小晨在组队失败的时候,不敢和老师说明情况,这是他性格内向造成的。在实践活动的操作环节中,没有完成既定的任务,一是前期没有做好相应的准备,二是碰到问题,小晨没有思绪,不知如何入手。

针对小晨的问题,我首先密切关注学生的活动表现,提供及时的反馈,让他多说多讲,多参与班集体活动。同时,运用一些新媒体技术,通过数据即时反馈,观察小晨的即时学习状态,疏通学生学习思路,督促学生按要求完成活动任务,取得进步。

在一次实践活动中,我发现小晨还是没有和同学们一起组队活动,我私下把他拉到一边,问道:"小晨,你和谁一组呢?说给老师听听,让老师知晓一下。"小晨支支吾吾不语。我心想出现这种情况其实已经不是第一次了,我看小晨僵持着还是不肯表达自己的想法,干脆直接先叫停班级的活动并说道:"有一位同学,其实他很有想法,在上一节课中他的设计就很有创意,只是时间有限,今天我们先请他来说说设计创意。"在万众瞩目下,小晨终于开口说道:"我设计的是京韵的脸谱拨浪鼓……正反两面是京剧的三块瓦脸。"我对全班说道:"其实小晨的设计很有创意,大多数人制作的都是京韵团扇,唯独小晨想到了拨浪鼓,但是艺术表现还有很多不足之处,哪一组愿意帮帮他?"这时候每个组都踊跃地邀请小晨加入。"小晨,你自己选,要敢于做决定!"小晨指向小丽那一组，我说道："大胆说出来。"小晨轻轻地说："想去小丽那一组。"看到小晨迈出表达的第一步，我露出了笑容。小晨性格内向，我的问题解决设想是让小晨大胆地表达，多关注他，让他成为班级的焦点，让他感受他和别人一样，同样可以做得很棒。在活动中多次分享自己的设计构思让小晨渐渐地敢于表现，迅速地融入了班级，也顺利地加入了一个固定的学习组，取得实质性进步。

在另外一次实践设计活动课中，我还运用多媒体蓝易思广播系统在大屏幕上实时观察学生的学习状态，发现小晨的电脑屏幕一片空白，没有动静，我立马点名小晨提问道："小晨，对比照片这幅线描作品美不美呢？围绕水乡美的特点，你来帮老师找找问题所在。"小晨回答："我觉得可以舍去一些水管、衣架……"我小结道："舍去复杂房屋结构、衣物、一些现代化设施，以及影响水乡美观的无关场景，小晨回答得非常好，请给他鼓掌。"在大家的鼓舞下，小晨顺利完成了《美丽的水乡》作品。以上活动片段使用蓝易思广播系统精准地定位了小晨的学习状况和即时情况，做到个性化对位辅导，让课堂管理变得更加高效。经过长期的点对点的辅导及反馈，小晨更加开朗，更加乐于参与实践活动了。

每个学生都是宝，有些学生由于不善于表达，往往学习效果不佳，老师需要了解他们的性格，提出有针对性的解决方案，多交流，多鼓励，让学生自信，从而乐于融入班级。多关注这些学生，同时运用一些多媒体的设备，观察学生的学习状态，及时疏通和辅导，促使他们在实践活动课中有实质性的进步。

118. 将教育技术工具整合到实践向导中，提高教学效率的方法有哪些？

虞培雯

清晨的阳光欢快地跳进教室，我走进机房，准备开启这堂与众不同的信息科技课。最近这个阶段，我带领三年级的学生开展了活动"记录美丽校园"。在这个活动中，学生已经明确了活动任务——迎接80周年校庆，拍摄制作校园宣传片。以小组为单位，采集影像素材，对素材进行优选。接下来就要对拍摄的影像进行编辑加工。这对我而言,是一个巨大的挑战。如果单纯依靠教师的讲解和示范,学生虽能掌握一些基本操作,但是在解决复杂问题时总是不尽如人意,课堂也略显沉闷。在之前的教学中,已经将数字资源作为教育技术工具提供给学生,以此提高教学效率;随着人工智能的发展,数字技术也可以应用到相关教学中,为此我决定引入人工智能中的智能体技术,为学生定制个性化的学习材料和学习路径,让技术赋能课堂,使课堂焕发新的活力。

1. 借助智能体技术,引导学生自主学习。我面带微笑,向学生介绍今天学习的小助手——"智能体"。我事先选择了一些学生拍摄的、有问题的图片,导入智能体中。以智能体为载体,组织开展今天的学习活动。当学生开启智能体后,智能体就像一个小老师,与学生开展面对面、一对一的教学。

小周启动了"智能体"后,"智能体"就发出提问:你能找出这张图片的问题吗?小周经过思考,选择了一个答案。"智能体"回答:对不起,回答错误,再想一想。小周重新思考后,又选择了一个答案。"智能体"回答:回答正确。然后附上了一段关于编辑图片、解决相关问题的文字介绍。小周仔细阅读了一下,发现要实现操作有些困难,就举手问我道:"老师,我看不懂这段介绍,怎么办?"我回答道:"你可以向'智能体'发出提问,请它给你一段操作演示视频。""是吗?我试试。"小周回答道。于是,小周在对话框中输入"给我操作演示视频","智能体"立刻附上了相关视频,小周根据视频立刻上手进行了相关学习。

2. 借助智能体技术,解决学生的生成性问题。在自主探究环节,请学生对拍摄的照片进行个性化美化。在这个环节中,学生的个性化问题层出不穷。小张在添加光影特效后,画面变得昏暗模糊,他焦急地向我求助。我建议他可以试着问问"智能体"。"智能体"收到问题后迅速响应,不仅用文字清晰地指出可能是光影参数设置不当,还贴心地附上一段操作演示视频,一步步引导他调整亮度、对比度等参数。学生聚精会神地学习,不一会儿,画面便恢复了明亮清晰,他的脸上也绽放出自信的笑容。在"智能体"的陪伴下,学生在实践中不断攻克难题,技能越发娴熟。

在"智能体"的加持下,学生在自主探究学习中游刃有余。"智能体"是学生坚实的后盾,随时提供精准帮扶。在一来一往的交流协作中,他们的畏难情绪烟消云散,取而代之的是不断探索、勇于尝试的决心。

随着技术的不断发展,期待更多的教育技术能够融入日常教学中,为每一位学生打开通向无限可能的大门,让成长在实践中绽放。

119. 如何确保跨学科实践项目与学生核心课程学习相协调?

汪 宏

阳光明媚的午后,操场上热闹非凡,体育课刚刚结束。学生围坐在树荫下,一边擦着额头的汗水,一边兴奋地讨论着刚才体育课上发生的事。这节课,体育老师尝试了一次跨学科教学,将数学知识融入跳绳技巧讲解中,引发了这场争论。

"我觉得老师这样讲太棒了!"小红眼睛亮晶晶的,"跳绳的时候,数数跳的个数,不就是数学里的计数吗!老师还教我们怎么用数学方法计算每分钟跳绳的次数,我一下子就明白了怎么才能跳得更快,还能和同学比比谁跳得多呢。"

"可我就不明白,"小刚嘟着嘴,"我们来上体育课,就是想好好跳绳,锻炼身体。突然冒出这么多数学知识,我听着就头大,还怎么好好跳绳呀?我都差点忘了跳绳的节奏了。"

"那也不能说数学和体育就不能一起学呀。"小美不服气地说,"我们学美术的时候,老师就说过构图很重要。跳绳的时候,要是能像画画一样,注意身体的姿势和动作的美感,那跳起来多好看呀!体育和美术也能联系起来,说不定还能编出好看的跳绳舞蹈呢。"

"可问题就是,"小强皱着眉头,"体育课时间本来就短,要学跳绳、跑步、做操好多东西呢。要是花太多时间在数学上,我们跳绳都练不熟,更别提别的项目了。我怕到最后体育学不好,数学也学得乱七八糟的。"

争论声此起彼伏,学生你一言我一语,争论的焦点逐渐清晰。在上述学生对于教师在体育课堂进行跨学科教学讨论的过程中,不同的学生有不同的意见,不能说谁对谁错,于是我就引导他们将争论进行归类分析。

问题一:跨学科知识与体育技能学习的关联性认知差异。每个学生都是不同的个体,他们的学习能力以及接受新事物的能力不同,因此,在面对教师采用新的跨学科教学的方式进行教学时接受能力也不同。一部分学生认为跨学科知识(如数学)能帮助他们更好地理解和掌握体育技巧,像通过数学计数来提升跳绳效率;另一部分学生则觉得跨学科知识的引入干扰了他们对体育技能的专注练习,让他们难以把握体育动作的节奏和要领。

问题二:跨学科教学在体育课时间分配上的合理性。同学们争论的关键点是跨学科知识在课堂中的应用与体育学科之间的冲突。部分学生担心体育课时间有限,若过度侧重跨学科内容,会挤压体育技能训练的时间,导致体育技能提升受阻,同时跨学科知识也难以深入掌握,影响学习效果。

针对这个问题,我采取了以下措施:

一、针对关联性认知的差异进行分层引导和个性化关注。针对不同认知水平和兴趣爱好的学生,我进行分层引导。对于能快速接受跨学科知识并应用于体育技能学习的学生,鼓励他们深入探索,如让他们研究不同跳绳节奏(涉及音乐知识)对跳绳耐力的影响,并尝试调整自己的跳绳节奏;对于暂时难以接受的学生,先以体育技能训练为主,逐步渗透简单的跨学科知识,如在练习跳远时,简单提及助跑距离与起跳点位置(涉及数学测量知识)对成绩的影响,让他们慢慢适应,同时老师在课后给予这些学生个性化的关注和辅导,帮助他们理解跨学科知识与体育技能的联系。

二、针对时间分配合理性的解决策略。——精选跨学科知识融入点。深入研究小学体育学科知识体系和学生的学习特点,精准找到与跨学科知识结合的关键节点。比如在学习队列队形变换时,重点融入数学中的图形变换知识,讲解如何通过简单的平移、旋转动作来完成队形的快速变换,而不是泛泛地引入大量数学概念。这样既能突出跨学科知识对体育技能的针对性帮助,又能避免占用过多时间,确保体育技能训练的主体地位。——课前引导与课后延伸。课前通过简单的引导,让学生对即将讲解的跨学科知识产生好奇心。例如在讲解跳绳技巧前,简单提及数学中的节奏和规律,让学生带着问题来上课;课后,布置与体育和跨学科知识相关的趣味小任务,如让学生记录一周内每天跳绳的时间和个数,绘制简单的统计图表(涉及数学知识),并分析自己的跳绳进步情况。

通过课前引导和课后延伸,将跨学科知识的学习与体育技能训练有机结合,让学生在课外也能继续探索和实践,实现体育技能与跨学科知识的协调发展,同时减轻体育课课堂时间压力,让学生有更多时间消化吸收跨学科知识,提升综合素养。

120. 在实践向导中融入多元文化元素,培养学生全球视野的方法有哪些?

葛 瑛

在当今全球化时代,培养学生全球视野至关重要。2022年版《义务教育英语课程标准》明确提出要培育学生的文化意识,这不仅有助于学生增强家国情怀和人类命运共同体意识,还有助于涵养品格、提升文明素养和社会责任感。通过帮助学生了解世界不同国家的优秀文明成果,比较文化的异同,发展跨文化交流能力,可以形成健康向上的审美情趣和正确的价值观。

然而,在实践向导中融入多元文化元素时,仍面临一些挑战。以五(8)班陈同学为例,她对英语学习兴趣浓厚,渴望开阔眼界,培养全球视野。平时她主要通过书籍和电影学习,但其中有些英语内容难以理解。这反映出目前存在的问题:基于小学生的身心发展特点和语言发展能力,适切的多元文化资源相对不足,内容往往比较单一,缺乏系统性和深度。因此,在实践向导过程中,难以有效地将多元文化元素融入其中。

为解决这一问题,可以采取以下几种方法:

教师可以从教科书内容入手,结合学生已有的知识基础,寻找适切的学习素材。例如在学习"grandparents"单元时,教师可以通过复习重阳节引导学生回忆其他中国传统节日,如春节、端午节、中秋节和清明节等。通过引入相关的中国诗词和适合学生英语水平的绘本故事,让其感受中国传统文化的博大精深。

此外,教师还可以结合未来课程内容,引导学生深入拓展预习。如新学期伊始,老师提到本学期将学习"Museums"单元,会深入了解卢浮宫的历史背景和馆内藏品的文化内涵。老师记得小陈假期曾参观过,于是以此为契机询问他是否愿意分享参观经历。小陈对卢浮宫的镇馆之宝《蒙娜丽莎》印象深刻,他还称赞卢浮宫的建筑风格独特,表示一定会认真准备,和大家分享他的所见所闻。

除了课堂教学外,教师还可通过创新实践向导方式,为学生创造多元开放的学习环境。例如老师设计了"Little nutritionist(小小营养师)"的项目化学习:儿童节期间,学校计划邀请多国学生举办联谊访学活动。由于不同国家的美食和饮食习惯各不相同,因此邀请小陈和其他同学一起尝试为食堂设计一份个性化菜单,既满足他国学生的口味和饮食习惯,又兼顾营养健康。在这个过程中,他们将深入了解不同国家的特色美食及饮食文化习惯,并结合健康饮食理念进行设计、验证和调整,小陈同学对此非常感兴趣,积极参与,收获良多。

随着全球化的推进,培养具有全球视野的学生变得尤为重要。面对挑战,我们要不断探索创新方法。通过深挖课程教材内容、扩充教学资源和创新实践向导方式,为学生创造一个多元开放的学习环境,帮助学生成为具有国际竞争力的人才,为构建和谐多元的世界贡献力量。

121. 如何设计实践活动,提高学生的自然资源保护意识?

刘 鑫

近年来,随着城市化进程的加速,我发现学生接触大自然的机会越来越少,对自然资源的保护意识也相对薄弱。为了改变这一现状,学校结合"全员导师制",设计一系列实践活动,旨在激发学生对大自然的热爱,培养他们的环保意识,让每一颗绿色种子都能在心灵的土壤中生根发芽。

我们精心策划了"探秘植物王国"这一科技实践系列活动。这一系列活动旨在通过丰富多样的实践活动,引导学生深入探究植物的奥秘,了解植物在地球生态学方面的重要作用,从而培养他们的环保意识。

活动初期,我们成立了由校领导、各科教师和家长代表组成的活动领导小组,并制订了详细的活动实施方案。在"全员导师制"的指导下,我作为导师之一,积极参与到活动的策划和组织中,根据自己的专业特长和学生的兴趣点,为学生量身定制了个性化的探究任务。

活动分为四个阶段进行:组织发动阶段、活动实施阶段、成果展示阶段和评价反馈阶段。在组织发动阶段,我们通过升旗仪式、班会等形式,向全校师生宣传了活动的意义和目的,激发了大家的参与热情。在活动实施阶段,学生们在我的指导下,开展了识植物、种植物、画植物、制作植物贴画、编辑电脑小报、为校园和社区植物挂二维码标牌等一系列丰富多彩的实践活动。

其中,"为植物制作二维码身份证"这一活动尤为引人注目。我指导学生们学习了二维码的制作方法,并搜集了相关植物资料,为校园内的每一株植物制作了独一无二的二维码身份证。这些身份证不仅包含了植物的名称、科属、生长习性等基本信息,还附带了学生自己撰写的植物小故事和环保寄语。通过扫描二维码,人们可以更加便捷地了解植物的知识,同时也感受到了学生对大自然的热爱和敬畏。

在"全员导师制"的助力下,"探秘植物王国"活动取得了显著的成效。通过实践活动,学生对植物有了更加深入的了解,他们的观察力、想象力和创造力得到了极大的提升。同时,在活动过程中,学生学会了如何收集资料、如何自主探究未知领域,他们的自主学习能力和团队协作能力也得到了锻炼。最重要的是,通过参与活动,学生深刻认识到了植物在地球生态学方面的重要作用,他们的环保意识得到了显著增强。

为了将这一活动持续深入地开展下去,学校还采取了以下措施:一是建立长效机制,将自然资源的保护意识活动纳入学校常规教学计划,确保每年都能定期开展;二是加强家校合作,鼓励家长参与到活动中来,共同培养学生的环保意识;三是拓展活动范围,将活动从校园延伸到社区和家庭,让更多的人了解植物、爱护植物。

"探秘植物王国"活动,不仅为学生提供了一个展示自我、锻炼能力的平台,更为他们种下了一颗颗热爱自然、保护环境的绿色种子。我相信,这些种子将在未来的日子里,不断生根发芽、开花结果,为地球家园的绿色发展贡献自己的力量。

122. 通过实践活动,培养学生情感智力和社会技能的方法有哪些?

汪妩蔚

在我的班上有个学生小李,他的学习成绩优异,却在人际交往方面存在较大困扰。在班级里,他缺少朋友,组队活动时也常遭遇挫折,他感觉自己与班级同学和学校环境格格不入,这使得他对参与四年级英语学科活动产生了抵触情绪。别的同学已组队并开始积极筹备,唯有他闷闷不乐,作为导师,我意识到培养他的情感智力和社会技能迫在眉睫,便与他深入交流这些能力对个人成长的重要性。

首先我问了问小李:"你愿意参加学科活动吗?"小李说:"我想参加,但是没有人愿意和我组成小队,肯定是因为大家都觉得我不行。"于是我引导小李正确认识自我,及时鼓励他,让他明白自己只是尚未掌握提升情感智力和社会技能的方法,并非自身能力不足。这一沟通旨在帮助小李消除自我否定,树立积极的自我认知,激发他提升相关能力的内在动力。

接着,在接下来的课上,我借助角色扮演游戏来提升小李的情绪识别与理解能力;在故事课本剧《Animal School》的角色扮演游戏中,我鼓励他在游戏中扮演不同的动物角色。在参与游戏的过程中,他能切实体验各种角色的情绪,有失望否定自己的小兔子,也有充满自信鼓励他人的小猴子。随后通过参与集体讨论,学会如何理解和处理这些情绪,进而提升自身的情绪识别和理解能力,增强同理心。

课后,通过艺术活动和放松技巧来强化情绪表达与调节能力也非常重要:我建议小李参与绘画、弹奏乐器、写诗等艺术活动,以此作为释放内心情感的途径。艺术创作过程不仅能让他将内心的情绪具象化,还有助于培养积极面对情绪的态度。同时,教导他如深呼吸、运动等放松技巧,使他在面对生活和学习中的挑战时,能够保持冷静和专注,更好地调节自身情绪。

接下来就是利用这次"A little school guide"的学科活动,帮助小李成功组队,并且指导小组成员的合作来锻炼社会技能。——合作前沟通与引导:在参与小组合作项目前,组织小李所在小组共同探讨有效沟通与合作的方法。引导小组成员学会倾听他人意见,清晰表达自己的想法,以及充分发挥各自优势,为顺利开展小组合作奠定基础。——合作中协调与冲突解决:在小组合作过程中,指导小李及其他成员根据各自特长进行合理分工,确保每个成员都能在项目中发挥价值。当小组内出现意见分歧时,鼓励他们通过积极的讨论和协商达成共识,锻炼沟通协调能力和冲突解决能力。在这个过程中,小李逐渐学会在团队中与他人相互支持、共同协作。——合作后的总结和收获:首先肯定了小李和团队这一次的表现,并让所有小组成员总结在这次活动中收获了什么,哪些地方还可以调整一下,为下一次小组合作做好准备。同时告知小李学校丰富的实践活动资源,除了像"A little school guide"这样的学科活动外,还会定期组织团队活动、比赛,都是锻炼情感智力和社会技能的良好契机。鼓励他积极参与这些活动,在真实的情境中不断实践和提升自己。

小李成功参与这次学科活动,成功迈出与人交流和磨合的第一步,结交到新朋友,还学会了表达自己的情绪。尽管在合作过程中仍会遇到一些小问题,但他都能和小组队员共同解决。这一系列积极的变化表明,实践活动对小李情感智力和社会技能的培养起到了显著作用。

诚然,培养情感智慧和社交技巧是一个长期的过程。在后续的学习和生活中,我将持续关注小李的发展,定期与他交流,了解他在人际交往和情绪管理方面的新问题和新困惑,并给予有针对性的指导和建议。同时,鼓励他积极参与更多的实践活动,不断巩固和提升已取得的成果,逐步成长为一个具备良好情感智力和社会技能的学生。

123 在实践活动中处理学生之间冲突和分歧的策略是什么?

谢敏慧

一天,在课堂上,小邹和小方因为传本子发生了激烈的冲突。起初,事情看起来是那么简单,却在瞬间演变成了一场情绪风暴。那天默写完后,我要求同学们从后往前传本子,小方因为复习不充分,默写时不太熟练,心里焦虑不安,因此迟迟不愿意把本子交给前面的同学。

小邹坐在前面,眼看着其他同学都在传本子,有的小组已经交完默写本了,心里有些着急,便悄悄转过身,伸出手想去拉小方的本子,提醒他尽快交上来。谁知,这一举动却触发了小方心中早已埋藏的怒火。小方本就是个脾气急躁、非常要面子的孩子,尤其在这种公开场合,他的自尊心显得格外敏感。看到小邹一把拉住自己的本子,他的眼睛瞬间瞪大,怒气和羞愧交织成一团。他猛地抓住本子,声音里夹杂着压抑不住的愤怒:"你干吗拿我本子?"这句话几乎是从牙缝里挤出来的,眼中的怒火如同火山爆发前的迹象,整个人仿佛都要爆炸。

小邹一时没有意识到小方的情绪已经失控,依旧用力往回抽本子。瞬间,本子被抢走了。小方的怒火如同山洪暴发,瞬间席卷了整个教室。他的脸涨得通红,泪水模糊了双眼,声音也变得尖锐而嘶哑:"你怎么可以这样!你凭什么抢我的本子!"他疯了似的冲到正走上讲台交本子的小邹前面,一把抓住小邹的衣服,用力捶打他的肩膀。周围同学的桌子全被他撞翻,本子和文具散落一地,砰砰声响彻整个教室,身旁的同学都被吓得瑟瑟发抖,有人尖叫,有人捂住耳朵,空气仿佛凝固了,所有人都在屏息凝视,生怕这个局面会变得更加不可收拾。

  面对这一突如其来的冲突,我迅速做出了反应,立刻将两位同学拉开,让他们暂时冷静下来。此时,我能看到他们脸上带着愤怒和羞愧,显然情绪并未平复。我意识到,在情绪高涨的情况下进行对话,可能会加剧矛盾,因此我决定先给他们一些时间,帮助他们平复情绪。我拉出两张椅子,轻声告诉他们:"你们先坐下,深呼吸一下,冷静一会儿再说。"同时,我转移了同学们的注意力,问:"有没有哪位热心的同学愿意帮助老师清理一下这些桌椅?"班里的同学纷纷举手,大家齐心协力,把桌椅摆放整齐了。我微笑着对大家说:"谢谢大家的合作,这展示了我们班级的团结精神。"

  等到教室恢复平静后,我把小邹和小方叫到了我的面前,轻声而耐心地对他们说:"刚才的冲突让大家都感到不安,但我们可以从中学到很多东西。现在,让我们冷静地看看发生了什么,找到解决的办法。"

  情绪引导与倾听。首先,我让他们各自表达自己当时的感受:"小邹,你来先说说,刚才是怎么想的? 小方,你觉得自己当时为什么反应那么激烈?"通过让他们分别讲述自己的感受,不仅能让他们意识到自己情绪的来源,还能帮助他们理解冲突的根本原因。小邹提到他当时感到有些焦虑,怕拖慢了其他同学的进度,而小方则表示他因为自己默写时心里有压力,情绪容易紧张,一看到别人拉自己本子就特别不舒服。

  情绪反思与自我觉察。接着,我帮助他们反思情绪背后的动因。比如我问小方:"你是不是觉得自己在默写时没准备好,害怕别人评价自己?"我又对小邹说:"你是不是因为大家都在等你,才感到有些着急,所以不小心触碰到了小方的敏感点?"通过这些引导,我希望他们能意识到自己的情绪反应,并从中找到改进的空间。

  解决冲突的方式与沟通技巧。然后,我强调了如何避免类似冲突发生的方法:"如果再遇到类似的情况,小邹,你可以提前用言语提醒,而不是直接去拉别人的本子,这样可以给对方更多的时间去反应。小方,遇到别人提醒时,可以平静地告诉他自己需要一点时间,而不是直接反应过度。你们都有能力以更冷静的方式来沟通。"我还提醒他们,可以使用"我觉得……"这种方式表达自己的情感和需求。这样既能保护自尊心,也能避免误解。例如小方下次可以说:"我现在有些焦虑,能不能稍微等我一下?"而小邹则可以说:"我知道你可能有些压力,但其他同学已经完成了,能不能稍微快点?"

我鼓励两位同学互相道歉。小邹诚恳地对小方说:"对不起,我当时没有考虑到你的感受,给你带来了不好的体验。"小方也表达了自己的歉意:"对不起,我当时情绪失控,给大家带来了不必要的困扰。"这是解决冲突的重要环节,通过道歉,两人不仅化解了矛盾,也为以后建立更好的关系奠定了基础。

在两位同学和解后,我让全班同学进行了一次小小的反思与分享:"今天的冲突提醒了我们,每个人都有情绪,我们如何处理自己的情绪,以及如何尊重别人,都是非常重要的。大家有没有什么想法,可以跟我分享一下?"通过这种开放性的反思,其他同学也表达了自己的看法,大家开始意识到情绪管理和沟通的重要性,班级气氛逐渐变得更加和谐和包容。

冲突得到解决后,我没有立即结束这次讨论,而是安排了后续的跟进。我对两位同学说:"你们今天都表现得很好,学会了冷静沟通,我希望你们今后能继续保持。如果还有类似的情况发生,我们可以一起探讨解决办法。"对于整个班级,我也强调了情绪管理和沟通的重要性,鼓励同学们在今后的相处中更理解和关心彼此。

通过这次冲突事件的处理,我深刻体会到情绪管理和沟通技巧在解决学生之间的冲突中的重要性,也从中获得了宝贵的教育反思经验,帮助我们更好地思考如何在日常教学中有效预防和化解类似的冲突。

从事件的起因来看,冲突的爆发源于小邹和小方在本子传递过程中的误解和情绪失控。小邹因焦虑而伸手去拉小方的本子,然而小方因默写不顺而产生压力,最终情绪爆发。这种情绪的积累和失控不仅影响了他们自己,还引发了周围同学的恐慌,导致了教室气氛的紧张和混乱。然而,在我的及时干预和情绪引导下,冲突得到了有效的缓解和解决。回顾整个处理过程,不仅解决了眼前的矛盾,更为我们提供了更深层次的教育启示。

首先,情绪管理是处理冲突的基础。在冲突发生后,我立刻采取了让两位同学冷静下来的措施,并给予他们时间和空间去反思自己的行为。通过这种冷静的情绪引导,不仅避免了事态的进一步升级,也帮助学生意识到情绪管理的重要性。此次经历让我认识到,教师在日常教育中应当时刻关注学生的情绪变化,特别是在冲突或压力情境中,及时的情绪疏导能够帮助学生保持冷静,更好地解决问题。

其次,沟通技巧是解决冲突的关键。在小邹和小方的冲突中,由于缺乏有效沟通,误解加剧了双方的矛盾。如果小邹能够先用言语提醒小方,而不是直接拉本子,冲突就有可能不会发生。同样,如果小方能够平静表达自己的焦虑,而不是做出激烈反应,情况也会有所不同。这个事件让我意识到,必须培养学生的沟通能力,帮助他们学会如何理性表达自己的需求和情感,如何倾听和理解他人的感受。通过这种良性沟通,学生能更好地处理人际关系,减少误解和冲突的发生。

最后,冲突的解决不仅是矛盾的化解,更是情感与价值观的教育。通过引导学生反思引发冲突的原因,帮助他们认识到自己的情感反应,也帮助他们理解他人的感受和需求。这种情感认知的提升对于学生日后在人际交往中处理复杂情绪和冲突具有重要意义。此次事件的处理让我意识到,情感教育应成为日常教学的重要部分,帮助学生建立自我觉察和情绪调节的能力,从而促进他们的全面成长。

此外,班级集体的力量也在此次事件中得到了体现。在冲突发生后,让其他同学参与清理教室的过程,不仅有效缓解了紧张气氛,还增强了班级的凝聚力和合作精神。班级成员间的相互支持与理解,让学生意识到尊重和合作的重要性。这一过程也促进了全班同学在情绪管理和人际交往方面的共同成长。

总的来说,这次事件不仅是一次冲突的处理,更是一次深刻的教育实践。通过这次经历,我更加坚定了情绪管理、有效沟通和情感教育的重要性。在未来的教学中,我将继续关注学生的情绪发展,帮助他们提高情商和人际交往能力,让他们在面对压力和冲突时,能够冷静应对,理性解决问题,建立和谐的人际关系。

第三章

关于"家校合作谱"

章首语

家庭，是孩子生活的大本营；学校，是学生成长的主阵地。

家庭与学校，是培养中国特色社会主义建设者和接班人的最基本的场所；家校关系，是关系教育对象健康成长的最重要的关系；家长与教师，是担负立德树人根本任务的最胜任的主角。

家校共同、协同、大同，能保证一代新人茁壮成长。

本章提示

导师与家长，作为教育人的两大主体，对学生的健康成长起着重要的作用。他们既肩负共同的育人责任，也分担着不同的教育责任。

本节以导师的角色和家长的协同作为主题，从导师的角色描述和家长协同的角度，通过不同场景、不同话题的展开，阐述了家校合作的价值以及协同家校关系的途径。

第一节 导师与家长

124. 在家校关系中,导师的角色定位是什么?

曹琳珠

在上海中小学推行"全员导师制"的背景下,作为学生导师,在家校关系中的角色定位是什么?

2023年,上海市教委制订的《上海市中小学生全员导师制工作方案》中指出,导师的关键职责包括成为良师益友和做好家校沟通。导师不仅要为学生提供全面发展的指导,还要与学生家长建立真诚互动、相互支持、紧密合作的协同关系,为家长提供家庭教育指导的制度和育人方式,健全学校家庭社会协同育人机制,提高育人的科学性、针对性和实效性。

作为学生导师,在家校关系中的角色定位主要有以下几方面:

一、家校沟通的慧桥梁

导师须积极搭建家校沟通的桥梁,促进家校间陪伴支持、真诚互动、协同共进的良好氛围,推动导师与其他教师相配合,学校家庭社会协同育人,为学生构建健康的教育环境和生态。通过家校沟通和家庭教育指导,引导家长树立正确的教育观念、掌握科学的教育方法、构建和谐的亲子关系,为学生的健康成长和全面发展创设温馨的家庭环境。

二、家庭教育的指导者

导师要根据学生的实际情况,每学年至少进行1次家访,全面了解学生成长的家庭环境,开展个性化的家庭教育指导。同时,向家长分享相关的家庭教育素材以及经验,帮助家长舒缓情绪、缓解焦虑,和家长一起想办法激发孩子更多的内驱力。当家长在教育孩子过程中遇到问题时,导师能够凭借自身的专业知识和教育经验,为家长提供有效的解决方案和策略,帮助家长更好地应对孩子的教育问题。

三、学生情况的反馈者

导师应经常与学生谈心谈话,尤其是在开学、毕业、考试前后和学生生活发生重大变故等重要时间节点,开展有针对性的指导,并及时将学生的学习、生活、心理等方面的情况反馈给家长,让家长全面了解孩子的在校表现。每学年结束时,导师要向学生及家长进行书面反馈,挖掘学生的"闪光点",提供成长建议,增强学生的成长动力。

四、家校矛盾的协调者

在出现家校矛盾时,导师作为中间人,要站在客观公正的立场,倾听家长和学生的诉求,协调并缓和家校关系,避免矛盾进一步激化,促进家校之间的相互理解和信任。导师要帮助家长树立正确的教育观和成才观,引导家长理性看待孩子的学习和成长过程中的问题,避免因不合理的期望和过度焦虑而产生不必要的家校矛盾。

125. 解锁密码,如何开启导师与家长的信任之旅?

陈 思

在当今教育格局深刻变化的时代,家长的教育观念不断更新,他们对孩子的关注焦点,早已从单纯的学业成绩,转移到了孩子的情绪与心理健康层面。这一转变,深刻反映出社会对全面发展人才的热切需求,也对教育工作者,尤其是导师,提出了更高、更全面的要求。在这样的大背景下,稳固的家校信任关系,成为推动教育事业发展的关键力量,而其中,与学生建立深厚信任,并保持高效的家校沟通,无疑是开启成功教育大门的钥匙。

我所带班级里的 W 同学,便是一个典型案例。W 同学是一名被确诊为 ADHD(注意缺陷多动障碍)的学生,日常行为的控制,在很大程度上依赖于药物的辅助。在传统的教育视角下,这样的学生往往容易被贴上"特殊"的标签,面临诸多误解与挑战。但 W 同学身上,却闪耀着独特的光芒。他对探索大自然充满了无限热情,拥有超乎常人的动手实践能力。在学校组织的秋季社实践活动中,这种特质展现得淋漓尽致。当其他同学沉浸在游乐项目带来的欢乐中时,W同学却独自穿梭于小树林和花丛之间,他的眼中只有那些灵动的昆虫和生机勃勃的植物。他巧妙地将同学们喝完水后丢弃的矿泉水瓶,变成了一个个"昆虫家园"。活动结束时,他捧着两瓶满满的蚂蚱,兴奋地向大家展示,那纯真的笑容中,洋溢着自豪与满足。

如何通过家校间的信任鼓励W同学强势成长呢?

一是敏锐捕捉兴趣,积极鼓励引导。发现W同学对探索自然的浓厚兴趣后,我深知这是点燃他自信与成长的火种。当他展示自己的"战利品"时,我毫不吝啬自己的赞美之词,给予他充分的肯定与鼓励:"阿W,你好厉害,你是怎么做到的?能跟我们一起分享分享吗?"这种积极的反馈,让他感受到自己的努力和成果得到了认可,也激发了他进一步探索的欲望。活动结束后,我鼓励他在班级里分享自己的探索经历和捕捉昆虫的技巧。站在讲台上的他,眼中闪烁着自信的光芒,那一刻,他成为同学们眼中的"小专家",自信心和内驱力得到了极大的提升。

二是深化家校沟通,实现全面了解。我深深明白,家庭教育在孩子成长过程中起着不可或缺的作用。因此,我与W同学的家长保持着密切的沟通。通过交流,我了解到他在家中也热衷于收集鱼虾虫等小动物,还专门为它们搭建了"小天地"。这种家校之间的信息互通,让我从多个角度全面认识了W同学,避免了因片面认知而对他产生刻板印象。同时,也让家长感受到我对孩子的关注与重视,为后续的教育合作奠定了良好的基础。

三是聚焦心理需求,培育"三感"驱动。在教育过程中,我始终牢记内驱力的培养对学生成长的重要性。而满足学生的归属感、自主感和成就感,是激发内驱力的关键所在。对于W同学,我在日常学习和生活中,给予他充分的关心和支持,让他感受到班级这个大家庭的温暖,从而获得归属感。在他感兴趣的自然探索领域,我鼓励他自主选择探索方向,自主决定观察和研究的内容,让他体验到自主探索的乐趣。每当他取得一点进步时,无论是新发现了一种昆虫,还是成功地饲养了一只小动物,我都会及时给予表扬和肯定,让他不断积累成就感。随着"三感"的逐步满足,W同学的学习态度发生了显著的转变,他变得更加主动、积极。

四是定制专属方案,助力个性发展。基于对W同学的兴趣、优势以及面临的挑战的深入了解,我为他量身定制了一套个性化的教育方案。在学习方面,结合他对自然科学的热爱,将相关知识融入各个学科的教学中,提高他的学习积极性。在行为规范方面,制订了循序渐进的改进计划,通过正面引导和奖励机制,帮助他逐步改善多动和注意力不集中的问题。同时,我将这套方案详细地分享给家长,向他们解释每一个环节的设计思路和预期效果,让家长能够更好地在家中配合学校的教育工作。

五是持续学习进步,提升专业素养。教育领域犹如一片不断进化的海洋,新的理念、方法层出不穷。为了给学生提供最优质的教育服务,我始终保持着对学习的热情,积极参加各类教育培训,深入研究最新的教育理念和方法。通过不断地学习和实践,我将这些先进的教育理念融入日常教学中,不断优化自己的教育教学方式。这种对专业成长的不懈追求,不仅提升了我的教育教学水平,也让家长看到了我对教育事业的执着和用心,进一步增强了他们对我的信任。

通过对W同学的教育引导,我深刻认识到,建立家校信任是一个长期而细致的过程,需要我们教育工作者用心去经营。在这个过程中,我们要始终保持真诚、专业和关爱的态度,以学生的发展为核心,积极与家长沟通合作。从关注学生的兴趣爱好,到满足他们的心理需求;从制订个性化的教育方案,到不断提升自身的专业素养,每一个环节都至关重要。教育之路,布满荆棘,但只要我们怀揣着对教育事业的热爱,秉持着为学生负责的态度,就一定能够跨越重重困难,为学生创造一个充满希望和可能的未来,让每一个孩子都能在我们的关爱与引导下,茁壮成长,绽放出属于自己的光芒。

第二节 正视家庭变化

126. 家庭突发情况，导师如何关心学生的心理状况？

吴 苹

最近，我注意到班上的小明同学似乎陷入了深深的沉默之中。曾经活泼开朗的小明，如今不仅在课堂上变得异常安静，课后也很少参与同学们的游戏和讨论。更令人担忧的是，他的学习成绩出现了显著下滑。经过与家长的沟通，我才得知，原来小明的父亲最近被诊断出患有重病，这对小明来说无疑是一个巨大的打击。

亲人遭遇重病或离世对学生的心理影响是深远且复杂的。这些事件不仅打破了学生日常生活中的安全感，还可能引发一系列复杂的情感反应，如悲伤、恐惧、愤怒甚至内疚。特别是对于年纪尚轻的学生，他们可能缺乏足够的心理准备和应对能力来处理这样的危机。他们往往会感到迷茫、无助甚至自责，这些负面情绪如果得不到及时的关注和疏导，可能会进一步影响他们的学习和个人发展。因此，提供及时、专业且充满关爱的支持显得尤为重要。面对这样的情况，作为导师，我们必须采取行动来帮助学生度过这段艰难的时期。

以下是作为导师可以采取的具体措施：

1. 主动倾听与表达关心。——建立信任关系：首先，可以找一个合适的时机与小明单独交谈，告诉他："我知道你现在可能有很多情绪要处理，如果你愿意的话，可以跟我分享你的感受。"重要的是让小明感到自己是被理解和支持，而不是孤立无援的。——持续关注：在接下来的日子里，可以定期与小明进行简短的交流，询问他的近况，并让他知道无论何时都可以来找导师倾诉。

2. 提供心理支持。——寻求专业帮助：如果发现小明的情绪问题较为严重，可以建议并协助他预约学校的心理咨询师，接受专业的心理辅导。——教授应对技巧：可以教给小明一些基本的情绪调节方法，如深呼吸练习、冥想等，帮助他在日常生活中更好地管理自己的情绪。还可以组织一些放松训练、艺术治疗或其他形式的课外活动，帮助学生找到适合自己的减压方法。

3. 加强家校合作。——保持开放沟通：与小明的家长保持密切联系，了解家庭动态以及他们对学校支持的需求。与学校相关部门沟通该生面临的困难，共同商讨并制订对该生的综合支持方案。同时，向家长传达学校愿意提供的各种资源和服务。——家庭教育指导：与家长共同探讨如何在家给予孩子更多的情感支持。为小明的家庭提供有关如何在家给予孩子情感支持的信息和资源，比如向家长推荐了一些关于青少年心理健康维护的专业书籍和在线资源，并建议他们参加社区组织的相关讲座或活动。

4. 营造支持性的学习环境。——调整学业负担：针对小明目前的情况，导师可以与班主任和任课教师沟通他的具体情况，建议适当调整他的作业量和考试要求，以此减轻他的学业负担，让他有更多时间处理个人事务。——鼓励同伴支持：组织更多的小组活动和团队合作项目，引导全班同学了解同情心和理解他人的重要性，鼓励同学们在日常学习和生活中给予小明更多的关心和支持。通过团队活动增进彼此之间的友谊和支持网络。

127. 孩子在家宠溺娇惯，容易以自我为中心，导师怎样引导教育？

肖细兰

在教育过程中，我们常常会遇到一些因在家中被过度宠溺娇惯，而在学校表现出以自我为中心的学生。对于一(10)班的小睿同学来说，这种情形不仅会成为他在学校上体育课的安全隐患，还可能阻碍他未来的人格发展。

一年级的学生正处于行为习惯和价值观塑造的关键时期。小睿被宠溺，习惯了所有人都围绕自己转，导致其难以适应学校生活。比如在课堂上，他可能会随意打断老师讲课，急于表达自己的想法，而不考虑他人是否正在发言；在早锻炼时，他可能会抢夺其他同学的器材，上体育课他想做什么就必须去做什么。这些行为已经引起了其他同学的不满,也对班级的和谐氛围造成了一定影响。作为导师,我有责任帮助他学会分辨是非对错,与他人和谐相处,摆脱过度自我的思维模式。

为了改变小睿的行为,我首先从沟通入手,选择一个轻松、私密的环境,和他进行平等的对话。在沟通时,我并没有采用批评指责的方式,而是用温和的语气询问他:"小睿,老师看到你拿了明明的器材,你是不是特别喜欢这个器材呀?那你拿的时候有没有想过明明的感受呢?"通过这样的引导,让他开始思考自己的行为对他人的影响。

除了沟通,我还在日常的课堂活动中进行引导。在课堂上,我经常组织一些合作性的游戏。例如开展小组接力跑合作拼图比赛,将小睿同学和其他几个性格开朗、友善的同学分在一组。在活动过程中,我密切关注他们的互动情况。当小睿表现出想要独自完成任务,不与小组成员合作的倾向时,我就及时给予指导:"小睿,你看小红正在找和她手中颜色一样的拼图块,你那边有没有呀?你们可以互相看看,一起找,这样会拼得更快哦。"通过这样的方式,让他明白合作能够带来更好的结果,每个人在团队中都有自己的作用,大家需要相互帮助。

此外,榜样的力量也不容小觑。在班级里,表扬那些懂得分享、关心他人的同学,让小睿同学看到这些行为会得到老师的认可和同学们的喜爱。比如当小明同学主动扶起另一位跌倒的同学时,我就会在全班同学面前表扬:"小明今天的行为特别棒,他主动帮助同学,这种乐于助人的精神值得我们每一个人学习。"同时,也可以邀请这些表现优秀的同学分享自己的感受和想法,让小睿在潜移默化中受到影响。

当然,家庭的配合同样至关重要。我与小睿家长进行了多次的深入沟通,让家长了解孩子在学校的表现以及过度宠溺可能带来的不良后果。我建议家长在家中逐渐改变教育方式,不再对孩子有求必应。当孩子想要某个玩具时,家长可以让孩子通过完成一些小任务来获得,像整理自己的房间、给宠物喂食等,让孩子明白任何收获都需要付出努力。同时,鼓励家长多带孩子参加社交活动,如和同龄小朋友一起去公园玩耍,在实际情境中培养孩子的社交能力和合作意识。

改变小睿同学以自我为中心的性格并非一蹴而就,这需要我、家长和孩子共同努力。在这个过程中,导师要始终保持耐心和爱心,用正确的方法引导孩子,让他逐渐学会关心他人、尊重他人,成长为一个有良好品德和社会适应能力的人。

128. 家长反对孩子与班上某个同学交往,导师可以怎么做?

黄赛赛

丁零零……随着手机铃声的响起,我接听了小 A 妈妈的电话。

小 A 妈妈:"老师您好!小 A 回家后常说,她的前桌小 B 活泼好动,平时做事情有点冒失,传本子时会把小 A 的本子传到地上,小 A 对此也不太开心。在学习时,小 B 会转过来和小 A 说一些无关的事情。我感觉最近小 A 的自制力下降了不少,我觉得可能是小 B 影响了小 A。所以我想请老师给小 A 换个位置,让两个孩子减少接触。"

在我的班级中,小 A 是一个内向、乖巧的女孩,而小 B 是一个活泼好动、自制力较弱的男孩。由小 A 妈妈的诉求可知,小 A 妈妈觉得小 B 的行为习惯对自己孩子的学习和行为习惯造成了影响,希望我能帮小 A 换座位,减少两个孩子的交往。

面对这样的情况,我采取了以下解决措施:

一是倾听诉求,理解家长。导师需要耐心倾听家长的担忧和反对的原因,了解家长的立场和担忧点。在与小 A 妈妈通话中,我始终耐心倾听小 A 妈妈的诉求,了解小 A 妈妈反对小 A 与小 B 交往的原因,理解小 A 妈妈对自己孩子在学习和行为习惯方面的担忧。

保持中立,深入调查。导师应该保持中立,不偏袒任何一方,不随意给学生判定对错,并及时展开调查,深入了解同学间真实的相处情况,寻找问题所在。

在与小 A 妈妈沟通中,我并未随意肯定小 B 的错误,也没有随意答应小 A 妈妈的诉求,而是保证会进行及时和深入的调查,等了解真实情况后再给予小 A 妈妈答复。在调查过程中,我先分别与小 A、小 B 进行谈话,关注学生的真实感受,再询问学科老师和其他学生。通过调查可知,小 B 的课堂自制力确实存在问题,并在传本子时多次使用"扔"的方式,导致小 A 的本子掉在地上。

小 A 对于此事确实感到不开心,但并未对小 B 产生厌恶的情绪,两个孩子之间的关系并未存在问题。

二是及时调解,正面引导。导师在了解情况后,要及时采取措施,先调整校内学生之间的交往关系,以及学习状态与行为习惯,再积极与家长沟通,提供解决方案,采取正面引导的方式,解释孩子交往的重要性和正面影响。

根据调查结果,我及时对小 B 进行教育,鼓励小 A 积极表达,并正面引导他们正确相处,通过互相监督、争星等方式,鼓励两个学生加强自制力,在学习和行为习惯养成上共同进步。之后,我将调查情况和引导结果及时告知小 A 妈妈,强调小 A 的真实感受和同学之间交往的重要性,减少因家长反对而产生的交往压力,培养学生积极、健康的交往关系,增强交往技能。

三是持续关注,记录反思。导师要强调学校对于学生行为的监管责任,持续关注,实时引导学生之间的交往,及时给予家长新的反馈,减少家长的担忧,加强家长对学校和导师的信任,并做好记录反思工作。

我向小 A 妈妈提出,学校和导师会对学生之间的交往、学习和行为习惯加强监督。我进一步观察了两个学生在校的学习、行为习惯和交往情况,关注到了他们的进步,发现问题也进行了及时引导,并多次向小 A 妈妈进行正向的反馈。同时,我也积极撰写事件处理的持续记录和反思,进一步提高处理这类事件的能力。

总之,导师在处理这类问题时,要保持耐心和同理心,谨慎处理,以学生为主,鼓励正面引导,减少家长的担忧。

129 高年级学生和家长发生亲子冲突和矛盾,导师可以做些什么?

徐韫怡

"老师,这孩子成绩一直上不去,还整天想着踢足球,真是让人操心!"小辛的妈妈一脸无奈地向我诉说着,语气中满是焦虑和不满。"妈妈,我就喜欢踢足球,你们为什么总是不理解我?"小辛的眼泪终于忍不住滑落,声音带着哭腔,显得十分委屈。"孩子,我们都是为了你好,你要是不好好学习,将来怎么有出息?"小辛的爸爸虽然语气稍缓,但仍然坚定地表达着自己的担忧。

看到这一幕，我意识到亲子冲突已经严重影响到了小辛的学习和生活。父母和小辛之间的矛盾，不仅仅是关于学习和足球的分歧，更是两代人之间价值观和期望的碰撞。这种冲突如果不及时解决，可能会对小辛的心理健康和家庭关系产生长远的负面影响。

是什么原因造成的呢？

一是期望与现实的落差。父母对孩子的期望往往基于自身的经历与愿景，而孩子的实际能力和兴趣却可能与这些期望相去甚远。当期望与现实产生巨大落差时，父母可能会感到失望，孩子则会感到压力与束缚，从而引发冲突。小辛的父母期望她能够进入重点中学，因此对她的学习时间有着严格的要求。然而，小辛对足球的热爱让她难以割舍，这种期望与现实的落差，使得双方的矛盾日益加剧。

二是沟通方式不当。在现实生活中，许多家庭都面临着沟通方式的障碍。在冲突中，小辛的父母往往采取单向的说教方式，忽视了小辛的感受和需求。这种沟通方式不仅没有解决问题，反而加剧了双方的误解和矛盾。父母可能没有意识到，孩子也是一个独立的个体，需要被尊重和理解。

三是情绪管理不足。沟通时如果带着愤怒的情绪，出口的话语就会伤人。带着情绪去沟通，亲子双方往往会过度关注自己当前的感受，忽视客观事实。在压力和期望下，小辛和她的父母都难以有效管理自己的情绪。小辛的愤怒和父母的担忧在冲突中相互激化，导致情绪失控。这种情绪的失控，进一步加剧了亲子之间的冲突。

那么，如何加以解决呢？

第一，增进相互理解，平衡期望与兴趣。为了帮助小辛的父母更好地理解小辛，我建议他们尝试参与小辛的足球活动，了解她的兴趣和热情。我向他们解释说："孩子们的世界和我们不同，他们有自己的兴趣和梦想。小辛对足球的热爱是她个性的一部分，我们不能简单地用成绩来衡量她。"除此之外，我引导他们共同制订了一个时间管理计划，明确了学习时间和足球训练的时间。这个计划既满足了父母的期望，也尊重了小辛的兴趣，使得双方的矛盾得到了缓解。

通过这种方式，他们逐渐意识到，支持小辛的足球梦想，并不意味着放弃学业，而是在两者之间寻找平衡。同时，我也鼓励小辛尝试理解父母的担忧和期望，让她明白父母的严格要求也是出于对她未来的关心。经过一段时间的努力,小辛的父母开始主动参加学校的足球比赛,为小辛加油助威,而小辛也在学习上更加努力,成绩有了明显的提高。

第二,掌握有效沟通技巧,增进亲子关系。为了改善小辛家庭的沟通方式,我向小辛的父母分享了一些有效的沟通技巧,如积极倾听和非暴力沟通——在沟通中,我们要学会倾听孩子的想法和感受,而不是一味地说教。同时,我们也要表达自己的担忧和期望,但要注意方式方法。后来在一次家庭会议上,他们鼓励小辛表达自己的想法和感受,同时也分享了自己的担忧和期望。这种开放和诚实的对话,促进了双方的理解和信任,使他们能够更好地解决冲突。小辛的父母学会了耐心倾听小辛的心声,不再一味地说教,而小辛也更加愿意与父母分享自己的想法和感受,家庭氛围变得更加和谐。

第三,学会情绪管理,冷静应对亲子冲突。情绪管理是解决亲子冲突的关键。我推荐小辛和她的父母一起学习情绪管理技巧,如写心情日记、练习深呼吸等,并告诉他们:"当我们情绪激动时,要学会冷静下来,分析问题的原因,寻找解决办法。"在冲突发生后,他们一起回顾情绪爆发的原因,学习如何在未来更好地控制情绪。

通过这种方式,他们逐渐学会了如何在情绪激动时保持冷静,避免冲突进一步升级。小辛的父母在面对小辛的叛逆行为时,不再轻易发怒,而是冷静地分析问题,寻找解决办法;小辛也在情绪失控时,能够及时调整自己的情绪,与父母进行有效的沟通。

第三节 争取家长配合

130. 培育学生良好行规,如何得到家长的配合与支持?

陆蓓蕴

这确实是我在日常教学过程中常常面临的一个挑战。身为老师,如何在维持学生纪律的同时,和家长建立起良好的沟通与合作关系,真的太关键了。

我做了三十几年的班主任,自认为在教育学生方面已经积累了不少经验。可就在这次家长会上,我却遇到了"新的挑战"。在和家长们交流的时候,我着重讲了班级里一些学生存在的行为问题,像下课打闹、上课走神这类情况。我满心以为家长们肯定能理解并且支持学校制定的行为规范,毕竟这些规范都是为了孩子们好。可没想到,家长们的反应完全出乎我的意料。有些家长觉得这些不过是"孩子成长中的正常问题",没必要过度干涉,孩子长大点自然就好了。还有些家长甚至觉得学校的要求太严格了,担心这样会影响孩子的身心健康。经过这次家长会,我深刻地意识到这反映出教育中普遍存在的一个问题:我们在制定行为规范的时候,没有充分考虑到家长们的教育理念,也没有足够重视他们的参与度,这才导致家校合作的效果不太理想。

仔细想想,这个问题的关键就在于我和家长之间沟通不够顺畅。我在制定行为规范的时候,更多的是从教育专业的角度出发,希望能让学生在学校里有良好的行为表现,学到更多知识。但我忽略了家长们的想法会受到很多因素的影响,像家庭背景、个人的育儿理念等。有的家长对孩子的行为问题比较宽容,觉得小孩子调皮捣蛋很正常;而有的家长则把孩子的行为问题归结于家庭教育的缺失,希望学校能承担起更多责任。另外,我也忽视了家长在孩子行为养成过程中起到的重要作用。学校虽然能通过各种管理措施规范学生的行为,但家庭教育对孩子的影响是潜移默化且深远的。要是我不跟家长紧密合作,仅仅依靠学校单方面努力,想要从根本上解决学生的行为问题,真的很难。对此,我采用了以下方法。

第一,建立家校沟通渠道。我觉得自己应该通过家长会、电话、社交平台等多种方式,经常和家长们保持联系。在沟通的时候,我详细地向家长解释学校制定行为规范的原因,以及这些规范背后蕴含的教育理念。同时,我也认真倾听家长们的意见,尊重他们的想法。只有这样,才能让家长更好地理解和支持学校的管理工作,避免产生不必要的误解。

第二,共同制定行为规范。我意识到家校合作的核心在于共同制定行为规范。之后,我邀请家长参与到班级规章制度的制定中来,这样制定出来的规定既能符合学校的教育目标,又能得到家长的认可。家长参与到这个过程中,他们会更清楚学校的要求,回家之后也能更好地配合实施。

第三,建立家长反馈机制。我利用微信群、家校联系本等方式,定期向家长反馈学生在学校的行为表现。同时,也鼓励家长及时把孩子在家里的情况告诉我。通过这样双向反馈,我根据实际情况调整教育策略,家长也觉得自己参与到了孩子的教育中,更有积极性。

第四,定期举办家长培训。我还定期举办家长培训,使家长了解一些关于孩子行为规范的教育方法。我邀请教育专家来给家长讲解家庭教育的理念,让家长能更好地理解学校的要求,也能学到在家庭中教育孩子的有效策略。这不仅能提高家长的教育水平,还能让家校合作更加深入。

经过这次家长会的"挑战",我明白了在学生行为规范的管理上,我不能一个人"单打独斗"。只有建立起良好的家校沟通与合作机制,才能真正帮助学生改进行为。只有我和家长共同参与、一起制定规范、相互反馈和支持,才能为学生的成长和良好行为习惯的养成提供有力的保障。我相信,只要家校合作好了,不仅能解决学生的行为问题,还能增进家长和学校之间的信任与理解,让学生在更好的环境中成长。

131. 教育脾气大的学生时，如何得到家长的配合与支持？

王 伟

小王安安静静的时候很惹人喜爱，但是一旦发起脾气，就像一头狮子，令人恐惧。有时候，他会因为自己没有做好一件事情而发脾气，有时候会因为别的同学不小心碰到他而大发雷霆。发起脾气来他的脸会瞬间涨得通红，用小拳头使劲捶自己的头和胸口，吓得其他学生不敢靠近。而且，他不是发完脾气就雨过天晴，他会自己一个人坐在一旁生气，而且越想越生气，在这个过程中会撕本子、大吼大叫，甚至还会动手打其他同学。

针对小王"捶胸顿足"发泄情绪危及自身及班级的情况，需要及时告知家长来龙去脉并争取家长配合教育。家长表示该生平时是老人帮忙带，老人宠爱孙子，导致该生肆意妄为。同时，家长表示，孩子在幼儿园因为长得可爱和聪明深得老师们的喜爱。我发现该生的妈妈并没有足够重视这个问题，也没有从家庭内部对该生进行教养方式的相关调整，因此老师在学校的教导收效甚微。经过几次之后，该生的妈妈呈现"口头上配合，行动上敷衍"的态势，针对这种情况，我采取了以下几个步骤争取家长的配合和支持：

步骤一：共情倾听，创建关注问题解决的合作关系。一是对家长表示理解。接纳家长的情绪，看到情绪背后隐藏的对孩子的关心和爱意，肯定家长的付出。共情家长，让家长知道老师关注到孩子最近出现的想要发脾气但是也尝试调控自己的这一变化，说明家长在通过实际行动帮助孩子学会管理情绪、表达情绪。通过对家长的肯定，帮助其看到自身的积极力量，缓解因为孩子在校情况所带来的焦虑、紧张等。二是正向引导，共同着眼于问题解决。根据上一阶段的谈话，我向家长提出了一个问题：孩子的稳定情绪，怎样才能实现？通过问题引发家长思考，让其明白孩子当下的心理问题不解决，其学业、人际等方面，之后都很难有好转，甚至会更加糟糕，与家长期待的美好未来截然相反。小王的家长听后，陷入了思考。

步骤二：问题外化，赋能家长。我向家长讲述了很多小王在学校中的积极表现，例如他很守时，约定的时间从未迟到过；他关注自身成绩，表明他很上进等。通过强调孩子的积极方面，让家长明白孩子只是因为长期的娇纵而自由散漫，但孩子的其他品性、道德方面依旧是良好的，是家长教育有方。通过传达孩子的积极面，来减少家长的自责感和愧疚感，让其看到孩子还是很好的，只是暂时遇到了困境。

步骤三：聚焦解决策略，建立互信互助共同体。一是向家长说明学校的努力，明确小王的问题。向家长说明学校目前正在做的帮助孩子的事情，例如班主任开展情绪管理的主题班会课，增进班级同学对他人的接纳和理解；心理教师定期对其进行心理辅导等。同时，向家长说明后续根据小王的表现，还会调整计划。二是帮助家长理解孩子，培养行规。向家长推荐一些关于亲子沟通的方法与书籍，以及关于心理健康常识、好习惯培养的科普视频，帮助家长更好地理解孩子，找到进行亲子沟通的有效方法，让孩子感受到家长的变化，增加解决问题的勇气和信心。

该阶段的沟通，要注意强调家校是共同体，教育孩子不是单独一方的责任，通过"我们""一起""共同"等字眼，让家长感受到自己和学校形成了统一战线，自己不是孤立无援的，从而发掘更多教育资源帮助孩子。

132 如何提高家访的效果？

陆彦卿

家访是连接学校与家庭的桥梁，是教师了解学生成长环境的重要途径。家访的重要性，正是在于它以真诚为基、以沟通为桥，开启家校共育的美好篇章。以赠书作为家访的一部分，不仅能缓解初见的陌生感，更能以书为媒，为学生注入阅读的动力。

"老师，这本书是送给我的吗？"宸宸小心翼翼地接过《猜猜我有多爱你》，眼睛瞬间亮了起来。他轻轻抚过封面，脸上洋溢着惊喜和期待。我微笑着点点头，轻声回答："是的，这本书是老师专门为你挑选的，希望你喜欢。"我们一起翻开书，扉页上是我亲手写下的寄语：最好的时光在书里，愿你永远热爱阅读。宸宸看着寄语，小脸上浮现出满足的笑容，眼神里充满好奇与憧憬。

在开展一年级家访前，我精心为每位孩子挑选了这本《猜猜我有多爱你》，以拉近师生、家校之间的距离，并作为他们阅读之路的起点。这份礼物背后蕴含着我对家访目标的明确规划，传递着爱与关怀。

其实,家访的真正意义在于建立信任、引导成长。通过家访,导师可以更好地了解学生的家庭教育环境、学习习惯和潜在问题,为后续教育提供具体指导。然而,许多家访未能取得良好的效果,主要源于以下几点:一是缺乏有温度的沟通切入点,如缺乏充分的准备,教师会因初见时的陌生感而很难与家长建立起信任关系。二是缺乏明确的目标,家访不是简单的寒暄,而是要有明确的目标。明确的目标不仅能帮助家长理解家访的意义,还能使后续教育更有针对性。

为了确保家访的效果,我从以下四个方面进行规划:

一、访为基:明确目标,奠定家访意义

家访前,我设定了三个核心目标:第一,了解孩子的家庭背景;第二,发掘孩子的兴趣与潜力;第三,与家长共同探讨家校共育的路径。通过家访为孩子们营造良好的阅读氛围,以阅读为桥梁,从家庭教育开始点燃孩子的阅读热情,为他们的成长注入更多可能性。

二、情作引:精心准备,搭建沟通桥梁

家访前,我为每位学生挑选了《猜猜我有多爱你》这本书作为礼物,在书的扉页上写下寄语。这份小小的礼物为家访增添了温馨感,缓解了初见时的陌生感,也为家长与我之间搭建了沟通的桥梁。

学生接过书时,眼睛里充满了惊讶与期待。这让我更加确认了家访前期准备的重要性和价值。通过用心准备,家访成为一个充满温度和深度的交流机会。

三、家校共育:抓住重点,营造共赢氛围

家访过程中,我以学生的阅读兴趣为切入点,与家长展开深入交流,帮助学生培养阅读的习惯。我建议家长每天抽出半个小时陪伴孩子阅读,并根据孩子的兴趣特点制订个性化的阅读计划。例如对于内向、不爱说话的宁宁,我建议家长引导她复述故事,从而提高表达能力。

通过个性化的教育建议,不仅增强家长对家校共育的认同,也让家长能够有效地参与到孩子的教育过程中。

四、路相随:反馈总结,建立共育长效机制

家访的意义不仅在于当下的沟通,更在于后续的跟进与反馈。平日里,我及时总结并与家长分享孩子的表现,为家长提出具体的改进建议。例如我与家长探讨亲子共读计划的实施效果,并帮助他们解决在实施过程中遇到的困难。同时，我还组织了班级的"小小书籍推荐员"评选活动，鼓励孩子们分享自己的阅读心得，保持对阅读的热情。

这种持续的互动不仅巩固了家访的效果，也为家校合作提供了长效机制。通过反馈和总结，家访真正成为推动学生成长的有效工具。

家访不仅仅是一次简单的沟通，更是教育过程中一座稳固的桥梁。通过精心准备的家访，我与家长建立了更加紧密的联系，学生的学习与成长也得到了更多的支持与关注。在家访过程中，我深刻体会到，教育的真正纽带，不仅仅是知识的传授，更是由爱与用心搭建的共同成长的桥梁。

正如《猜猜我有多爱你》中的大兔子所说："我爱你，一直到月亮那里，再从月亮上回来。"作为导师，我希望通过每一次的家访，都能让家长看到教师的专业与对孩子的关爱，能让学生在阅读的世界里找到成长的动力，奔向更加广阔的未来。

后 记

  导师的教育旅程,其实是一本育人的大书。

  本书是我们教师在"全员导师制"背景下如何做好导师的心得体会的汇集和行动地图的索引,也是对新时代立德树人的有益探索。

  多年来,上海一师附小将实施"全员导师制"作为教师的必备本领,进行了制度的顶层设计、组织的架构创设、队伍的专业培训,为导师的胜任提供了支撑。全体教师以使命感和责任感,倾情投入,无私付出,成效显著。本书收入的132个问答,其实是导师在日常教育教学中的有痕记录,也是对新时代育人方式改变的真实探索。

  在成书的过程中,全体教师反复琢磨,理性梳理,认真写作,表现出了专业精神、专业态度和专业风格,奉献了一篇篇有意义、有意思、有意韵的佳作,意在抛砖引玉。诚然,书中的答案作为一家之言,不免有疏漏之处,敬请指正。

  值得一提的是,在本书酝酿和写作过程中,鲁慧茹校长给予了全程倾心指导、过程环节把控,对此表示衷心的感谢!

  导师育人,是一个永恒的教育命题,我们将一如既往,以教育家的精神继续探索,力图使导师出色、使学生出彩。